옮긴이 이희재
서울대학교 심리학과를 졸업했고 성균관대학교 독문학과 대학원을 수료했다. 현재 영국에서 번역을 하고 있으며, 주요 역서로는 《문명의 충돌》《마음의 진화》《몰입의 즐거움》《소유의 종말》《지적 사기》 등이 있다.

그림과 함께 읽는
서양 문화의 역사 Ⅲ
근대편

개정 초판 인쇄 2007년 9월 3일
개정 초판 발행 2007년 9월 10일

지은이 로버트 램
옮긴이 이희재
펴낸이 유 중

펴낸곳 도서출판 사군자
등 록 1999년 4월 23일 제1-2484호
주 소 서울시 마포구 상수동 363-1 김해빌딩 403호
전 화 323-2961
팩 스 323-2962
E-mail SAGOONJA@netsgo.com

가격 20,000원
ISBN 978-89-89751-31-1   04920
ISBN 978-89-89751-26-7   (전4권)
파손된 책은 서점에서 바꿔드립니다

THE HUMANITIES IN
WESTERN CULTURE

그림과 함께 읽는
서양문화의 역사 Ⅲ

THE HUMANITIES IN WESTERN CULTURE by R. Lamm

Copyright ⓒ 2004, by The McGraw-Hill Companies, Inc.
All rights reserved.
Translation copyright ⓒ 2007 by Sagoonja
Korean translation rights arranged with McGraw-Hill Companies, Inc.,
New York, USA through Eric Yang Agency, Korea.

이 책의 한국어판 저작권은 에릭양 에이전시를 통한
McGraw-Hill Companies, Inc.사와의 독점 계약으로 한국어 판권을
도서출판 사군자가 소유합니다. 저작권법에 의하여 한국 내에서
보호를 받는 저작물이므로 무단 전재와 무단 복제를 금합니다.

그림과 함께 읽는
서양문화의 역사 Ⅲ

그림과 함께 읽는
서양문화의 역사 Ⅲ

근대편

로버트 램 지음
이희재 옮김

사군자

 제7부 근대 초기 : 1600∼1789

- 읽기 전에   10

제20장 과학, 이성, 절대주의

17세기   17
과학과 철학   19
절대주의   25
18세기   29
과학과 철학: 뉴턴과 로크   30
국부론: 애덤 스미스   37
계몽철학자들   41
절대주의와 계몽주의   49
문학 : 1600-1789   51

제21장 미술 : 바로크, 로코코, 신고전주의

바로크 미술 : 1580-1700   61
귀족 성향의 바로크   78
부르주아 성향의 바로크   87
로코코 미술 : 1715-89   98
신고전주의 미술   109

제22장 음악 : 바로크, 로코코, 고전주의

바로크 음악 : 1600-1750   127
건반 음악   130
기악 음악   135
성악-기악 음악   138
로코코 음악 : 1725-75   142
고전주의 음악 : 1760-1827   144

 **제8부** 근대 후기 : 1789~1914

제23장 혁명, 낭만주의, 사실주의

혁명에서 워털루까지   163
1830년과 1848년의 혁명   169
산업 혁명   170
서유럽 국가들의 발전   171
한 시대의 종말   181
낭만주의   187
낭만주의 운동   188
철학, 과학, 사회사상   210
미국의 낭만주의와 사실주의   234

제24장 낭만주의 음악

독일 가곡 252
피아노 음악 256
교향곡 260
오페라 267
인상주의 음악 271

제25장 19세기 미술 : 갈등과 다양성

낭만주의 운동과 신고전주의 양식 277
사실주의 295
건축 304
인상주의 307
후기 인상주의 323

읽기 전에

40년 전 여러 명의 저자들에 의해 《개인의 자유를 향한 탐색》이라는 제목으로 나온 이 책의 10판을 읽는 독자 여러분을 환영한다. 원래의 제목은 7판까지는 그대로 유지되다가 그 다음부터는 필자가 유일한 저자로 남았고 제목도 《서양 문화의 역사》로 바뀌었다.

이 책은 예술이라는 이름으로 묶을 수 있는 모든 분야, 곧 문학, 회화, 음악, 조각, 사진, 건축, 영화, 철학을 통합적으로 다룬다. 엄밀한 의미에서 철학은 예술이 아니지만 웬만한 철학 사상 치고 개별 예술 안으로 일관성 있게 스며들어 있지 않은 경우가 드물어서 철학도 함께 짜넣지 않을 수 없었다. 이 책에서 인문학의 구성 요소들—철학과 각종 예술—은 따로 구분된 전문 분야로 제시되는 것이 아니라 인간이 펼쳐온 창조적 활동의 서로 연계된 다양한 표현들로 소개된다. 더욱이 이것들은 과학, 기술, 경제, 정치에서 이루어진 중요한 발전의 맥락 안에서 검토된다. 요컨대 이것은 사람들에 대한, 그리고 앙드레 말로의 말처럼 "인간 조건을 딛고 선 예술의 궁극적 승리"에 대한 책이다.

어떻게 우리가 지금의 자리에 서게 되었는가를 더 잘 이해하기 위해서 우리는 메소포타미아, 이집트, 그리스, 로마에서 오늘에 이르기까지의 문화적 유산을 집중적으로 분석했다. 이 책 어디에서나 과거의 업적들은 박물관의 소장품이 아니라 복잡다단한 삶 앞에서 사람들이 끈질기게 내보였던 반응의 살아 있는 증거로 다뤄진다. 이런 업적들은 이제 우주를 이해하려는 우리 노력의 밑바탕을 이루고 있다.

이 책은 연대순으로 배열되었고 전체 네 권은 모두 아홉 부로 나뉘어 있다. 예술가들은 본능적으로 자기 당대의 문제에 반응했으므로 각 부의 앞머리에서 그 시대의 사회적, 과학적, 종교적, 철학적 분위기를 개괄적으로 짚었다. 이 책에서 핵심을 차지하는 것은 1차 자료, 다시 말해서 예술 작품 그 자체다. 희곡, 시, 단편소설, 장편소설, 수많은 미술 작품과 음악 작품이 여기에 해당한다. 지도와 연대표도 덧붙였다. 이 책은 강의를 위한 교재로도 알맞지만 혼자서 읽기에도 부담이 없도록 꾸며졌다.

문화는 모두 남다른 개성이 있고 그래서 어느 문화든 연구할 만한 가치가 있지만 이 책은 특히 서양 문명의 발전과 그것이 미국 문화에서 어떤 자리를 차지하고 있는가를 탐구하는 데 초점을 맞추었다. 서양 문명은 다른 어느 문명보다도 다양한 문화들에서 영향을 받았다. 서양 문명은 외부 사상과 외부로부터의 영향에 대해 남들보다 더 열려 있었다. 서양 문화는 메소포타미아, 이집트, 그리스, 로마, 게르만 문화의 유산만 물려받은 것은 아니다. 서양 문화는 수천 년 동안 이 세상에 존재한 모든 문화의 영향을 받고 작용을 받으면서 확대되었다고 해도 과언이 아니다. 다양한 기원을 가진 서양 문화를 공부하는 것은 이 지구상에서 가장 다양한 문화들로 이루어져 있는 미국에서 특히 남다른 의미를 갖는다. 식민지 시대부터 미국은 수많은 이민자들을 받아들였다. 정치적 망명지로 이곳을 선택했건 더 나은 생활을 찾아서 이곳에 왔건 지구 전역에서 수많은 사람들이 모여들었고 앞으로도 모여들 것이다. 일찍이 문화의 '용광로'라고 불리기도 했지만 아닌게 아니라 미국은 풍요하고 독특한 문명을 만들어냈다. 조상이 누구이건 간에 미국인이라는 사실에는 어떤 특이한 점이 있다.

수많은 비서구 국가 출신의 이민자들은 인구 분포를 빠르게 변화시키면서 서구의 문화적 유산을 공부해야 할 필요성을 절감시킨다. 결국 이민자들이 서구 문명에 매력을 느끼는 것은 교육을 받고 직업을 구할 수 있는 기회가 많고 생활 수준이 높기 때문인데 이것은 서구 국가들의 정치, 경제, 과학이 발전했기 때문이다. 하지만 새로운 이민자들이 자신들의 문화를 포기해야 하는 건 아니다. 절대로 그렇지는 않다. 국제적 교류가 활발해지는 시대일수록 다른 문화들에 대한 공부를 게을리해서는 안 된다. 하지만 미국에서 태어났건 최근에 미국에 이민을 왔건 학생들은 우선 서구 문명의 유산을 잘 이해한 다음에 다른 문화를 공부하는 것이 훨씬 유익할 거라고 나는 믿는다. 서구 문명이라는 준거틀을 세우고 나서 전세계의 다양한 문화를 공부하는 것이 가장 실용적이고 효율적인 방법일 것이다. 왜냐하면 서구 문명의 영향을 받지 않은 문화는 현실적으로 존재하지 않기 때문이다.

이 새로운 판은 내용과 체제가 모두 크게 바뀌었다. 문화 전반을 다루는 책은 끊임없이 변하는 세상에 적응하는 살아 있는 기록이라야 한다. 과거에 대해 새로운 사실들도 계속 쏟아져나오고 오늘날의 세계도 정신 못 차릴 정도로 휙휙 달라지고 있기 때문에 현실의 전모를 파악한다는 것은 정말이지 힘에 부치는 일이다.

이 책에서 가장 많이 달라진 것은 흥미로운 사상, 다른 문화의 영향, 의미심장한 사건에 초점을 맞추어 별도의 칸에 실었다는 것이다. 사진과 지도의 수도 많아졌고 질도 좋아졌다. 그리스 음악에 관한 장은 예술과 철학에 관한 장에 집어넣었다. 예술 작품과 귀금속에 대한 설명도 자세해졌다. 중세를 다룬 단원에서는 이슬람 예술에 대한 자료를 덧붙였고 중요한 작가이며 여성 운동의 선구자였던 크리스틴 드 피장의 글을 추가했다. 특히 예술과 문학에서 주목할 만한 업적을 남긴 여성들의 작품을 전보다 많이 소개하는 데 주력했다. 마지막 장의 문헌에는 아르헨티나, 프랑스, 그리스, 이스라엘의 시와 단편소설을 실었다. 그리스도교, 유대교, 이슬람교만이 아니라 현대 사회에서 점점 비중이 높아지는 힌두교, 불교, 선불교 같은 중요한 종교도 새롭게 소개했다. 종교적 신념의 다양성은 현대인의 삶과 문화를 더욱 다양하게 만들어주고 있다.

변하지 않은 것은 글의 수준이다. 교수, 서평자, 편집자, 그밖의 수많은 관련 당사자들로부터 수없이 많은 조언을 듣고 나서 저자는 학생들의 수준에만 맞추어 글을 쓰는 것은 누구에게도 도움이 되지 않는다는 결론을 내렸다. 김빠진 글은 학생은 물론 교사와 식자층 일반을 무시하는 것이다. 필요한 부분은 표현을 명료하게 다듬었다. 본문 중간중간의 제목과 소제목도 글의 내용을 명확하게 담아낼 수 있도록 뜯어고쳤다. 전체적으로 저자는 그리스인이 교훈과 재미를 동시에 주는 드라마를 요구했던 점을 염두에 두면서 정확하면서도 흥미진진하고 알기 쉬운 책을 만들려고 노력했다.

이 책은 어렵고 추상적인 개념을 다루기 때문에 내용이 그리 만만하다고 볼 수는 없다. 하지만 중요한 것은 이 책이 부단히 변하는 복잡한 세계에서 펼쳐지는 삶을 어떻게 준비하고 알차게 꾸려나가는 것인가 하는 본질적 문제를 표현하고 있다는 사실이다.

로버트 램

제7부

근대 초기 : 1600-1789

근대 초기의 세계
(1600-1789)

	사람과 사건	미술과 건축	문학과 음악	철학과 과학
1600	1600 영국 동인도 회사 설립 1602 네덜란드 동인도 회사 설립 1609 네덜란드 스페인 휴전 1603-25 영국 제임스 1세 1618-48 30년 전쟁 1621-65 스페인 필리페 4세 1625-49 영국 찰스 1세 1632 갈릴레오 종교재판에 회부 1635 아카데미 프랑세즈 어문학원 설립 1642-6 영국 내란 1643-1715 프랑스 루이 14세 1648 아카데미 프랑세즈 회화조각원 설립 1649 찰스 1세 처형 1649-60 크롬웰 집권 1660-85 왕정복위 : 찰스 2세 1666 런던 대화재 1669 파리 오페라좌 설립 1682-1725 러시아 페테르 대제 1685 루이 14세 낭트칙령 철회 1685-8 제임스 2세 1688 영국 명예혁명 1688-1702/1694 윌리엄과 메리의 영국 지배	비뇰라 1507-73 제수 교회 존스 1573-1652 여왕의 집 카라바조 1573-1610 〈사도 바울로의 회심〉 루벤스 1577-1640 〈처녀수태고지〉 할스 1580-1666 〈웃고 있는 기사〉 젠틸레스키 1593-1652 〈홀로페르네스를 죽이는 유디트〉 푸생 1594-1665 〈계단에 앉은 성가족〉 베르니니 1598-1680 성베드로 대성당의 닫집과 기둥 보로미니 1599-1644 산 카를로알레콰트로폰타네 교회 벨라스케스 1599-1660 〈시녀들〉 반 데이크 1599-1641 〈영국의 찰스 1세〉 렘브란트 1606-69 〈십자가에서 내려지는 예수〉 레이스테르 1609-60 〈자화상〉 로이스달 1628-82 〈오베르밴 모래언덕에서 본 하를렘〉 베르메르 1632-1675 〈붉은 모자를 쓴 소녀〉 렌 1632-1723 세인트폴 대성당 망사르 1646-1708 베르사유 궁전	던 1573-1631 〈성소네트집〉 밀턴 1608-74 〈실락원〉 몰리에르 1622-73 〈타르튀프〉	베이컨 1561-1626 〈노붐 오르가눔〉 갈릴레오 1564-1642 〈천문대화〉 케플러 1571-1630 행성의 타원 궤도 홉스 1588-1679 〈리바이어던〉 데카르트 1596-1650 〈방법서설〉 스피노자 1632-77 〈에티카〉 로크 1632-1704 〈시민정부론〉 콘라트 뤼코스테네스가 쓴 〈불길한 사건의 연대기〉에 등장하는 1456년 핼리혜성의 모습, 1557. 목판.
1700	1701-13 프러시아의 프레데리크 1세 1702-14 영국의 앤 1713-40 프러시아의 프레데리크 빌헬름 1세 1714-27 영국의 조지 1세 1715-74 루이 14세 1727-60 영국의 조지 2세 1740-86 프러시아의 프레데리크 대왕 1748 폼페이 발굴 착수 1755 리스본 대지진 1760-1820 영국의 조지 3세 1762-91 러시아 에카테리나 여왕 1774-93 루이 16세 1775 와트의 증기기관 1775-83 미국혁명 1780-90 오스트리아 요제프 2세	와토 1684-1721 〈키테라섬 순례〉 호가스 1697-1764 〈신식 결혼〉 샤르댕 1699-1779 〈식모〉 부셰 1703-70 〈사랑을 달래는 비너스〉 갠즈버러 1727-88 〈리처드 브린즐리 셰리던 부인〉 프라고나르 1732-1806 〈그네〉 카우프만 1741-1807 〈젊은 플리니우스와 모친〉 우동 1741-1828 〈볼테르〉 다비드 1748-1825 〈소크라테스의 죽음〉	스위프트 1667-1745 〈걸리버 여행기〉 쿠프랭 1688-1733 〈막독〉 바흐 1685-1750 프랑스 모음곡 4번 비발디 1685-1743 〈사계〉 헨델 1685-1759 〈메시아〉 포프 1688-1744 〈인간론〉 몽테스키외 1669-1755 〈법의 정신〉 볼테르 1694-1778 〈캉디드〉 루소 1712-78 〈고백록〉 디드로 1713-84 〈백과전서〉 하이든 1732-1809 현악 4중주 c장조 모차르트 1756-91 교향곡 35번	뉴턴 1642-1727 〈수학의 원리〉 베일 1647-1706 〈역사비판사전〉 핼리 1656-1742 핼리 혜성 흄 1711-76 〈인간본성론〉 아담 스미스 1723-90 〈국부론〉 칸트 1724-1804 〈순수이성비판〉
1800	1789-1815 프랑스 혁명	스튜어트 1755-1828 〈러처드 예이츠 부인〉 카노바 1757-1822 〈비너스로 나타난 파올리나 보르게세〉 존슨 1765-1830 〈웨스트우드 아이들〉 샤르팡티에 1767-1849 〈발 도그뉴의 샬로트양〉	제퍼슨 1743-1826 〈독립선언문〉 베토벤 1770-1827 교향곡 5번	라플라스 1749-1827 프랑스 천문학자

제20장
과학, 이성, 절대주의

17세기

유럽은 르네상스라는 격동기를 치르면서 중세의 가치관으로부터 근대 세계라는 단계로 접어들었다. 그러나 종교개혁과 반종교개혁에서 분출된 정열이 차츰 진정되기 시작한 것은 1648년 이후부터였다. 30년 전쟁(1618-48)은 처음에는 가톨릭과 신교의 갈등으로 시작되었다가 근대적 국민 국가들 사이의 분쟁으로 비화했다. 30년 전쟁을 종식시킨 1648년의 베스트팔렌 평화 조약은 유럽의 역사에서 하나의 이정표 역할을 했다. 중세의 마지막 흔적은 영원히 사라졌다. 한때는 현실감이 있어 보였던 가치관과 제도는 깡그리 소멸되었다. 근대 초기의 시각에서 보면 통일된 그리스도교 연방이라는 중세의 이상은 정치 권력에 대한 교황의 욕심처럼 아득한 과거의 유물일 뿐이

지도 20.1 17세기의 유럽

었다. 이탈리아의 도시 국가들이 써먹었던 외교와 동맹의 전략을 구사하면서 주권 국가들은 영토 의식을 확고히 하고 새로운 패권 경쟁에 나섰다. 그 중에서 가장 강력한 나라는 프랑스, 영국, 오스트리아와 스페인의 합스부르크 제국, 오토만 제국이었다(지도 20.1).

　과학 기술의 급속한 발전은 드넓은 지평을 새롭게 열어주었으며 국제 무역이 활성화되면서 유럽이 전세계를 주도하게 되었지만 그것은 결국 착취로 귀결되었다. 1600년 영국은 동인도회사를 설립했다. 네덜란드의 동인도회사는 2년 늦게 출범했고 이어서 프랑스에서도 비슷한 회사가 생겼다. 국력과 국부가 나날이 불어나던 북유럽을 지배한 분위기는 셰익스피어의 작품 《태풍》에 나오는 여주인공 미란다처럼 더없이 낙관적이고 긍정적이었다.

과학과 철학

프랜시스 베이컨

프랜시스 베이컨은 후기 르네상스와 근대 초반에 걸쳐서 활동한 인물이어서 앞 장에서도 다루었지만 이 장에서도 다시 다루지 않을 수 없다. 갈릴레오, 데카르트와 함께 근대 과학과 철학을 확립한 주역의 한 사람으로 그는 빠짐없이 거론된다. 베이컨은 새로운 과학 이론을 내놓지도 않았고 놀라운 발견을 하지도 않았지만 과학의 기능과 윤리를 묻고 인간 생활과 과학적 탐구의 관계를 성찰했다. 베이컨이 생각한 지식은 주어진 현실의 재확인이 아니라 진리를 향한 탐구였다. 그것은 목적지가 아니라 여정이었다. 베이컨은 획기적으로 열린 새로운 시대가 낡은 문화를 밀어내고 있음을 알았다. 화약, 인쇄기, 둘 이상의 렌즈를 쓰는 복합현미경(1590년경), 망원경(1608년경) 등의 발명은 물질 세계를 바꾸어놓았고 새로운 신념, 제도, 가치를 퍼뜨렸다. 과학적 지식과 발명은 민주적으로 공유되고 모든 사람에게 이득이 되는 방향으로 쓰일 수 있도록 공공의 재산이 되어야 한다고 베이컨은 믿었다. 1620년에 발표한 《노붐 오르가눔》(신기관)이라는 책에서 베이컨은 과학적 탐구의 논리와 연역법의 원리를 밝혔다. 실험과 관찰을 통해 수집된 사실적 정보는 관찰 자료에 바탕

지도 20.2 17, 18세기 유럽의 지적 혁명

을 둔 보편 명제로 발전한다. 베이컨이 생각한 과학적 탐구의 원리는 사실적 정보의 빈약함을 메우고 2000년이나 지체되어온 과학적 발견의 유쾌한 여행에 뛰어드는 것이었다. 고대 헬레니즘 과학자들의 노력으로 처음 길이 뚫린 이래 사실상 그대로 방치되었던 세계를 17세기의 과학자들이 탐구하면서 지식은 폭발적으로 늘어났다(지도 20.2).

갈릴레오 갈릴레이

이탈리아 파두아 대학에서 기계학과 천문학을 가르치면서 갈릴레오 갈릴레이(1564-1642)는 사실적 정보를 축적하는 데 엄청난 기여를 했다. 갈릴레오 과학의 특징은 크게 세 가지다. 먼저 자연의 수학적 질서에 대한 피타고라스 학파의 신념에서 출발하고, 다음 수학적 법칙을 직관과 추상화를 통해 추출하며, 마지막으로 엄격히 통제된 조건 아래 이루어지는 실험을 통해 그 법칙을 검증한다. 자신이 직접 개량한 망원경을 가지고 갈릴레오는 지동설을 경험적으로 입증했고 태양의 흑점을 발견했으며 목성의 위성들을 관측했다. 낙하운동의 법칙을 발견했고 온도계를 발명했으며 복합현미경을 개량하고 지레와 도르래의 원리를 연구했으며 기압을 측정하고 자기와 소리 진동의 특성을 연구했다. 갈릴레오의 업적으로 가장 중요한 것은 그가 이론을 구축하여 실험적으로 검증하고 관찰 결과에 맞게 그것을 수정하는 근대적 방법론을 고안했다는 점이다.

근대 과학은 갈릴레오가 망원경으로 본 내용을 적은 편지를 베네치아 총독에게 보낸 1609년 8월 24일에 시작되었다고 말할 수 있을지도 모른다. 그러나 개량 망원경으로 천체를 관측하는 데 열의를 보인 사람은 갈릴레오 말고는 없었다. 동료 과학자들은 혜성처럼 등장한 이 놀라운 과학 도구를 한결같이 불신의 눈으로 바라보았다. 왜 그랬을까?

기원전 300년 유클리드가 살았던 시대에 이미 볼록 거울로 보면 물체가 커 보인다는 사실은 알려져 있었지만 그 뒤로 1900년 동안 볼록 거울에 관심을 둔 사람은 아무도 없었다. 네덜란드의 장인들이 1590년에 나온 이탈리아의 모델을 모방하여 만든 3배율 쌍안경도 사람들의 관심을 끌지 못했다. 철학자와 과학자들은 감각을 믿어서는 안 된다는 생각이 확고했다. 특히 시각을 믿는다는 것은 더더욱 안 될 말이었다. 렌즈와 볼록 거울이 촉각과는 모순되는 형상을 제시한다는 점 때문에 그들은 시각을 더욱 불신했다. 갈릴레오의 30배율 망원경은 그래서 거짓된 정보를 흘린다는 이유로 퇴짜를 맞았다. 망원경으로 달의 분화구를 들여다보기를 거부한 가톨릭 주교들에게도 이렇게 기댈 만한 언덕은 오래 전부터 있었다.

갈릴레오가 베네치아 총독에게 보낸 편지에 적힌 놀라운 내용은 금세 밖으로 퍼져나가 차츰 물의를 불러일으켰다. 《천문 대화》(1632)가 나온 뒤 종교재판소는 갈릴레오를 이단으로 고발했다. 종교재판소는 갈릴레오가 자신의 지동설을 공표하지 않겠다는 각서에 서명을 했다고 밝혔다. 그 각서는 위조였지만 갈릴레오는 자신을 변호하기 위하여 재판정에 출석하는 것도 허락받지 못했다. 결국 이단이라는 판정을 받은 그는 외압으로 기존의 입장을 철회할 수밖에 없었고 종신 가택 연금형에 처해졌다. 갈릴레오가 쓴 책은 처음에는 공개리에 불살라져야 한다는 판결이 내려졌지만 나중에는 단순한 판매 금지 조처로 처벌이 완화되었다.

그러나 갈릴레오는 스위스에서는 책을 낼 수 있었고 얼마 뒤 근대 물리학에서 최초의 역저로 평가받는 《새로운 과학》(1638)을 네덜란드에서 새로이 펴냈다. 갈릴레오는 로마 교황청에 반기를 들었지만 그의 삶은 엉망이 되었고 그 후 이탈리아 과학은 퇴보했다(1992년 10월 로마 교회는 갈릴레오가 부당한 대우를 받았다고 공식적으로 밝혔다).

르네 데카르트

종교개혁은 종교적 지식의 신뢰성에 의문을 제기했다. 가톨릭 신앙이 과연 신교를 비롯한 여타의 교리들보다 더 진실된 것인지를 따지고 들었다. 과학이 무섭게 부상하면서 이 의문은 지식 전반의 신뢰성에 대한 물음으로 확대되었다. 회의론자들은 확실한 지식은 있을 수 없기 때문에 의심의 여지는 항상 남는다고 주장했지만 베이컨은 복합현미경 같은 기계 장치의 도움을 얻어서 우리는 귀납법을 통해 세계에 관한 확실한 지식을 얻을 수 있다고 반박했다. 당시의 많은 과학자와 철학자가 그랬던 것처럼 르네 데카르트(1596-1650)도 감각이 받아들이는 증거를 불신했다. 데카르트는 몽테뉴와 메르센 같은 회의론자들의 논리를 더욱 극단적으로 밀고 나가 자기 자신의 정신적 존재를 빼놓고는 그 어떤 것도 '진리'가 아니라고, 지식이 아니라고 주장했다. "코기토 에르고숨"("나는 생각한다, 고로 존재한다")이었다. 이런 '데카르트적 의심'의 바탕 위에서 그는 진리를 발견하는 하나의 방법 내지는 체계를 세울 수 있었다.

《방법서설》(1637)에서 데카르트는 자기의 마음에 '명료하게' 제시되는 것을 빼놓고는 그 어떤 것도 진리로 받아들이지 않는 '자연적 방법'을 체계화했다. 데카르트가 모든 지식에 대한 공격에 정식으로 대응한 것은 《성찰》(1641)에서였다. 감각은 신뢰할 수 없는 것이라고 인정하면서 데카르트는 사물의 진위에 대해서 사람들을 미혹시키는 악마를 가정했다. 심지어 정사각형은 네 변으로 되어 있다는 것에 대한 믿음마저도 악마의 농간 때문인지 모른다고 데카르트는 가정했다. 결국 데카르트는 전지전능한 신의 선함을 믿음으로써 악마를 내쫓는 데서 활로를 찾을 수밖에 없었다. 데카르트는 신이 존재한다는 것을 의심하지 않는다. 그렇다면 그는 어떻게 해서 자기 자신이 존재한다는 것을 알까? 그는 자신이 생각하는 사람이라는 데서 해답을 찾아낸다. "코기토, 에르고숨."

진리는 마음에 의해서 명료하게 파악된다. 이런 관점에서 데카르트는 감각의 신뢰성을 높이고 물질 세계의 존재를 증명하는 합리주의 철학을 창안했다. 나아가 그는 신은 정신과 물질이라는 두 실체를 창조했다고 믿었다. 마음은 정신이고 정신의 본질은 의식이다. 몸, 곧 물질의 본질은 공간 속에서 확장과 공간 속에서 나타나는 운동이다. 데카르트의 이원론은 마음과 몸 사이에 골을 만들어놓았지만 후대의 철학자들은 몸과 마음, 자연이 모두 얽혀 있다는 것을 증명하여 그런 골을 제거한다.

데카르트는 먼저 모든 물질은 동일한 실체를 갖는 요소들로 이루어져 있다고 한 그리스의 원자론자 데모크리토스의 생각을 받아들였다. 시공간을 통해 이루어지는 이 절대적 실체의 운동이 곧 모든 현실의 밑바탕에 깔려 있다고 데카르트는 생각했다. 데카르트와 그의 추종자들은 완전한 신이 티끌 만한 오류도 없는 (수학적) 세계를 만들어냈다고 믿었다. 신은 아주 복잡한 기계를 만들고 가동시킨 공학자였다. J. H. 랜덜은 《근대 정신의 형성》이라는 책에서 그 점을 이렇게 간추린다.

그러므로 데카르트에게 공간이나 확장은 세계의 근본적 현실이 되었고, 운동은 모든 변화의 근원이, 수학은 세계를 이루는 부품들 사이의 유일한 관계가 되었다 … 그는 자연을 기계로, 더도 덜도 아닌 기계로 만들었다. 그 바람에 목적과 정신적 영향은 깡그리 사라지고 말았다.

데카르트에게 수학은 '학문의 여왕'이었고 기계적 우주를 설명하는 데는 수학만으로도 족했다. 응용 수학을 가지고 과학자들은 자연법칙에 따라 움직이는 질서정연한 우주를 연구하고 이해할 수 있다고 보았다. 갈릴레오도 그 점에서는 전적으로 같은 생각이었다. 가령 코페르니쿠스가 내놓은 태양중심설을 케플러는 관찰을 통해 확증하고 수학을 동원하여 행성 운동의 세 가지 법칙을 확립했다.

1. 행성은 태양의 둘레를 타원형으로 돌고 태양은 타원형의 한 초점에 놓여 있다.
2. 태양과 행성을 잇는 직선이 있다고 할 때, 태양 둘레를 도는 행성의 속도는 위치에 따라 변하지만 일정한 시간 안에 이 가상의 직선이 '쓸어내는' 면적은 언제나 같다.
3. 각 행성이 태양의 둘레를 한 바퀴 도는 데 걸리는 시간의 제곱은 행성과 태양의 거리의 세제곱에 비례한다.

베이컨, 갈릴레오, 데카르트와 근대의 천문학자들은, 뉴턴에게 영감을 주었으며 훗날 서양 문화를 세계의 여러 문명들 중에서 독보적인 지위로 끌어올리는 과학 발전의 단단한 기초를 닦아놓았다.

절대주의

17세기 초엽 영국과 프랑스는 모두 왕권신수설을 신봉하는 전제군주들의 지배를 받고 있었다. 영국과 스코틀랜드의 왕위는 스코틀랜드 여왕 메리 스튜어트의 아들이었던 제임스 1세(재위 1603-25)가 등극하면서 하나로 통합되었다. 절대적 지배력을 행사하려던 그의 시도는 의회와 갈등을 불러일으켰다. 제임스 1세의 아들인 찰스 1세(재위 1625-49)도 절대 권력을 추구했고 결국 의회와 왕 사이에 내전(1642-6)이 일어났다. 찰스 1세는 재판을 받아 반역죄로 처형되었고 권력의 공백기 동안 청교도 올리버 크롬웰이 호민관으로서 잉글랜드 공화국을 통치했다(1649-59).

내란이 터지면서 정부의 기원을 사회 계약으로 설명하는 이론이 더욱 득세하기 시작했다. 하지만 지배당하는 사람들의 합의가 정부를 낳았다는 이론이 자유민주주의를 밑바탕에 깔았던 것은 아니었다. 그것은 단지 돈 많고 힘 있는 계급의 힘이 왕의 권력 남용에 족쇄를 채워야 한다는 주장이었을 따름이다. 사회계약설은 강한 정치적 호소력을 발휘했지만 1651년 간행된 토머스 홉스(1588-1679)의 《리바이어던》에 의해 도전받았다. 홉스는 군주의 최고 권력에 대한 복종에 바탕을 둔 계약의 관념을 부활시켰지만 왕의 권력은 신으로부터 부여받은 것이라는 왕권신수설은 받아들이지 않았다. 평화와 안전이 사회의 필수 조건이라고 생각했기 때문에 홉스는 국가의 선을 위해서는 개인들의 일정한 희생은 불가피하다고 믿었다. 홉스가 보기에 자연은 무정부 상태였다. 사회의 안정을 회복하고 유지하기 위해서는 우월한 힘이 있어야 하는데 이것이 바로 왕의 무제한적 권력이었다. 사회계약설이 유포되고 내란이 벌어지고 왕이 처형되던 당시의 시대적 정황으로 볼 때 홉스주의자들의 입장은 크롬웰과 청교도가 다수를 차지하는 의회에게는 눈엣가시였을 것이다.

1659년 크롬웰이 죽자 권력은 그의 아들 리처드에게 넘어갔지만 1년도 못 가서 찰스 1세의 아들이었던 찰스 2세(재위 1660-85)가 등극하여 스튜어트 왕조를 계승하게 되었다. 찰스 2세는 의회와 노골적으로 대립하지 않으면서 자신의 뜻을 관철시켜 나갔지만, 다음 제임스 2세(재위 1685-8)는 그리 영리하지 못하여 결국 폐위되었다. 제임스 2세의 중도하차는 가톨릭을 믿는 왕은 영국의 자유를 침해할 가능성이 높다는 우려를 확산시켰다. 제임스 2세의 딸이었던 메리는 신교도였고 역시 네덜란드의 신교도였던 오라녜의 빌렘(후일 윌리엄 3세)과 결혼했다. 두 사람은 의회가 국가 권력의 최고 기관임을 받

20.1 지안로렌초 베르니니의 〈루이 14세 흉상〉을 프랑스 조각가들이 모사한 작품. 1700년경. 청동. 84.2×100×43.2cm. 국립미술관(워싱턴디시). 베르사유 궁전은 이 흉상이 대변하는 바로크 양식으로 장식되고 단장되었지만 외벽은 루이 14세가 선호한 신고전주의 양식으로 꾸며졌다.

제20장 과학, 이성, 절대주의

아들인다는 조건 아래 공동으로 영국 왕위를 계승하였다. 이것이 피를 흘리지 않고 이루어진 1688년의 명예혁명이다. 명예혁명으로 영국은 입헌군주제를 확립했다. 절대주의는 영국에서 사실상 막을 내렸다.

  프랑스에서 절대주의는 훨씬 길게 존속했고 무수한 폭력을 낳았다. 앙리 4세가 암살된 다음 왕위를 계승한 루이 13세는 1610년부터 1643년까지 재위했지만 왕권은 총리였던 리슐리외 추기경에게 서서히 넘어갔다. 리슐리외는 1624년부터 1642년까지 사실상 독재자로 군림했다. 리슐리외가 닦아놓은 절대 왕권의 기틀을 이어받은 왕이 루이 14세다. 루이 14세는 어머니의 섭정을 받으면서 겨우 다섯 살로 왕위에 올랐다. 프랑스의 왕 중에서 가장 오래 집권한 루이 14세(재위 1643-1715)(20.1)는 예술을 장려하고 베르사유에 웅장한 궁전을 지었으며 프랑스를 유럽에서 가장 강력한 군주국으로 만들었다(21.15). 그러나 프랑스는 지방들 사이의 관세 장벽, 세금 포탈, 세금을 전혀 내지 않는 귀족으로 인해 경제적으로는 곤경에 처해 있었다. 더욱이 프랑스의 신교도인 위그노파를 박해하지 않기로 약속한 낭트 칙령(1685)을 왕이 파기하면서 일대 혼란이 빚어졌다. 대부분 전문 기술을 가진 25만 명이 넘는 중산층 시민이 프랑스를 등졌다. 루이 14세의 위대한 시대는 저물기 시작했고 결국 프랑스의 군주제 또한 흔들렸다.

18세기

계몽주의

18세기의 사상적 특징은 '계몽주의'와 '이성의 시대'라는 두 단어로 요약된다. 계몽주의 시대는 뉴턴의 기념비적 저서 《프린키피아 마테마티카》(자연철학의 수학적 원리)가 출판된 1687년에서 시작되어 프랑스 혁명이 터진 1789년까지의 약 100년간을 말한다. 혹은 영국에서 명예혁명이 일어난 1688년을 기점으로 잡을 수도 있다. 둘 다 타당성이 있다. 《프린키피아》와 명예혁명은 과학, 합리주의, 자유의 진전을 예고하는 중요한 역사의 이정표였다.

계몽주의는 서양의 모든 사회를 탈바꿈시킨 의식적이고 매우 철저한 운동이었다. 유럽은 일부 작가들이 '3대 치욕'이라고 부른 사실을 깨달으면서 충격에 휩싸여 있었다. 지구는 우주의 중심이 아니라는 것, 사람은 다른 동물처럼 자연의 일부라는 것, 사람의 이성은 감정과 본능에 예속되어 있다는 것이었다. 지식의 발전이 낳은 이 새로운 진리 앞에서 사람들은 자신의 임무를 근본적으로 재정의할 수밖에 없었다. 인간의 새로운 소임은 과학을 통해 진리를 발견하고 현실 세계에서 행복을 추구하고 자유의 가능성을 극한까지 추구하는 길이라고 사람들은 생각했다. 뉴턴의 발견은 세계는 질서정연하고 파악할 수 있는 것이기에 인간 사회도 계몽된 이성의 훈련을 통해 질서정연하고 합리적으로 운영될 수 있다는 설득력 있는 증거를 제시했다.

몽테스키외(1689-1755)는 물리적 현상과 정치적 현상을 두루 지배하는 보편 법칙이 있다고 주장하면서 자연 법칙에 대한 데카르트의 생각을 처음으로 확대 적용한 인물의 하나다. 콩도르세 후작(1743-94)은 한 걸음 더 나아갔다. 그는 윤리와 경제, 정부에 대해 수학과 과학의 사실만큼이나 확실한 보편적으로 타당한 진리를 찾아낼 수 있다고 주장했다. 새로운 지식의 축적은 결정과 행동을 올바른 방향으로 이끌 것이고, 자유로운 인간을 편견과 미신으로부터, 사회와 정부의 바람직하지 못한 속박으로부터 벗어날 수 있도록 도울 것이라고 그는 믿었다. 계몽주의 시대의 지식인들을 그토록 매료시킨 것은 바로 이런 진보의 원칙이었다. 새로운 사실을 발견하면서 과학이 점점 진보하듯이 사회도 인간의 잠재력을 더 완전히 구현하는 방향으로 나아갈 것이라는 신념이었다. 이런 낙관적 믿음은 다시 예언을 실현하려는 현실적 노력으로 이어져 다양한 분야에서 중요한 발전이 이루어졌다. 하지만 윤리, 경제, 사회, 정부에는 그 누구도 상상하지 못한 훨씬 복잡한 변수들이 작용한다는 사실을 사람들이 깨닫는 데는 그리 오랜 시간이 걸리지 않았다.

과학과 철학 – 뉴턴과 로크

아이작 뉴턴

뉴턴(1642-1727)은 계몽주의 과학의 영웅이었다. 그는 만유인력의 법칙을 발견하여 유럽을 전율시켰고 광학 분야에서 중요한 연구를 했으며 라이프니츠(1646-1716)와 함께 미적분학이라는 새로운 수학 분야를 창안했다. 이런 구체적 발견들도 중요하지만 뉴턴이 동료들에게 추앙받은 것은 특히 그가 확립한 연구 방법론 때문이었다. 뉴턴이 한 발견은 후대의 과학자들에 의해 일부 수정되었지만 그의 과학 연구 방법론은 오늘날까지도 모든 과학자가 본받아야 할 귀감으로 남아 있다. 뉴턴은 자기 혼자서 공을 독차지하려고 하지 않았다. 그는 이런 말을 남겼다. "내가 남들보다 조금 더 멀리 나갔다면, 그것은 거인들의 어깨에 올라탔기 때문이다." 코페르니쿠스, 브라헤, 브루노, 케플러, 갈릴레오 등 기라성 같은 과학자들이 바로 그가 말한 거인들이었다. 그러나 뉴턴은 우주가 돌아가는 이치를 설명하는 거대한 종합에 성공했다. 먼저 그는 갈릴레오의 운동 이론을 가다듬었다.

1. 정지 상태에 있거나 균일한 직선 운동 상태에 있는 물체는 이 상태에 변화를 주려는 외부의 힘이 가해지지 않는 한 본래의 상태를 유지한다. 즉 물체의 관성은 그 물체가 정지 상태나 직선 운동 상태를 유지하도록 만든다. 정지 상태나 직선 운동 상태에 변화를 주려면 외부에서 힘을 가해야 한다.
2. 운동량의 변화는 변화를 유발하는 힘에 비례하며 힘이 작용하는 방향으로 일어난다. 즉 속도의 증감은 힘에 비례한다.
3. 작용이 있으면 반작용이 있다. 로켓이 하늘로 치솟는 것은 이러한 원리 때문이다.

천체의 운동

갈릴레오는 지구 위에서 일어나는 물체의 운동 원리를 밝혀냈지만 천체의 운동은 규명하지 못했다. 천체의 궤도는 왜 곡선인가? 뉴턴은 모든 천체는 서로를 잡아당긴다고 가정했다. 그는 우주 공간에서 일어나는 달의 관성 운동을 집중적으로 연구한 끝에 달의 궤도가 곡선을 그리는 것은 달이 지구로 계속 떨어지려 하기 때문이라는 사실을 알아냈다(20.2). 달의 관성은 그림의 점선 화살표가 가리키는 방향처럼 직선으로 나아가려고 하지만 지구가 끌어당기는 중력 때문에 곡선으로 휘어질 수밖에 없다. 작용과 반작용은 동일하므로 달은 지구로부터 일정한 거리를 유지하면서 궤도에 머물러 있다. 마치 오늘날의 인공위성이 궤도 이탈을 하지 않는 것처럼. 뉴턴은 달의 질량

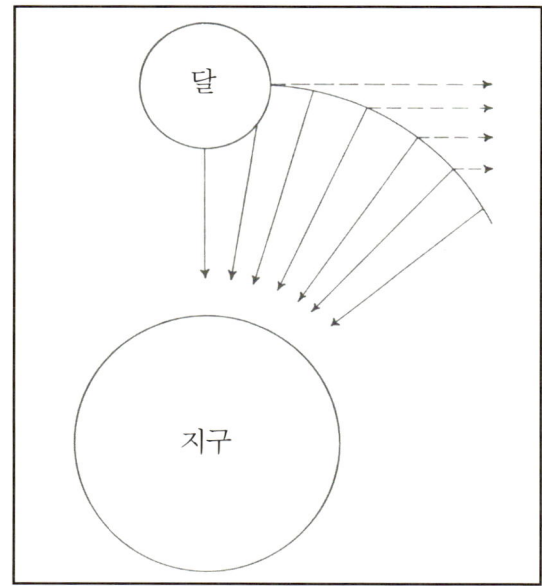

20.2 달의 운동에 영향을 미치는 힘들.

과 지구까지의 거리를 계산하여 중력은 지구까지의 거리의 제곱에 반비례한다는 것을 알아냈다. 뉴턴은 또 태양과 행성들과 행성들의 위성들의 질량도 계산하여 태양이 특정한 행성을 끌어당기는 중력도 그 행성과 태양까지의 거리의 제곱에 반비례하고 케플러의 법칙대로 움직인다는 것을 발견했다. 나무에서 떨어지는 사과건 달이건 물체의 운동을 지배하는 수학 공식은 똑같다고 뉴턴은 주장했다. 이 법칙은 지구 위에서도 아득히 먼 우주 공간에서도 똑같이 적용되었다. 문자 그대로 만유인력의 법칙이었다.

보편적 원리

뉴턴은 에드먼드 핼리와 함께 혜성도 똑같은 보편적 원리에 따라 움직인다는 사실을 보여주었다. 뉴턴은 지구의 회전 운동으로 말미암아 지구의 두 극이 평평해지는 것을 측정하고 행성의 크기는 그 행성의 낮의 길이를 결정한다는 것을 증명했다. 또 위도가 물체의 무게에 미치는 효과를 보여주었고 밀물과 썰물을 해와 달의 인력이 합쳐져서 나타나는 현상으로 풀이했다. 이 모든 중력의 사례들은 서로 다른 현상들이 하나의 법칙으로 설명될 수 있다는 사실을 여실히 보여주었다. 알렉산더 포프는 깊은 감동을 받고 이런 시를 썼다.

자연과 자연의 법칙은 어둠에 묻혀 있었노라.
신이 〈뉴턴이 있으라!〉 하니 온누리가 빛이 되었다.

과학적 원리들의 이러한 통일은 놀라운 철학적 함의를 가지고 있었다. 뉴턴이 상상한 우주는 공간 속에서 소용돌이 치는 물체들의 광대하고 정교한 체계였다. 그것은 질서 정연하고 얼마든지 예측이 가능한 배열이었다. 행성, 달, 태양 하나하나는 우주적 차원의 구도 안에서 균형을 이루고 있었다. 그 균형은 서로를 끌어당기는 기계력에 의해 결정되었다. 절대적이고 불변하는 이 힘들은 기계를 차질 없이 돌아가게 만들었다. 그렇다면 신이 들어설 자리는 어디인가? 현실적으로는 신은 배제되었지만 뉴턴은 신성에 두 가지 역할을 부여했다. 과학자들은 뉴턴 물리학으로 파악한 천체의 운동에서 가벼운 변칙성을 알아차렸다. 따라서 신의 한 가지 기능은 주기적으로 조정을 하는 것이며 또 하나의 기능은 시간과 공간이 균일하게 흐르도록 보살피는 것이었다. 이렇게 해서 신은 계기판에서 잠시도 눈을 떼지 않으면서 여기서는 바퀴를 돌리고 저기서는 밸브를 열고 하는 일종의 천체 기계공이 되었다. 하지만 18세기가 끝나기도 전에 프랑스의 천문학자 라플라스는 중력의 이치를 확대시켜 그런 변칙성도 예측 가능한 법칙에 따라 주기적으로 발생한다는 것을 증명했다. 여기서 신은 완벽한 우주 기계를 고안한 창조자로서 존재하지만 그 기계는 더이상 신의 보살핌을 필요로 하지 않는다고 믿는 자연신학의 일파가 나타났다.

　계몽주의는 인간의 지성에 의지하는 운동이었음을 이런 사태 전개 속에서 우리는 분명히 확인할 수 있다. 정신의 경이로운 능력을 한껏 활용하면서 머지않아 인간은 우주의 가장 은밀한 수수께끼도 풀어낼 수 있었다. 그렇다면 인간의 제도는 어찌 되는가? 질서 정연하고 합리적인 우주를 파악할 수 있는 이성의 힘이 인간에게 있다면 인간은 그 힘을 써서 질서 있고 합리적인 사회를 건설할 수 있을 것이다. 미국이라는 나라의 기틀을 세운 건국의 아버지들은 바로 이런 낙관주의로부터 영감을 받아 온세계의 전범이 되고 희망의 등불이 되는 민주주의를 세웠다.

존 로크

미국이라는 공화국의 건국자들은 몽테스키외의 《법의 정신》(1748)에서도 정치 이념을 일부 가져왔지만 주로 존 로크(1632-1704)의 사상에서 영향을 받았다. 명예혁명이 일어나자 망명길에서 돌아온 로크는 입헌 군주정을 정당화하기 위해 《통치론》(1690)을 썼다. 〈시민 정부에 관한 제2논문〉의 15번째 에세이에서 로크는 자신의 입장을 분명히 밝힌다.

> 자연 상태에서 누구나 가지고 있으며 사회가 안전을 보장해주는 모든 경우에 개인이 사회에게 양도한 이 힘은 이제 개인이 선하다고 여기며 자연으로부터 허용받았다고 생각하는 자기 재산을 지키기 위한 수단으로 쓰여야 하고 또 남들이 꾀하는 자연법의 침해를 처벌해야 한다. 그래야 (개인은 최고의 이성에 따라서) 자기 자신뿐 아니라 인류 전체의 존속에 이바지하게 되는 것이다. 이 힘의 목적과 기준은 자연 상태에서 개개인의 손 안에 있을 때는 자신이 속한 모든 사회의, 다시 말해서 인류 전체의 존속을 도모하는 것이다. 한편 행정관의 손 안에 있을 때는 이 힘의 유일한 목적과 기준은 그 사회에 속한 성원들의 생명, 자유, 재산을 지키는 것이라야 한다.

세계는 자연 법칙에 따라 움직이는 기계라고 뉴턴이 보았던 것처럼 로크도 인간 세상이 자연법에 따라 움직인다는 가정에서 출발했다. 이 정신은 토머스 제퍼슨이 작성한 독립선언문의 서두에도 반영되었다.

20. 과학, 이성, 절대주의

인간 역사의 전개 과정에서 사람들이, 정치적 결속을 맺고 있던 다른 사람들로부터 떨어져나와, 자연법과 자연을 창조한 신의 율법이 지상에 있는 권력들 중의 하나로서 그들에게 부여한 주체적이고 동등한 지위를 떠맡아야 할 필요성을 느끼는 경우, 인류의 다양한 견해를 품위 있게 존중할 줄 아는 이들이라면 그들에게 당신들을 독립으로 몰아가는 대의를 당당히 선언하도록 요구할 것이다.

로크에 따르면 이러한 자연법은 양도될 수 없는 어떤 권리를 사람들에게 주었으니 그것은 생명, 자유, 재산의 권리다. 제퍼슨은 '재산'을 훨씬 인상적이고 도전적인 구절로 바꾸었다.

우리는 모든 인간은 평등하게 태어났고 양도될 수 없는 어떤 권리를 조물주로부터 부여받았다는 것을 자명한 진리로 받아들인다. 그 권리에서 특히 중요한 것은 생명과 자유의 권리, 행복을 추구할 수 있는 권리다. 이런 권리들을 지키기 위해 인간들이 제도화한 것이 정부다. 정부의 정당한 힘은 국민의 동의로부터 나오는 것이다.

제퍼슨은 훗날 독립선언서에 대한 자신의 견해를 밝혔다.

원리나 정서의 독창성을 겨냥하지도 않았고 과거의 특정한 글에서 베끼지도 않았다. 미국의 정신을 표현하자는 데 목적이 있었다.

로크는 정부가 존재하고 권위를 가질 수 있는 것은 오직 국민에 의해 세워졌고 국민으로부터 권위를 부여받았기 때문이라고 썼다. 만일 정부가 신의를 저버린다면 국민은 새로운 정부를 수립할 수 있는 자연적 권리를 갖는다. 국민에게는 반역할 수 있는 권리가 있는 것이다.

국부론 -애덤 스미스

로크와 제퍼슨이 자연법을 정치의 영역으로 끌어들였고 뉴턴이 우주의 힘을 결속시키는 것은 자연의 법칙이라는 사실을 발견한 것처럼 애덤 스미스(1723-90)는 경제의 영역에서 통일된 원리를 찾아내려고 애썼다. 그가 쓴 책은 흥미롭게도 전 시대에 베이컨이 확립한 과학적 방법을 그대로 따랐다. 경제 활동에 대한 스미스의 연구는 핀 공장에서 이루어졌다. 스미스는 이런 사실적 자료를 바탕으로 자신의 생각을 일반화시켰다.

스미스는 1776년 《국부의 본질과 원인에 대한 탐구》라는 책에서 자신이 생각하는 자본주의의 원리들을 밝혔다. 이 책은 순식간에 고전의 반열에 올랐다. 스미스가 활동하던 시대의 자본주의는 중상주의의 형태를 띠고 있었다. 중상주의는 각국 정부의 철저한 통제를 받고 국가의 부는 그 나라가 보유한 금은의 양에 달려 있다는 가정에 바탕을 둔 엄격한 무역 규제 체제였다. 금은의 보유량을 늘리려면 무역 수지가 흑자를 내야 한다. 즉 수입보다 수출이 많아야 한다. 그런데 모든 나라가 무역 수지를 저마다 유리하게 이끄는 데 골몰할 경우 이 체제는 필연적으로 붕괴한다. 유일한 해결책은 식민지를 거느리는 것이다. 식민지를 가진 나라는 식민지로부터 값싼 원자재를 들여올 수 있고 값비싼 공산품을 가져다 팔 수 있다. 영국은 미국에 있는 식민지들을 그렇게 이용했다. 결국 식민지는 스스로 제조업을 발전시키든가 아니면 종주국에 의해 황폐화된다. 이 경우에도 체제는 붕괴한다.

중상주의에 처음으로 반기를 든 세력은 중농주의자라고 불리던 프랑스의 일부 경제학자들이다. 그들은 한 나라의 부는 풍부한 돈이 아니라 원자재의 공급 능력에 달려 있다고 주장했다. 그들은 또 정부가 무역과 통상을 규제하면 경제 발전에 악영향을 미치게 된다고 믿었다. 애덤 스미스는 이 경제학자들과 함께 연구하면서 자신의 이론에 살을 붙여나갔다.

스미스는 사람들의 필요에 맞게 적절한 양의 상품을 안정적으로 공급하는 균형 잡힌 경제가 무엇인지를 추구했다. 어떻게 하면 만들어진 물건들이 적당한 가격에 팔려서 물건을 구입하는 사람에게도 부담이 안 가고 노동자는 적당한 임금을, 제조업자는 합리적 수익을 얻을 수 있는지를 연구했다. 이 미묘한 문제를 해결하기 위해 그는 경제 영역에서도 자연으로 돌아가야 한다고 제안했다. 즉 임금과 상품의 제조 및 판매에 가해지는 모든 규제를 없애야 한다고 주장했다. 이것이 고삐 풀린 경쟁을 적극적으로 받아들이는 자유방임 경제다. 스미스는 자신의 이론을 구체적으로 설명한다.

스미스의 첫번째 가정은 사람은 천성적으로 부를 끝없이 탐내는 욕심 많은 존재라는 것이다. 투자할 만한 자본이 있는 기업가는 사람들에게 신발이 필요하다는 사실을 간파한다. 그는 신발 공장을 짓고 여건이 허락하는 한 가장 높은 가격을 매긴다. 자유방임의 원리

제20장 과학 이성 절대주의

에 따르면 어떤 규제도 없고 누구나 원료와 시장에 똑같이 접근할 수 있을 경우 신발의 양이 늘어나면 가격은 떨어진다. 결국 구매자의 수보다 신발의 수가 많아져서 가격이 구매욕을 불러일으킬 만큼 크게 하락하면 경쟁력이 없는 업체는 시장에서 도태된다. 수요가 공급을 초과하면 가격은 다시 올라가기 시작한다. 최종적으로 사람들의 필요를 알맞게 충족시키는 적절한 생산이 이루어지고 가격도 안정된다. 그리고 가장 효율적인 제조업체들이 수익을 올린다. 하지만 이 도식에서 노동은 빠져 있다.

노동도 신발처럼 팔고 살 수 있는 상품이라고 스미스는 말한다. 새로운 분야에서는 높은 임금을 주기 마련이고 노동자들은 자연히 그리로 몰린다. 노동자들이 넘쳐나면 임금은 떨어진다. 결국 신발 산업의 노동 시장은 과잉 상태가 되어 임금은 생계 유지에 필요한 수준 이하로 떨어진다. 그렇게 되면 능력이 가장 떨어지는 노동자들은 부득이 다른 분야에서 일자리를 구할 수밖에 없다. 결국 노동의 가격은 신발의 가격처럼 안정된 상태에 이르고 가장 효율적인 노동자들이 적정 임금을 받는다. 여기서 밀려난 노동자들은 자신들의 능력을 더 잘 발휘할 수 있는 다른 직종에서 일하면서 생계 유지를 할 것이다.

이 예에서 우리는 애덤 스미스의 자유방임 경제 원칙들을 몇 가지 뽑아낼 수 있다. 첫째, 노동은 국부의 원천이다. 둘째, 사람은 누구나 소유욕이 있다. 셋째, 원료, 노동, 시장에 누구든지 자유롭게 접근할 수 있어야 한다. 넷째, 사람은 천부적으로 타고난 재주가 있고 그에 어울리는 일을 해야 한다. 직업 선택의 자유가 있으면 자기한테 가장 알맞은 일을 고를 수 있다. 다섯째, 여기서 말한 조건이 모두 충족된다면 수요와 공급의 법칙은 넉넉한 상품, 만족스러운 가격,

적절한 이익, 적정한 임금을 보장할 것이다.

여기서 한 가지 문제가 남는데 애덤 스미스도 그 점을 모르지 않았다. 그는 독점이 경쟁을 제한하거나 없애버릴 수 있기 때문에 국가는 독점을 규제하여 자유 경쟁을 보장해야 한다고 말했다. 하지만 산업을 구체적으로 어떻게 규제할 수 있는가에 대해서는 그 역시 묵묵부답이었다. 현대의 자본주의 국가들은 비교적 자유로운 시장에서 애덤 스미스의 수요와 공급의 법칙이 작동할 수 있도록 통제와 규제를 가함으로써 이 문제를 해결하고 있다. 독점이 생기지 않도록 감시를 게을리하지 않는 것이 중요하다.

스미스가 이상적으로 생각한 경제 체제는 로크의 정치 철학, 뉴턴의 만유인력의 법칙과 비슷하다. 스미스도 대뜸 자연을 앞세운다. 인간의 다양성과 한계는 자연의 제약 안에 있다. 자연은 자동 조절 능력을 갖춘 경제의 틀을 제공한다. 수요와 공급의 자연력은 행성과 태양이 서로를 끌어당기는 힘처럼, 정부 안에서 서로를 견제하는 행정부와 입법부처럼, 경제를 매끄럽게 끌고나갈 것이다. 애덤 스미스는 경제를 조직하고 가동하면서 종국적으로는 생산성이 높은 풍요한 사회를 만들어내는 원리를 제시했다. 오늘날의 자본주의는 만인이 기대하는 것처럼 원활하게 돌아가지는 않는다. 하지만 현대의 민주주의처럼 현대의 자본주의도 지금까지 고안된 그 어떤 경제 체제보다도 뛰어난 것이라는 사실을 부인할 사람은 없다. 사유 재산과 자유 기업을 보장하지 않았던 일부 중앙계획식 사회주의 경제의 붕괴와 일부 사회주의 경제에 자본주의 경제를 도입하는 것도 이 때문일 것이다 .

계몽 철학자들

로크의 교육 이론

존 로크는 교육과 인간 제도에도 중요한 기여를 했다. 그는 사람은 '타불라 라사'로, 즉 백지 상태로 태어난다고 말했다. 이것은 사람은 권위에 종속되는 성향을 본래 타고난다고 주장하던 왕당파, 성직자의 견해와 모순을 빚었다. 로크는 자기 생각이 옳다고 확신했다. 마음은 개인이 살아가는 동안 겪게 되는 모든 경험이 기록될 깨끗한 백지였다. 그러므로 사람들을 사회의 정직하고 책임 있는 성원으로 만들려면 아주 어렸을 때부터 긍정적이고 보람찬 경험을 할 수 있는 기회를 자꾸 주어야 한다. 로크의 생각으로는 가정의 울타리를 벗어나 공교육을 시키는 것이 건전하고 독립된 인격을 도야하는 데 이바지하는 바람직한 경험을 제공할 수 있는 최선의 길이다.

이것은 합리적으로 이루어지는 과정이다. 우리는 사람의 마음이라는 원료를 내실 있는 교육으로 잘 빚어나간다. 이렇게 해서 최종적으로 완성되는 것이 훌륭한 인격체다. 적어도 이론적으로는 그렇다. 물론 바람직한 결과만 나오란 법은 없다. 나쁜 경험을 한 사람은 나쁜 성격이 된다. 바람직한 환경을 만들기 위해 국민 모두에게 실시하는 교육의 이념은 대부분 로크의 교육 철학에 바탕을 두고 있다. 소크라테스처럼 계몽 시대의 사람들은 아는 것이 덕이고 모르는 것이 악이라고 믿었다. 배움 그 자체가 하나의 보상이라고 믿었다. 그 믿음은 지금도 계속되고 있다.

데이비드 흄

마음과 이해에 대한 로크의 이론들에는 몇 가지 일관되지 못한 점들이 있었는데 이것을 해결한 사람이 바로 스코틀랜드의 철학자 데이비드 흄(1711-76)이다. 그는 계몽주의 사상가를 대표하는 명석하고 세련된 인물이었다. 경험주의의 시각에서 지식을 습득하는 과정을 설명한 로크의 이론에서 출발하여 흄은 인간의 이성에는 한계가 있음을 증명했다. 커다란 물의가 일어날 것이라고 예상하면서 그는 3권으로 된 《인성론: 실험적 논증법을 윤리적 주제에 끌어들이는 시도》(1739-40)를 출판했다. 그렇지만 흄의 예상과는 달리 그 당시에는 아무도 이 책에 주목하지 않았다. "그 책은 인쇄소에서 나오자마자 죽어버렸다"고 흄은 서글프게 회고했다. 그러나 사람들의 무시는 오래 가지 않았다. 흄은 그 책에서 공리가 맞다는 전제 아래 산수, 대수, 기하에는 특유의 지식이 존재한다고 인정했다. 하지만 그것을 넘어서면 오직 개연적 지식이 있을 뿐이다. 근대의 과학적 사유는 바로 이런 태도에서 나왔다.

흄의 주된 관심사는 원인과 결과, 즉 인과론이었다. A라는 사건 다음에 항상 B가 뒤따르면 우리는 A가 B를 일으킨다고 가정한다. 가령 종이에 성냥불을 대고 종이가 불에 타면 우리는 두 사건이 관련이 있다고 보고 성냥의 불꽃이 종이에 불을 일으켰다고 말한다. 흄은 그렇지 않다고 말한다. 성냥을 갖다 대면 종이가 불탄다는 것은 '관습', 다시 말해서 경험을 거치면서 발전된 '믿음'이라는 것이다. 이런 사건이 일어나는 것을 워낙 자주 보았기 때문에 우리는 언제나 이런 일이 벌어질 것이라고 가정한다. 이것이 화근이다. 종이가 언제나 불에 탄다는 보장은 없다. 그것은 어디까지나 확률에 지나지 않

제20장 과학 이성 절대주의

는다. 가령 종이를 어떤 화학 약품에 적시면 아무리 성냥불을 갖다 대도 불이 옮겨붙지 않을지 모른다. 게다가 우리는 사과를 덥석 베어물면 언제나 사과 맛이 나리라고 가정해서도 안 된다. 쇠고기 맛이 나지 말란 법도 없다. 우리는 해가 내일 뜰 거라고 가정하지만 해가 반드시 뜬다는 것을 증명할 수는 없다. 뉴턴의 만유인력 법칙은 따라서 개연성이지 보편타당한 필연성이 아니다. 우주 탐사가 이루어지면서 과학자들은 뉴턴의 법칙이 여전히 타당한지 예의 주시했

파리의 살롱

17세기 초반 파리에서 처음 등장한 유럽식 살롱은 18세기에 로마, 빈, 베를린, 런던, 특히 파리에서 커다란 인기를 끌었다. 살롱을 주도한 것은 귀부인들이었다. 그들은 당대의 지식인, 예술가, 사회 지도층 인사들을 위한 사교의 장으로 자기들 집을 개방했다. 우아한 분위기를 연출하고 좋은 음식을 내놓고 흥미로운 손님들을 많이 초대하는 교양이 풍부하고 재치 있는 똑똑한 여주인의 살롱은 선망의 대상이었다. 볼테르, 흄, 백과전서파 학자들처럼 살롱은 주로 남자들이 드나들었지만 18세기 후반부터 여자들이 입김이 너무 크게 작용한다는 비판을 차츰 받게 되었다. 데이비드 흄은 여성들이 주도권을 잡게 허용한 프랑스를 못마땅하게 여겼다. 존 로크는 사람은 누구나 자유롭게 태어났다고 말했지만 거기서 여자는 뺐다. 루소는 여자는 지적 예술적 활동은 남자에게 맡겨두고 집안 살림에만 매달리는 게 좋다고 말했다. 그로부터 얼마 안 가서 살롱은 소멸하고 말았다.

다. 지금까지는 결정적 모순은 나타나지 않았지만 우주 저 너머에서 무슨 일이 벌어지고 있는지를 자신 있게 예측할 수 있는 과학자는 아무도 없다. 흄이 말한 대로 인간의 이성에는 한계가 있는 것이다. 그는 확실성보다는 확률성에 바탕을 둔 세계를 받아들였다. 관찰과 추론을 통해 우리는 비록 절대적으로 확실하지는 않아도 자연이 어떻게 돌아가는지는 알 수 있지만 왜 그렇게 돌아가는지는 알 수 없다.

흄의 회의주의는 종교와 신앙에도 적용되었다. 흄 이전에도 유대교와 그리스도교의 진리에 심각한 이의를 제기한 장구한 전통이 있

자연재해와 계몽

1755년 11월 1일 포르투갈의 리스본은 독실한 신앙인들이 많았던 부유한 무역 도시였다. 그 날 이 도시를 강타한 세 차례의 대지진으로 화재와 해일이 잇따르면서 리스본은 초토화되었다. 20,000채의 가옥 중 17,000채가 파괴되었고 60,000명이 목숨을 잃었다. 왜 하필 리스본이었을까? 근엄한 사제들은 넋이 나간 생존자들에게 당신들이 지은 죄를 하느님이 응징한 것이라고 매일 수백 번이나 설교하면서, 회개하지 않으면 언제 또 그런 일이 닥칠지 모른다고 겁을 주었다. 그 날 상당수의 어린아이들이 희생된 것을 아는 사람들은 신의 은총과 연민에 의문을 품기 시작했다. 그들은 그렇다면 왜 하느님은 사창가는 그대로 놔두고 그 수많은 교회를 파괴했느냐고 반문했다. 사제들은 꿀먹은 벙어리였다. 그 논쟁의 와중에서 일부 과학자들은 팜플렛을 써서 지진은 사람이 지은 죄 때문이 아니라 지구의 운동 때문에 일어났다고 주장했다. 사람들은 사제들의 잔인한 발언에 치를 떨면서 그들의 입을 막기 위해 투옥시켰다. 리스본 대지진은 자연재해를 대하는 인간의 태도에서 중요한 전환점이 되었다.

었다. 16세기에 포르투갈 출신의 유대인으로 네덜란드로 피신한 우리엘 다 코스타는 정통 유대교에서 말하는 진리를 의심하기 시작하여 결국 모든 종교는 인간이 만들었다는 결론을 내렸다. 프랑스의 회의주의자 이삭 라 페레르는 《아담 이전의 인간》(1656)이라는 책에서 아담이 나오기 전에도 세계 도처에 인간이 살고 있었다고 주장했다. 그러므로 성서는 인간 역사의 정확한 기록이라고 볼 수 없다. 라 페레르의 저서에서 자극받아 두 성서학자 바루크 데 스피노자(1632-77)와 리샤르 시몽 신부(1638-1712)는 종교적 지식의 성격을 검토했다. 스피노자는 성서는 성스러운 계시가 아니라 유대인의 활동상과 미신을 기록한 역사서에 불과하다고 결론지었다. 대신에 그는 신이나 자연 같은 하나의 실체가 모든 존재를 끌어안는 종교적 범신론을 제안했다. 이런 입장은 훗날 낭만주의 운동에 큰 영향을 미쳤다. 당대의 가장 실력 있는 성서학자였던 시몽 신부는 학자들은 성서의 정확한 원본을 도저히 찾을 길이 없고 성서에 담긴 글의 뜻이 무엇인지도 알아낼 수 없다고 선언했다. 스피노자와는 달리 시몽은 성서의 메시지가 있다고 확신했고 그 메시지가 무엇인지를 알아내려고 헛되이 노력했다.

프랑스의 회의론자 중에서 가장 명성이 높았던 피에르 벨(1647-1706)은 《역사와 비판 사전》(1697-1702)에서 데카르트, 스피노자, 로크, 라이프니츠의 형이상학 이론을 허물어뜨리겠다고 공언했고 기존의 모든 신학을 공격했으며 구약의 영웅들을 조롱했고 모든 합리적 지식에 도전장을 내밀었다. 그는 이성을 포기하고 차라리 맹신을 받아들일 것을 옹호했다. 왜냐하면 역사적 묘사라면 또 모를까 모든 사물, 모든 이해는 결국 의심스럽기 때문이다. 볼테르는 벨의 《역사와 비판 사전》을 "계몽주의의 병기고"라고 불렀다.

벨을 열심히 읽었던 흄은 다른 계몽주의 사상가와는 달리 벨의 회의주의에 반격을 가하지 않을 경우 인간은 비참해진다고 보았다. 흄은 살인, 도둑질 같은 행위가 죄악이라는 사람들의 확신이 잘못이라는 생각을 결코 하지 않았으며 뉴턴의 만유인력 법칙을 불신할 까닭도 전혀 없다고 보았다. 불확실성은 철학자의 영역이었다. 흄은 절대적 진리란 있을 수 없으며 사람은 무엇이든 절대적으로 믿지 않는 것이 좋다고 주장하면서 근대 과학의 정신을 한 발 앞서 천명했다. 그는 종교 갈등에 각별한 관심을 보였다. "종교의 오류는 위험하지만 철학의 오류는 우스꽝스럽다"고 그는 썼다. 흄은 결국 사람들도 자기처럼 일상 생활의 불확실성을 즐겁게 만끽하면서 자연스러운 열정과 상식을 가다듬으면서 삶을 꾸려나갈 수 있을 거라고 믿었다.

이마누엘 칸트

독일 계몽주의를 이끌어간 사상가 이마누엘 칸트(1724-1804)는 흄의 회의주의에 접하고 나서 "독단의 선잠에서 깨어났다"는 유명한 말을 남겼다. 3부작으로 이루어진 비판서(1781년 《순수이성비판》, 1788년 《실천이성비판》, 1793년 《판단력비판》)에서 칸트는 완전한 철학 체계를 제시한다. 그는 사람들은 공간, 형식, 인과율의 세계를 파악할 수 있고 마음의 본성에 따라 현상을 이해할 수 있기 때문에 '선험적' 지식은 가능하다는 것을 보여주었다. 칸트에 따르면 우리는 색깔, 모양, 소리 같은 겉모습만 알 뿐이지 물(物) 자체는 결코 알 수 없다. 진정한 지식은 경험을 초월할 수 없다. 하지만 마음은 모두 똑같이 기능하기 때문에 우리는 믿을 만한 지식을 가질 수 있다.

제20장 과학 이성 절대주의

윤리학에서 칸트는 선한 행동은 의무감으로 이루어져야 하며 도덕률은 지상명령(양심의 절대 무조건적 도덕률)에서 나오는 것이라고 말했다. "오직 그대가 보편율로서 지향하는 원리에 따라서만 행동하라." 사람은 올바른 행동 선택의 자유를 지닌 독립된 윤리적 주체라고 칸트는 말했다. 실천의 차원에서 칸트는 덕이 행복과 영원불멸의 왕관을 쓸 수 있도록, 그래서 사후에도 윤리적 완성을 추구할 수 있도록 신성에 대한 믿음을 갈망하는(또는 요청하는) 사람들을 위해 신의 존재를 상정했다.

흄의 냉정한 합리주의와는 대조적으로 가슴에 와닿는 윤리적, 도덕적 이론을 앞세웠던 칸트는 이상주의라는 독일 철학 운동의 창시자가 되었다. 훗날 그의 이상철학은 독일 낭만주의 운동에도 크나큰 영향을 미쳤다. 하지만 칸트는 낭만주의 사상가의 시조라기보다는 어디까지나 계몽 사상가였다. 모든 인간은 수단이 아니라 목적으로 받아들여져야 한다는 그의 원칙은 계몽주의가 추구한 인권의 기본 전제다. 칸트는 또 앎의 중요성을 누구보다도 앞장서서 부르짖은 선각자였다.

계몽사상가들

디드로가 야심만만하게 구상한 대저 《백과전서》의 항목을 맡아 집필한 사람들이 대부분이라고 해서 '백과전서파'라고도 불리웠던 프랑스의 계몽사상가들 중에는 작가, 시인, 화가, 극작가, 수학자, 과학자가 다수 포함되어 있었다. 그들의 공통점은 프랑스어를 썼다는 사실이었다. 프랑스어는 어느새 계몽주의의 국제어로 자리잡았다. 그래서 모든 사람에게는 자기가 태어난 나라와 프랑스라는 두 개의 조국이 있다는 말까지 생겨났다. 백과전서파의 수장격이었던 드니 디드로(1713-84)는 스코틀랜드 사람 이프라임 체임버스가 쓴 획기적 저서 《사이클로피디아》의 프랑스어역을 맡은 뒤 자신이 구상한 《백과전서》의 편집 주간을 맡았다. "어떤 언어를 번역하기 위해서 그 언어를 반드시 이해해야 하는 것은 아니다. 그 언어를 이해하지 못하는 사람을 위해서 하는 것이 번역이기 때문이다"라는 말에서 우리는 디드로 특유의 유머 감각을 읽을 수 있다. 디드로에게 번역은 창조가 되었고 그것은 《백과전서》의 발간으로 이어졌다. 디드로를 비롯한 백과전서파들은 권위적이고 종교적인 세계를 대체할 수 있는 세속적이고 좀더 민주적인 세계가 등장할 시기가 도래했다고 판단했다. 1759년 28권으로 출간되었다가 정부의 탄압을 받아 그 뒤로는 은밀하게 간행된 이 책에는 인간의 모든 지식이 수록되어 있다. 그것은 앎의 중요성을 부르짖은 칸트에게 보내는 답사인 셈이었다. 백과전서를 지배하는 기본 정신은 과거와 모든 제도권 종교에 대한 경멸과 이성, 예술, 실험과학, 산업에 대한 예찬이었다. 《백과전서》는 종교적 관용과 사상의 자유가 종국적으로는 승리를 거둘 것이라 예견했고 정부는 무엇보다도 일반 서민의 처지에 관심을 기울여야 한다고 주장했다. 《백과전서》는 지식인들에게 무기를 들고 일어서자는 일종의 격문인 셈이었다. 그것은 프랑스 혁명의 중요한 기폭제가 되었다.

《페르시아인에게 보내는 편지》(1721년 익명으로 출간)에서 몽테스키외(1689-1755)는 유럽 사회, 특히 프랑스 사회를 풍자했다. 그는 통렬한 위트와 아이러니로 인간 행동의 모든 측면을 사정없이 까발렸다. 가장 잘 알려진 《법의 정신》(1748)은 정부의 형태를 과학적으로 비교한 연구서인데 여기에 담긴 견제와 균형의 이론은 미국 헌법에 반영되었다.

디드로, 볼테르, 루소는 프랑스 계몽사상가들 중에서 가장 큰 영향력을 떨쳤다. 합리주의자였던 볼테르와는 기질이 대조적이었던 루소는 감정을 중요시하는 낭만주의 운동에 크나큰 영향을 미쳤다.

절대주의와 계몽주의

루이 14세는 전제 군주였지만 그를 계몽 군주라고 불러도 어느 정도 일리는 있다. 그렇지만 그 뒤에 등극한 두 왕은 사정이 다르다. 루이 14세의 증손자인 루이 15세는 1715년부터 1774년까지 장기 집권을 하면서 어리석은 호화 생활에 국고를 탕진했고, 병약하고 우유부단한 루이 16세(재위 1774-93)는 단두대의 이슬로 사라졌다.

프랑스와 경쟁 관계에 있던 브란덴부르크-프로이센 왕국은 프랑스의 국력이 기우는 틈을 타서 강대국으로 떠올랐다. 프리드리히 1세는 1701년 최초의 프로이센 왕으로 등극했고 그 뒤를 이어 프리드리히 빌헬름 1세(재위 1713-40)가 프로이센의 영토 확대에 나섰다. 프리드리히 대제(재위 1740-86)는 전투 감각이 탁월한 왕이었다. 그가 재위하는 동안 프로이센은 유럽의 군사 강국으로 부상했다. '인자한 전제 군주'로 알려졌던 그는 사회 개혁과 사법 개혁을 추진했고 요한 세바스티안 바흐와 프리드리히 대제 자신의 연주곡이 울려 퍼지는 찬란한 궁정 문화를 정착시켰다. 하지만 그런 그도 "나의 백성은 하고 싶은 말을 하고 나는 하고 싶은 행동을 한다"고 말했다. 계몽은 아직 요원한 이상이었다.

러시아에 근대 국가의 기틀을 세운 표트르 대제(재위 1682-1725)는 자신의 조국을 거세게 '서구화'로 밀어붙였고 정적을 잔인하게 처단했다. 그는 후세 사람에게 천재로 인정받지만 도를 넘어서는 광기를 보였던 것도 사실이다. 오늘날까지도 그는 계몽 군주로서 존경을 받는 한편 불 같은 성미를 지닌 폭군으로 두려움을 불러일으킨다. 예카테리나 여제(재위 1762-91)는 독일 태생이지만 토종 러시아인으로 성장했다. 계몽주의의 영향을 받아 광범위한 개혁에 착수했지만 1773-5년의 농민 반란과 프랑스 혁명을 지켜보면서 개혁의 길을 접었다. 예카테리나 여제는 권위주의적 법령을 반포했는데 농민을 노예로 만드는 법령도 그 중 하나였다. 계몽주의 시대의 절대 군주는 계몽과는 동떨어져 있었다.

명실상부한 정치적 자유는 영국에만 있었다. 하노버 왕조의 조지 1세(재위 1714-27)와 조지 2세(재위 1727-60) 치하에서 로버트 월폴은 사실상의 총리(재직 1721-42)가 되었다. 윌리엄 피트(재직 1757-61)는 강력한 총리였지만 조지 3세(재위 1760-1820)가 직접 통치하기로 결심한 뒤 물러나야 했다. 영국 국민은 왕과 총리 사이에서 의도했던 것은 아니지만 자연스럽게 새로운 민주주의의 틀을 발전시켜 나갔다.

문학 — 1600-1789

존 던

17세기를 종종 바로크 시대로 일컫는데, 이는 문학보다는 미술과 음악에 더 맞는 표현일 게다(21장, 22장 참조). 던(1573-1631)의 시가 바로크의 영향으로 더욱더 풍부하고 빛이 난 것은 사실이지만, 그보다는 던은 형이상학파를 주도한 것으로 특징을 지을 수 있다. 그는 그의 작품에서 드러나듯이 강렬한 지적인 면모, 대담한 이미지, 사적인 것과 보편적인 것 사이에서 조화를 이루는 탁월한 능력의 소유자였다. 앤드류 마블 같은 시인들이 던의 영향을 받았지만, 그들은 학파를 형성하려 하거나 존 드라이든과 사무엘 존슨이 던과 마블의 시에 붙였던 형이상학적 꼬리표를 내걸지도 않았다. 시인이요, 산문체의 주도자요, 성직자로도 아주 뛰어났던 존 던은 《신성 소네트》나 많은 연애시에서 볼 수 있듯이 지적이고 정열적인 시를 쏟아냈다. 그가 죽고 난 후, 3세기 동안이나 주목받지 못했던 던이 지금은 영어로 시를 쓴 가장 뛰어난 시인들 가운데 한 사람으로 자리매김을 하고 있다.

앤드류 마블

후기의 마블(1621-78)은 신랄한 정치적 풍자를 썼지만, 오늘날 우리에게 가장 잘 알려진 것은 고전 고대(古典古代)의 전통을 따르면서 사랑과 자연을 주제로 한 서정적인 시를 쓴 시인으로 서다. 그의 〈수줍어하는 연인에게〉 역시 카툴루스나 다른 고전작가들의 전통에서 볼 수 있는 연인을 유혹하는 시이다. 주제는 덧없는 순간을 노래한 것이며, 어조는 절박하다. 이 순간이 지나가면 사랑의 기회도 영원히 놓칠 것이기 때문에 우리는 순간을 포착하여 사랑에 빠져야 한다는 주제는 따분하지만, 문체는 우아하고 쾌활하다.

존 밀턴

청교도의 열렬한 후원자였던 밀턴(1608-74)은 크롬웰 정부에서 라틴어 비서관이 되었고 크롬웰의 공화제를 옹호하는 일련의 논쟁문서들을 썼다. 찰스 2세의 스튜어트 왕조의 부활(1660)로 왕정이 복고되자 그는 벌금형을 받고 쫓겨나게 된다. 그 후 그는 많은 서사시를 쓰게 되는데, 〈실낙원, 1667〉, 〈복낙원, 1671〉 같은 서사시들이다. 세계에서 가장 뛰어난 서사시의 하나인 〈실낙원〉은 신에 대한 사탄의 반역과 인간의 타락을 이야기하고 있다. 밀턴의 의도는 그가 말했듯이 인간에게 신의 길을 따르게 하는 것이다.

초기에는 무운시(율동이 없는 약강 5보격)를 빌어 쓴 서사시들이었지만, 밀턴은 탁월한 소네트를 쓰기도 했다. 단시로 이루어진 최고의 걸작들 가운데 〈최근 피예몽에서 발생한 학살사건에 대하여, 1655〉, 〈눈이 멀고서, 1655〉라는 두 개의 소네트는 14행으로 된 소네트의 기본형식을 따르면서 율동이 있는 약강 5보격의 시이다.

1655년 부활절 일요일, 이탈리아의 북서지역 피예몽에서 사보이의 공작이 1170년부터 뿌리를 내려오던 발도파청교도들 1,700명을 무참히 학살하였다. 로마 교황은 특별미사로 그 사건을 기렸지만, 유럽의 신교도들은 몸서리를 쳤다. 밀턴은 저음조의 격노에 찬 소네트 〈최근 피예몽에서 발생한 학살사건에 대하여〉로 화답하였다. 여기서 그가 읊은 '순교자들이 흘린 피'는 터툴리안이 말한 "순교자들의 피는 교회의 씨앗이다"라는 말을 상징한 것이고, '3참주'는 교황이 삼중관으로 된 티아러를 쓰고 있음을 빗댄 것으로 즉 교황을 뜻한다. '바빌로니아의 비애'는 사치와 악덕의 도시인 바빌론의 파멸을 묘사한 요한계시록 18장을 인용한 것이다. 프로테스탄트 특히 청교도들과 함께 밀턴은 바빌론의 멸망을 궁극적으로는 로마 교회의 운명을 상징한 것으로 본 것이다.

토머스 제퍼슨, 1743-1826

미국 혁명(1775-1783)은 합리주의가 처음으로 승리를 거둔 중요한 쾌거였다. 거기에는 이념적 요인 말고도 경제적 요인도 작용했지만 자유롭고 합리적인 신념이 절대 권력의 남용을 누른 것은 분명했다. 신생 미국에서 가장 분명한 목소리를 낸 사람의 하나가 토머스 제퍼슨(1743-1826)이었다. 제퍼슨은 독립선언문을 썼으며 미국의 3대 대통령을 지냈을 뿐 아니라 훗날 버지니아 대학을 설립했다. 제퍼슨이 처음 대통령직을 수락하면서 한 연설(1차 취임사)은 계몽주의의 이상을 간추린 명연설이다.

문헌 12 수줍어하는 연인에게

앤드류 마블

우리에게 만약 충분한 시간이 주어진다면,
여인이여, 당신의 수줍음은 죄가 되지 않을 것입니다.
우리는 앉아서 어디로 걸을 지 생각하며
우리의 기나긴 사랑의 날들을 보내겠지요.
당신은 인도의 갠지스 강가에서 루비를 찾고
나는 험버 강의 물결에 사랑을 하소연할 것입니다.
나는 대홍수 10년 전부터 당신을 사랑할 것이며
그리고 당신은 만약 당신이 좋다면
유대인들이 개종할 때까지 거절해도 좋습니다.
나의 식물성 사랑은 제국보다
더 거대하고 더 느리게 자랄 것입니다.
당신의 눈 그리고 당신의 이마를 바라보며 찬양하는데
백년이 걸릴 것이며
당신의 두 가슴을 하나씩 찬양하는데 이백년이 걸리며
나머지 부분을 찬양하는데 삼만 년이 걸릴 것입니다.
각 부분을 찬양하는데 적어도 한 시대가 걸릴 것이며
마지막 시대에는 당신의 마음을 보여줘야 합니다.
여인이여, 당신은 그럴 자격이 있으며
나는 그보다 낮은 값으로 당신을 사랑하지 않을 것입니다.

하지만 나는 언제나 나의 등 뒤에서
시간의 날개 달린 전차가 빠르게 가까이 오는 것을 듣습니다.

그리고 멀지 않아 우리 앞에 놓인 것은 영원한 광막한 사막뿐.
당신의 아름다움은 더 이상 찾을 길이 없을 것이며
당신의 대리석 무덤 속에 나의 노래는 메아리치지 않을 것입니다.
이윽고 벌레가 그 오래 보존된 처녀성을 맛볼 것이며
당신의 성스런 명예는 먼지로 변하고
그리고 나의 욕망도 재로 변할 것입니다.
무덤은 안락하고 은밀한 장소이지만
내 생각에는, 아무도 그곳에서 포옹하지 않을 것입니다.

지금 그러므로 젊음의 빛깔이
피부 위에 아침 이슬처럼 앉아 있는 동안
그리고 당신의 의욕적인 혼이
순간의 불길로 모든 숨구멍에서 뿜어져 나오는 동안
지금 우리가 할 수 있는 동안 즐깁시다.
그리고 지금, 굶주린 맹금처럼
우리의 시간을 당장에 먹어치웁시다.
시간의 느린 씹어 먹는 힘에 약해지기보다
우리의 모든 힘과 모든 달콤함을 하나의 공으로 모아서
단단한 인생의 철문을 뚫고 나아가 세찬 투쟁으로
우리의 쾌락을 낚아챕시다.
그래서 우리는 우리의 태양을 정지시키지는 못해도
우리가 태양을 달리게 만듭시다.

문헌 13   독립선언서

토머스 제퍼슨

인류의 발전 과정에서 한 국민이 다른 한 국민의 밑에 있었던 정치적 유대를 끊고 자연의 법과 자연의 신의 법이 부여한 자립 평등의 지위를 세계의 열강들 사이에서 차지할 필요가 있을 경우 그 국민이 부득이 독립하지 않을 수 없는 이유를 선언하는 것은 인류 전체의 의견을 당연히 존중하기 때문이다.

인간은 어느 누구에게도 양도할 수 없는 천부적 권리를 조물주로부터 부여받아 평등하게 태어났으며 이 천부적 권리에는 생명, 재산, 행복을 추구할 수 있는 권리가 포함되는 것이 자명한 진리라고 우리는 믿는다. 또 이러한 권리를 확보하기 위해 정부가 조직되었다는 것, 그리고 정부의 정당한 권력은 인민의 동의에서 나오는 것이라고 믿는다. 어떤 형태의 정부든지 이 목적을 훼손할 경우 인민은 정부를 고치거나 없애고 자신들에게 안전과 행복을 가져다주리라 여겨지는 원칙에 기초를 두고 또 그에 걸맞은 권한 기구를 가지고 새로운 정부를 조직할 권리를 갖는다고 우리는 믿는다.

오랜 역사를 가진 정부를 천박하고도 일시적인 원인으로 변혁해서는 안된다는 것은 사려깊고 신중한 숙고의 결론이다. 따라서 과거의 모든 경험으로 미루어보건대 인류는 이미 관습화된 형식을 폐지하면서 악폐를 시정하기보다는 그 악폐를 참을 수 있는 데까지 참는 경향이 있다. 그러나 오랜 동안에 걸친 학대와 착취가 변함없이 동일한 목적을 추구하고 인민을 절대적 폭정 아래 예속시키려는 의도를 분명히 드러냈을 때는 이러한 정부를 타도하고 미래의 안전을 위해서 새로운 보장의 조직을 창설하는 것이야말로 그들의 권리이며 또한 의무인 것이다. 식민지는 바로 이런 고통을 견디어왔고 이제 종래의 정치 형태를 뜯어고쳐야 하는 이유도 여기에 있다. 대영국의 현재 국왕은 이 땅에 절대 폭군제를 직접 수립하려는 목적으로 악행과 착취를 일삼아왔다. 그 증거로서 우리는 다음과 같은 사실을 공정한 세계 앞에 밝힌다.

국왕은 공익을 위해 대단히 유익하고 필요한 법률을 허가하지 않았다.

국왕은 화급을 다투는 중요한 법률이라 할지라도 자기가 동의하지 않으면 시행해서는 안 된다고 식민지 총독에게 지시했다. 이렇게 해서 시행이 안 된 법률을 국왕은 두번 다시 고려하지 않았다.

국왕은 인민에게는 더할 나위 없는 권리이며 오직 전제 군주에게만 두려움을 안겨주는 입법부의 대의권을 포기하지 않는 한 광범위한 선거구를 조정하는 법률을 재가할 수 없다고 했다.

국왕은 우리를 괴롭혀서 결국 자기의 정책에 복종시키려고 입법 기관인 양원을 공문서 보관소로부터 멀리 떨어진 산골 오지에다 동시에 소집했다.

국왕은 인민의 권리를 침해한 데 대하여 민의원이 단호히 반발하자 몇 번이나 민의원을 해산했다.

국왕은 민의원을 이렇게 해산한 뒤 오랫동안 대의원의 선출을 허가하지 않았다. 그러나 입법권이라는 것을 완전히 폐지할 수는 없는 법이어서 입법권은 결국 인민 일반에게 다시 돌아왔지만 그 동안 식민지는 내우외환의 온갖 위험에 직면하지 않을 수 없었다.

국왕은 식민지의 인구를 억제하는 데도 힘썼다. 이를 위해 외국인의 귀화법에 반대했고 외국인의 이주를 장려하는 법도 허가하지 않았으며 토지를 새로이 취득하는 것도 여러 가지 조건을 붙여 까다롭게 만들었다.

국왕은 사법권의 수립에 필요한 법률을 허가하지 않음으로써 사법 행정에도 반대했다.

국왕은 판사의 임기, 봉급의 액수와 지불도 오직 자기의 의사에 따르도록 했다.

국왕은 우리 인민을 괴롭히고 인민의 재산을 축내기 위해 새로운 관직을 수없이 만들고 수많은 관리를 식민지에 보냈다.

국왕은 평화시에도 우리 입법 기관의 동의 없이 상비군을 주둔시켰다.

국왕은 군부를 문민의 통제로부터 독립시켜 우위에 놓으려 했다.

국왕은 다른 기관과 결탁하여 우리의 헌정이 인정하지 않고 우리의 법률이 승인하지 않는 사법권에 예속시키려 했고 식민지에 대하여 입법권을 주장하는 영국 의회의 각종 법률을 허가했다. 그리하여,

대규모 군대를 이 땅에 주둔시키고,

군대가 우리 주민을 살해해도 기만적 재판으로 이들이 처벌을 면하게 하고,

우리가 전세계와 무역하는 것을 막고,

우리의 동의 없이 세금을 부과하고,

수많은 사건에서 배심 재판을 받는 혜택을 박탈하고,
날조된 범죄를 재판하기 위해 우리를 본국으로 소환하고,
우리와 인접한 식민지에서 영국의 자유로운 법률 제도를 철폐하고 전제적 정부를 수립한 뒤 다시 그 영역을 넓혀 이 정부를 전범으로 삼아 이 식민지에도 동일한 절대 통치를 도입하는 수단으로 삼고,
우리의 특허장을 박탈하고 우리의 귀중한 법률을 철폐하고 우리의 정부 형태를 변경하고,
우리의 입법 기관의 기능을 정지시키고 어떤 경우든 우리를 대신하여 법률을 제정할 수 있는 권한이 있다고 선언하는,
이와 같은 법률을 허가한 것이다.
국왕은 우리를 자신의 보호 밖에 둔다고 선언하고 우리에게 전쟁을 선포함으로써 식민지 통치를 포기했다.
국왕은 우리의 바다에서 약탈을 자행하고 우리의 해안을 습격하고 우리의 도시를 불사르고 우리 주민의 생명을 빼앗았다.
국왕은 가장 야만적인 시대에도 유례가 없고 문명국의 원수로는 도저히 어울리지 않는 잔학과 배신의 상황을 만들고 아울러 이미 착수한 죽음과 황폐와 포학의 과업을 완수하기 위해 이 시간에도 외국 용병의 대부대를 실어나르고 있다.
국왕은 해상에서 포로가 된 우리 동포 시민들에게 그들이 사는 식민지에 저항하여 무기를 들거나 우리의 벗과 형제 자매의 사형을 집행하거나 아니면 자기 손에 죽기를 강요했다.
국왕은 우리들 사이에서 내란을 선동했고 변경의 주민에 대해서 나이, 남녀, 지위 고하를 막론하고 무차별 살상하는 잔악한 인디언을 자기 편으로 끌어들이려 했다.
이러한 탄압을 받을 때마다 우리는 그때그때 겸손한 언사로써 이의 시정을 탄원한 바 있다. 그러나 그런 진정에 대해 돌아온 것은 박해뿐이었다. 따라서 어느 모로 보나 폭군으로 규정짓지 않을 수 없는 국왕은 자유로운 인민의 통치자로서는 적합하지 않은 것이다.
우리는 또한 영국의 형제 자매에게도 누차에 걸쳐 주의를 환기시킨 바 있다. 우리는 영

국 의회가 우리를 억압하려고 부당하게 사법권을 확대하려는 조치에 대해서도 수시로 경고했다. 우리는 아메리카로 건너오게 된 우리의 제반 사정을 다시금 상기시켰다. 우리는 그들의 타고난 정의감과 아량에도 호소한 바 있었다. 그리고 그들과 같은 피를 나누었다는 데 호소하여 결국 우리와의 결합을 단절시킬 수밖에 없는 이러한 탄압을 거부해달라고 탄원하기도 했다. 그러나 이들 역시 정의와 혈연의 소리에 귀기울이지 않았다. 그러므로 우리는 우리가 영국으로부터 독립해야만 하는 사정을 고발해야 할 필요성을 담담히 받아들이면서 세계의 다른 국민을 대하듯이 영국인에 대해서도 전시에는 적으로 평화시에는 벗으로 대할 수밖에 없음을 주장하는 바이다.

이에 아메리카의 연합 주 대표들은 전체 회의에서 우리의 공정한 의도를 세계의 최고 심판에 호소하는 바이며 이 식민지의 선량한 인민의 이름과 권능으로 이를 엄숙히 발표하고 선언한다. 우리의 연합 식민지는 이제 자유롭고 독립된 국가이며 또 당연히 그런 권리를 갖는다. 이 나라는 영국의 왕권에 대한 모든 충성의 의무를 벗고 대영 제국과의 모든 정치적 관계는 완전히 해소되며 또 해소되어야 마땅하다. 이 나라는 자유롭고 독립된 국가로서 전쟁을 개시하고 평화를 체결하고 동맹 관계를 협정하고 통상 관계를 수립하여 독립 국가가 응당 누려야 할 모든 행동과 사무를 할 수 있는 완전한 권리를 갖는다. 이에 우리는 우리의 생명과 재산과 거룩한 명예를 걸고 신의 가호를 굳게 믿으면서 이 선언을 지지할 것을 모두 굳게 맹세하는 바이다.

제21장
미술:
바로크, 로코코, 신고전주의

바로크 미술 – 1580~1700

르네상스 시대가 발견의 시대였다면 바로크 시대는 팽창의 시대, 모순과 갈등의 시대였다. 루이 14세와 렘브란트가, 베르니니와 데카르트가, 밀턴과 바흐 같은 극과 극을 달리는 인물이 그 안에서 공존했다. 건축과 조형예술 분야에서 바로크 양식은 16세기 후반부터 시작하여 18세기로 이어지면서 바흐와 헨델의 음악에서 절정을 맞이한다.

바로크 미술의 특징은 운동, 강렬한 명암, 긴장, 활력이다. 사실 이것은 회화, 조각, 건축처럼 정지된 예술보다는 동적인 음악에 더 어

〈왼쪽〉 식모. 장-밥티스트-시메옹 샤르댕. 일부. 1738. 캔버스에 유채. 전체 크기 46.2×37.5cm. 국립미술관(워싱턴디시).

울리는 특성이라 할 수 있다. 그럼에도 불구하고 이런 모든 미술 분야에서 혁명적 혁신은 사치스럽고 과장스럽고 심지어는 기괴하기조차 한 바로크 양식을 만들어냈다. 바로크 미술의 걸작은 힘차고 현란하고 풍요롭고 다채로우며 연극의 한 장면을 보는 것처럼 역동적이다. 균형과 절제를 중시하던 전성기 르네상스의 규범과는 여러 모로 대조를 보인다. 새로운 바로크 양식은 호전적인 근대 초기의 힘찬 출발을 알리는 선언이었다.

바로크 양식 안에서도 때로는 모순된 변종들이 나왔지만 후원자의 성격에 따라 대체로 세 가지로 구분할 수 있다. 반종교개혁을 주도하던 로마 중심의 가톨릭 교회, 프랑스의 루이 14세와 영국의 스튜어트 왕조를 중심으로 한 귀족 왕실, 네덜란드의 부르주아 상인이다. 박력과 강한 대비는 모든 바로크 미술에서 공통적으로 나타나는 특징이지만 여기서는 반종교개혁 세력, 귀족 세력, 부르주아 세력으로 후원자를 세 유형으로 나누어, 그 후원자의 성격에 맞추어 바로크 미술이 어떻게 조금씩 다른 양상으로 전개되었는지에 초점을 맞추기로 하겠다.

반종교개혁 성향의 바로크

1534년에 이그나티우스 로욜라가 창설한 예수회는 반종교개혁 운동의 선봉장이었다. 예수회의 사령탑이었던 제수 교회(예수의 교회)는 새로운 양식으로 지은 최초의 건물이었다. 제수 교회는 로마 가톨릭 세계에서, 특히 라틴아메리카에서 교회 설계의 전범으로 자리 잡았다(21.1). 각 층에 있는 네 쌍의 벽기둥은 건물 정면의 시각적 안정성을 부각시킨다. 기둥을 균일한 간격으로 배치하던 고전주의 양

제21장 미술 — 바로크 로코코 신고전주의

21.1 일 제수 교회(로마), G. B. 비뇰라(전체 설계), G. C. 델라 포르타(정면), 1568-84.

식(17.2)과는 사뭇 다른 절도 있는 리듬감을 보여준다. 처음부터 바로크 건축의 특징은 쌍을 이룬 기둥이나 벽기둥의 강한 액센트에서 볼 수 있다. 중앙의 출입구를 에워싼 기둥과 벽기둥의 쌍이 연출하는 극적 효과에서 우리는 바로크 양식이 갖는 과장스러움의 단면을 읽는다. 이 출입구는 어서 교회 안으로 들어오라고 손을 내밀어 불러들이는 듯하다. 두 층의 상대적 크기와 2층 가장자리의 소용돌이 꼴 지지대는 알베르티가 설계한 산타마리아노벨라 교회(17.11)에서 차용했지만, 고전주의 양식의 삼각형 박공벽은 팔라디오의 솜씨를 연상시킨다(17.39). 제수 교회는 완전히 새로운 양식의 설계라기보다

21.2 제수 교회. 내부.

는 기존의 요소를 새롭고 극적인 양식으로 능숙하게 종합한 것이라 할 수 있다.

    교회 내부를 보면(21.2) 측랑 대신에 예배실을 벽 깊숙이 파고 들어가게 해놓았다. 교회 중앙은 마치 최후의 만찬을 공연하는 무대처럼 화려하게 장식했다. 전투적이면서도 신비주의적인 예수회의 성격을 건축학적으로 잘 구현한 이 건물에서 돔에 뚫린 창들을 통해 쏟아져들어온 빛은 높은 제단을 환하게 비춘다.

미켈란젤로 메리시 다 카라바조

바로크 양식은 카라바조(1573-1610)라는 북부 이탈리아 출신 화가의 그림에서 혜성처럼 나타났다. 대중은 물론 같은 동료 화가들에게도 충격을 주겠다는 의도를 가지고 그림을 그린 화가는 카라바조가 처음이 아닐까 싶다. 17세기의 가장 중요한 화가로 평가받는 카라바조는 균형과 절제 같은 고전주의 양식의 핵심 개념에 강하게 반발하면서 나의 스승은 오로지 자연일 뿐이라고 주장했다. 그의 작품에 나타난 명암대조법과 비현실적이고 극적인 빛의 처리는 심리적으로 강한 인상을 주는데, 렘브란트, 벨라스케스를 비롯하여 대부분의 바로크 화가들이 여기서 깊은 영향을 받았다.

〈사도 바울로의 회심〉(그림 21.3)을 보고 충격을 받지 않은 사람은 아마 한 명도 없었을 것이다. 성경에 나오는 거룩한 장면을 경건하게 묘사하던 당시의 일반적 그림과는 판이하게 다르기 때문이다. 열렬한 유대교도였던 사울(바울로는 그리스식 이름)은 그리스도교 개종자들을 체포하러 다마스쿠스로 가다가 예수의 환영과 만난다. 예수는 바울로에게 왜 나를 박해하느냐고 묻는다. 그 순간부터 바울로는 새로운 종교의 열렬한 전도사가 된다. 이 그림에 나타난 빛의 배치는 거칠고 아주 극적인 효과를 연출한다. 빛과 어둠의 생생한 대비는 중요한 혁신이었다. 당대의 화가들은 처음에는 충격을 받았지만 곧 여기에 매료되었다. 현실적으로 묘사된 말이 쓰러진 바울로를 비스듬히 굽어보는 구도는 극적 효과를 더욱 강조한다. 카라바조는 전통에 대한 반감을 노골적으로 드러냈다. 특히 르네상스의 이상주의를 그가 얼마나 탐탁치 않게 여겼는지 이 그림은 여실히 보여준다.

21.3 사도 바울로의 회심. 카라바조. 1601년경. 캔버스에 유채. 2.29×1.75m. 산타마리아델포폴로 교회(로마).

카라바조의 삶은 그의 예술만큼이나 파란만장했다. 불같은 성미를 가졌던 그는 결투를 하다가 사람을 죽이고 심한 부상을 당한 뒤 로마를 떠나 나폴리로 피신했다. 나중에 투옥되었다가 시칠리아로 탈출하는 데 성공하지만 다시 나폴리로 돌아와서 또다른 싸움에 휘말려 하마터면 목숨을 잃을 뻔했다. 가난과 질병에 시달리던 그는 자신에 대한 세상의 몰이해를 한스러워하다가 교황으로부터 사면을 받은 날 죽었다.

아르테미시아 젠틸레스키

카라바조를 추종한 아버지한테서 그림을 배운 젠틸레스키(1593-1652)는 카라바조처럼 명암대조법을 중시했고 격정적 주제를 즐겨 다루었다. 그녀가 애착을 가졌던 것은 영웅적 여인상이었는데, 특히 아시리아의 장군 홀로페르네스를 살해하여 유대민족을 구한 전설상의 여인 유디트였다. 유디트를 주인공으로 한 그림을 그녀는 여러 점 그렸다. 〈홀로페르네스를 죽이는 유디트〉(그림 21.4)에서 젠틸레스키는 유디트가 적장을 유혹하여 숙소로 들어간 뒤 적장의 목을 베는 순간을 포착했다. 유대인의 영웅으로 칭송받는 이 여인은 튀어오르는 핏줄기를 피할 정도로 여유만만하고 냉정하게 거사를 집행한다. 강렬한 명암은 극적 긴장감과 공포감을 강조한다. '여성스럽지' 못하게 폭력적인 이미지를 남발한다는 이유로 그녀를 비판하는 사람들도 있었지만 그녀는 아랑곳하지 않았다. 당시의 일반 여성들과는 달리 젠틸레스키는 그림 공부를 많이 했다. 그녀의 아버지가 뛰어난 화가였기 때문에 가능한 일이었다. 젠틸레스키는 유리한 환경을 십분 활용한 셈이었다.

21.4 **홀로페르네스를 죽이는 유디트**. 아르테미시아 젠틸레스키, 1620. 캔버스에 유채, 1.98×1.63m. 우피치 미술관(피렌체).

잔로렌초 베르니니

카라바조는 그림에서도 삶에서도 세상과 불화를 빚었지만 베르니니(1598-1680)는 반종교개혁의 시대 조류와 더없이 잘 맞아떨어진 인물이었다. 미켈란젤로에 못지않게 조각가와 건축가로서 뛰어난 기량을 인정받았던 그는 당대에 이미 최고의 예술가로, 가장 위대한 인물로 추앙받았다. 반종교개혁의 열기가 시들해지면 자신의 명성도 퇴색하리라는 사실을 베르니니는 익히 알고 있었지만, 그의 감동적인 예술은 반종교개혁의 불씨를 되살리는 데 기여했다.

그는 〈다윗〉(21.5)에서 땅에 떨어진 갑옷과 하프 위에서 잔뜩 긴장한 채 공격을 준비하는 젊은 용사의 모습을 포착했다. 용사의 모든 근육은 어딘가에서 다가오는 것으로 보이는 눈에 보이지 않는 골리앗을 향해 일발필살의 돌맹이를 날리기 위한 팽팽한 긴장 상태에 있다. 미켈란젤로의 〈다윗〉(17.27)과 비교할 때 베르니니의 다윗에

21.5 다윗. 잔로렌초 베르니니, 1623. 대리석, 등신대. 보르게세 미술관(로마).

21. 미술 : 바로크, 로코코, 신고전주의

21.6 성 베드로 교회(로마). 후진과 돔은 미켈란젤로(1547-64), 본당과 정면은 카를로 마데르노(1607-26), 주랑과 광장은 잔로렌초 베르니니(1617-67)가 각각 설계했다.

는 당장이라도 튀어나갈 듯한 바로크 시대 특유의 힘찬 에너지가 약동한다. 굳게 깨문 입술은 거울에 비친 베르니니 자신의 모습을 그대로 표현한 것이다. 체중을 실고 대지를 굳세게 밟고 있는 다윗의 발도 사실감을 더해준다. 종교재판소가 갈릴레오에게 유죄를 선고하기(1632) 9년 전에 완성된 이 조각은 거세게 달아오르던 반종교개혁의 열기를 웅변한다.

　베르니니는 자신의 안마당이었던 로마 곳곳에 뚜렷한 흔적을 남겨놓았지만 뭐니뭐니해도 성베드로 교회의 중건 작업을 빼놓을 수 없다(21.6). 타원형으로 된 광장은 이 공간을 감싼 기둥들의 주랑과 함께 그리스도교 세계에서 가장 큰 교회로 들어가는 웅장한 입구를 연출한다. 284개로 된 거대한 도리스식 기둥은 높이가 11.7미터이며, 다시 그 위에 높이가 무려 4.5미터나 되는 96개의 성인상이 얹혀 있다. 베르니니는 광장에 통일감을 주고 인간미를 불어넣기 위해 바닥에 도안을 하고 이집트식 오벨리스크 기둥을 세웠으며 2개의 분수를 설치했다. 50년 만에 끝난 이 공사는 반종교개혁 시대에 이루어진 건축의 백미라 할 수 있다. 얄궂게도 이 공사는 런던 대화재로 신교의 보루가 거의 잿더미로 화한 지 불과 1년 만에 완성되었다.

　교회의 경이로운 신랑 안으로 발을 들여놓은 방문객은 베르니니의 천재성이 유감없이 발휘된 창조물에 또다시 둘러싸인다. 기념상, 성 베드로의 성좌, 우아한 부조, 아기자기한 무늬의 대리석 바닥이 방문객을 맞이한다. 미켈란젤로의 솟구치는 돔 밑으로 발다키노가 서 있다(21.7). 발다키노는 성 베드로의 무덤 위에 마련된 높이 25.5미터의 닫집이다. 발다키노는 중요한 인물이나 장소 위에 설치된 닫집에 드리운 비단 차양을 뜻하는 이탈리아어 '발다코'에서 온 말이다. 발다키노는 네 개의 기둥을 덮은 섬세한 무늬를 포함하여 닫집은 모두 청동으로 되어 있다. 차양도 예외는 아니다. 발다키노는 이탈리

21.7 성 베드로 교회(로마).
잔로렌초 베르니니, 발다키노,
1624-33.

아의 명문 바르베리니 가문이 배출한 교황 우르바누스 8세가 제작을 지시했다. 그는 판테온의 돔에 달려 있던 청동판을 녹여서 발다키노를 만들라고 했다. 교황의 주치의는 "야만족도 하지 못한 일을 바르베리니 집안이 해냈다"고 말했다. 뱀의 뒤틀린 몸을 연상시키는 기둥은 베르니니가 옛 베드로 성당의 꽈배기 같은 대리석 기둥을 그대로 본딴 것인데, 이 대리석 기둥은 콘스탄티누스 황제가 솔로몬 신

21.8 성녀 테레사의 법열. 잔로렌초 베르니니, 1645-52. 대리석과 금박, 등신대. 산타마리아델라비토리아 교회(로마).

제21장 미술—바로크 로코코 신고전주의

전에 있었던 것이라고 믿었던 기둥이다. 발다키노를 건축물로 볼 것이냐 조각으로 볼 것이냐를 놓고 전문가들 사이에서도 의견이 분분하지만, 분명한 것은 이것이 어려운 조건 속에 이루어진 놀라운 예술적 성취라는 사실이다. 교황은 미켈란젤로의 거대한 돔 아래 묻혀버리지 않을 만큼 당당하면서도 신랑의 규모에 비해 지나치게 튀지 않아야 한다는 까다로운 조건을 내걸었던 것이다. 베르니니 자신도

고심을 거듭하다가 "천우신조로" 해결책을 얻었다고 토로한 바 있다.

〈성녀 테레사의 법열〉(21.8)은 감성적, 신비적, 영적 매력과 함께 피부에 와닿는 관능미가 인상적이다. 하느님의 사랑이 담긴 황금 화살로 천사에게 찔리기 직전 황홀경에 젖어 있는 스페인의 신비주의자 테레사 수녀의 모습은 본인이 남긴 글을 토대로 만들었다. 로마 전성기 바로크 양식의 정수를 보여주는 제단은 강렬한 종교성을 마치 연극 작품처럼 구현한 무대가 되었다. 그것은 베르니니 자신이 늘 머리맡에 두고 읽었던 예수회 설립자 이그나티우스 로욜라의 신앙 지침서 《영성 수련》을 시각적으로 표현한 것이었다.

프란체스코 보로미니

베르니니가 교황 우르바누스 8세의 총애를 받은 건 사실이었지만 바티칸 교황청의 금고를 바닥낸 호화로운 건물 증축 사업으로 경제적 도움을 받았던 예술가는 베르니니 한 사람만이 아니었다. 베르니니를 통렬하게 비판한 사람 중에 그와 쌍벽을 이루던 건축가 보로미니(1599-1644)였다. 보로미니는 베르니니가 누리던 지위와 명성이 부당하다고 여겼던 내성적이고 사색적인 천재 예술가였다. 대리석을 펑펑 쓰고 채색 벽토를 즐겨 쓰는 베르니니의 기질에 반감을 가졌던 보로미니는 정교한 곡선과 직선이 연출하는 상호작용에 초점을 맞추었다. 소박한 산카를로알레과트로폰타네 수도원 교회(21.9)에서 보로미니는 기둥, 조각, 명판, 소용돌이 장식으로 풍요하게 장식된 물결 치듯 부드러운 정면에 일련의 타원을 만들었다. 재료는 모두 돌이었다. 그는 비싼 재료보다는 디자인으로 승부를 걸었다. 이 들뜨

21.9 산카를로알레콰트로 수도원 교회 (로마). 프란체스코 보로미니.

고 신비로운 정열은 보는 이에게 깊은 인상을 남겼음에 틀림없다. 남부 유럽 곳곳에 이 작은 교회를 본뜬 건물이 속속 들어섰던 것이다.

디에고 벨라스케스

같은 시대를 살았던 여느 스페인 화가들과는 달리 벨라스케스(1599-1660)는 종교를 주제로 삼은 그림에는 관심이 없었다. 우화적 인물, 소용돌이치는 구름, 열정에 사로잡힌 얼굴은, 자연에 관심

21.10 시녀들. 디에고 벨라스케스, 1656. 캔버스에 유채, 3.18×2.74m. 프라도 미술관(마드리드).

이 있었고 빛이 연출하는 광학적 효과에 매료되어 있던 화가의 그림에는 전혀 등장하지 않는다. 이탈리아에서 그림 공부를 하는 동안 벨라스케스는 티치아노와 틴토레토의 그림에 사로잡혔다. 하지만 가까운 친구로 지냈던 라파엘로의 화풍은 그의 관심 밖이었고 루벤스의 영향도 받지 않았다. 30년 동안 스페인 국왕 펠리페 4세의 궁정 화가로 일했던 벨라스케스는 빛이 대상과 색채에 가하는 효과를 집중적으로 탐구하면서 통속 궁정화들과는 차원이 다른 솔직담백한 초상화를 그려냈다. 17세기의 가장 뛰어난 작품 가운데 하나로 손꼽히는 〈시녀들〉(그림 21.10)은 그의 눈이 도달한 높이를 만천하에 과시했다. 이 작품은 깊은 공간, 빛, 방 안에 실제로 보이는 인물들과 거울에 비친 모습으로 암시되는 왕과 왕비를 포함한 현실감 넘치는 이미지들의 절묘한 조화가 인상적이다. 벨라스케스는 당시 스페인 왕궁의 소장품이었던 반 에이크의 〈아르놀피니의 결혼식〉(17.20)에서 거울의 착상을 얻어온 듯하다.

　화가는 우리가 지금 바라보는 그림을 그리면서 우리를 바라본다. 그림 앞부분에서 빛은 등에 아이의 발을 얹은 개 위에, 왕실의 난쟁이에, 어린 공주와 두 시녀 위에 떨어지고 있다. 허리를 낮춘 시녀 뒤에서 산티아고 기사단을 상징하는 십자가를 목에 걸고 화가는 잠시 붓질을 멈추고 서 있다. 그 조금 뒤쪽에서는 한 쌍의 남녀가 담소를 나누고 있다. 뒷벽의 거울은 안으로 물러서는 공간의 다음 단계를 나타내고 열린 문에 걸터 서 있던 시종 뒤편으로 공간은 무한을 향해 사라진다. 언뜻 보면 화가의 작업실을 무대로 한 풍속화 같지만 실은 대여섯 개의 후퇴하는 단면을 가진 절묘한 공간적 구성으로 짜인 그림이다. 이 작품이 전시된 프라도 미술관에는 그림 맞은편 벽에 커다란 거울이 달려 있어 감상자는 후퇴하는 공간이 연출하는 장관을 생생히 체험할 수 있다. 감상자 자신의 모습도 그림의 일부로 거울 안에 비치기 때문에 현실과 환상은 더욱 구분하기 어려워진다. 바로크 교회의 거대한 내부 공간으로부터 성 베드로 교회의 장대한 광장에 이르기까지 공간은 바로크 미술이 심혈을 기울인 주제의 하나였다. 〈시녀들〉에 재현된 공간의 깊은 맛도 그런 배경에서 나왔다. 당시 그려졌던 대부분의 그림들처럼 벨라스케스의 이 그림도 왕실 밖의 일반인들에게 처음 공개된 19세기에 비로소 그 진가가 알려졌다. 파블로 피카소는 〈시녀들〉에게 매료된 나머지 1957년에 이 기념비적 작품의 전체 또는 일부를 묘사한 그림을 무려 45점이나 그렸다.

귀족 성향의 바로크

페테르 파울 루벤스

　루벤스(1577-1640)가 살았던 시대는 극단으로 치닫고 있었다. 갈릴레오, 케플러, 데카르트는 새로운 세계관의 틀을 만들어나갔지만 한편에는 마녀 사냥, 종교재판소, 30년 전쟁 같은 어둡고 피비린내 나는 세상이 버티고 있었다. 루벤스가 살아 있는 동안 그의 조국 네덜란드는 무자비한 종교재판소의 종주국이었던 스페인의 지배로부터 벗어나기 위해 안간힘을 썼지만 정작 루벤스가 그렸던 것은 인간의 정신을 찬양하고 자연계의 아름다움을 찬미하는 그림이었다. 인간의 고통에 무감각한 사람은 결코 아니었지만 그는 천성적으로 밝고 긍정적인 사람이었다. 루벤스는 건강한 몸과 준수한 외모, 상식, 사업 감각, 엄청난 예술적 재능, 놀라운 지성을 모두 겸비한 좀처럼 보기 드문 인물이었다. 그는 6개 국어와 고전 라틴어에 능통했으며 그림을 그리고 대화를 나누고 편지를 구술시키면서 동시에 수준 높은 강의를 들을 수 있는 출중한 능력의 소유자였다. 재주도 많았고 이루어놓은 것도 많은 루벤스는 많은 돈을 벌어 풍족하게 썼다.
　이탈리아에서 겨우 8년 동안 공부하면서 루벤스는 고대 로마의 양식은 물론 전성기 르네상스와 후기 르네상스 양식까지 완전히 자기 것으로 만들었다. 어린 프랑스 왕 루이 13세의 섭정이었던 마리 데 메디치의 초상화를 잇따라 그리면서 왕과 귀족의 초상화를 그리는 저명한 화가로서 입지를 굳혔다. 〈성모 마리아의 수태고지〉(그림 21.11)는 그가 다른 대작들에 비하면 규모는 작지만 그의 작품에서

제21장 미술―바로크 로코코 신고전주의

21.11 성모 마리아의 수태고지. 페테르 파울 루벤스, 1626. 화판에 유채, 125.4×94.2cm. 국립미술관(워싱턴디시).

일관되게 나타나는 넘치는 기운으로 가득 차 있다. 카라바조의 적나라한 사실주의와는 대조적으로 루벤스의 인물들은 풍성하고 화사한 옷을 걸치고 있다. 발그스레하고 토실토실한 아기 천사들과 안쓰러운 표정의 천사들은 힘 안 들이고 마리아를 천국으로 두둥실 띄워올리고 있다. 루벤스의 그림에 나타나는 풍부한 관능성을 귀족 후원자들과 교회는 무척 좋아했다. 풍만함과 숭고함, 영광은 천국과 지상

21. 미술 : 바로크, 로코코, 신고전주의 **79**

이 모두 눈부신 세계라는 확신을 신자들에게 주면서 그들의 마음 한 구석에 있을지 모르는 의혹을 말끔히 씻어주었다.

안토니 반 데이크

안트웨르프에 있는 거대한 작업실에서 루벤스가 얼마나 많은 조수를 두었는지는 아무도 모른다. 궁정 화가라 조합세를 내지 않아도 되었으므로 루벤스는 자신이 고용한 사람들에 대한 기록도 남기지 않았다. 조수들은 인기 있는 그림을 베끼거나 밑그림을 그렸고 루벤스는 완성하여 그림의 크기와 자신이 투자한 시간을 감안하여 가격을 매겼다. 혼자 힘으로 성공을 거둔 몇 안 되는 제자들 중에서도 가장 돋보이는 존재가 반 데이크(1599-1641)다. 스승의 위광에 가려져 자신의 재질을 충분히 살릴 수 없었던 그는 돈을 벌기 위해 스승의 곁을 떠났다. 그리고 영국 왕 찰스 1세의 궁전에서 실력을 인정받았다. 귀족적이고 섬세한 화풍을 앞세웠던 반 데이크는 궁정과 교회에서 활약한 17세기의 초상화가 중에서 타의추종을 불허했다. 반 데이크의 우아한 초상화는 언제나 실물보다 나았다. 아름다운 영국의 풍경을 배경으로 그는 찰스 1세의 한가로운 모습을 묘사했다(그림 21.12). 반 데이크가 여기서 전달하려고 애쓴 것은 위엄과 자신감이다. 찰스 1세는 우유부단함을 싫어하는 왕이었다. 이것은 당당함을 강조하는 초상화 미술의 대표작으로 손꼽힌다.

21.12 영국의 찰스 1세. 안토니 반 데이크. 1635. 캔버스에 유채. 2.66×2.07m. 루브르(파리).

제21장 미술 ― 바로크 로코코 신고전주의

니콜라 푸생

푸생(1594-1665)은 화가로서 원숙기에 시종 웅장한 그림을 그렸지만 그의 화풍은 반 데이크나 특히 루벤스와는 판이하게 달랐다. 선과 명료함, 절도를 중시한 푸생은 고대사나 신화, 성경 이야기에서 가져온 고상한 주제만 그렸다. 그는 엘리트주의자요, 그림과 캔버스의 귀족이요, 바로크가 풍미하던 시대의 프랑스 고전주의자였다. 카라바조를 비롯하여 그를 추종하는 화가들이 그린 작품은 대부분 종교적 주제를 천박하고 속되게 다루었다고 푸생은 생각했다. 성격은 크게 다르지만 루벤스의 바로크 양식 그림이 많은 추종자를 낳았던 것처럼 푸생의 고전주의적 바로크 양식도 많은 지지자를 얻었고 '루벤스주의자'와 '푸생주의자' 사이에서는 끝없는 논쟁이 벌어졌다. 가장 큰 의견의 대립은 색과 선에서 나타났다. 푸생주의자들이 사물을 표현할 때 가장 중요하게 여긴 것은 바로 선과 드로잉이었다. 색은 빛에 의존하기 때문에 부수적으로 다루었다. 하지만 루벤스와 그의 추종자들은 색에 푹 빠져 있었다. 루벤스주의자들은 자신들의 눈에 보이는 다채로운 세계를 있는 그대로 그렸던 반면, 푸생주의자들은 자신들이 생각한 당위의 세계를 이상적 형상으로 담아냈다. 사실 이것은 단순히 루벤스주의자와 푸생주의자의 갈등으로만 보기는 어렵다. 낭만주의에 공감하는 예술가와 고전주의에 경도된 예술가의 영원한 대립을 여기서도 읽을 수 있기 때문이다. 19세기에 나타나는 낭만주의는 어디까지나 양식에 치우쳐 있었다. 따라서 어떤 시대에서나 볼 수 있는 예술가들의 낭만적 성향을 19세기의 낭만주의와 혼동해서는 안 된다. 아주 넓은 뜻에서 보면 르네상스는 고전주의를 지

21.13 계단에 앉은 성가족. 니콜라 푸생. 1648. 캔버스에 유채. 68.6×97.8cm. 국립미술관(워싱턴디시).

향했고 바로크는 푸생을 제외하면 낭만주의로 기울었다고 볼 수 있다. 고전주의자들은 객관성, 합리성, 균형, 절제를 중시했고, 낭만주의자들은 주관성, 비합리성, 감정의 끊임없는 표현을 중시했다. 다 빈치, 라파엘, 푸생, 하이든, 모차르트는 고전주의자이며, 틴토레토, 후기 미켈란젤로, 엘 그레코, 루벤스, 베르디, 차이코프스키, 들라크루아는 낭만주의자다.

〈계단에 앉은 성가족〉(그림 21.13)에서 푸생은 밑에서 위를 올려다보는 시점을 도입하는데, 계단 때문에 그 효과가 한결 두드러져 보인다. 삼각 구도는 푸생이 부지런히 연구한 라파엘로의 기법을 연상시키지만 중앙에서 약간 벗어나 있어 수학적으로 거의 중심이 되는 것은 예수의 머리라 할 수 있다. 푸생의 표현을 빌리자면, 화분에서 신전에 이르기까지 악보는 하나같이 로마식으로 되어 있지만 선법(旋法)은 그리스 음계의 정신에서 유래한 것이다. 이 경우에는 이오

21. 미술 : 바로크, 로코코, 신고전주의 **83**

니아 음계의 달콤하고 서정적인 가락이겠다. 얼른 보기에도 이 그림은 아주 기하학적이다. 입체와 진공, 원기둥과 육면체가 연출하는 균형 속에, 딱딱한 돌과 부드러운 잎새, 옷자락, 서늘하고 보드라운 살이 연출하는 조화로운 균형 속에, 고전적 아름다움이 한 편의 드라마처럼 살아 있는 구도다. 이 작품을 루벤스의 그림(21.11)과 비교하면 가장 넓은 뜻에서 고전주의와 낭만주의의 차이를 쉽게 이해할 수 있다.

루이 14세와 베르사유

프랑스는 푸생처럼 다분히 합리주의의 색채가 짙게 밴 바로크 미술에 끌리기 시작했다. 그런 기질은 엄청난 규모를 자랑하는 베르사유 왕궁에서 유감없이 발휘되었다. 1661년 왕으로 등극하여 프랑스에서 전권을 휘두르기 시작한 루이 14세는 유럽 최고의 강대국이었던 프랑스 군주가 소유한 절대 권력을 강화하고 드높이는 '장엄한 양식'을 만들기 위해 프랑스 고전주의를 의도적으로 활용했다. 그 뒤 탄탄하고 안정된 재정력을 내세우려는 은행가들은 물론 나폴레옹에서 히틀러, 스탈린에 이르기까지 자신의 권위와 힘을 과시하려는 독재자들은 고전주의 건축 양식을 즐겨 써먹었다.

원래 베르사유 궁전은 선왕 루이 13세가 사냥을 나갔을 때 임시로 머무르는 거처이던 곳을 "짐은 곧 국가"라고 단언할 정도로 막강한 권력을 휘두르던 '태양왕' 루이 14세가 자신의 위세에 걸맞도록 어마어마한 크기로 개축했다. 루이 14세는 "내가 원하는 것은 곧 법이 된다"는 말도 남긴 사람이다. 왕의 초상화(그림 21.14)는 "그는 가장 위대한 왕은 아니었을지 모르지만 어느 누구보다도 위엄 있게 자신을 꾸밀 줄 아는 최고의 연기자였다"라고 말한 영국 정치가 볼링브로크 자작의 평가가 빈말이 아님을 보여준다. 루이 르 보(1612-70)가 설계하고 쥘 아르두앵 망사르(1646-1708)가 완공한 이 궁전은 동서를 기본축으로 하고 서쪽으로 넓은 정원이 펼쳐져 있다(21.15).

21.14 루이 14세의 초상화. 야생트 리고, 1701. 캔버스에 유채, 2.78×1.9m. 루브르(파리).

21.15 베르사유 궁전. 루이 르 보/쥘 아르두앵 망사르, 1669-85.

너무 규모가 커서 지상에서 찍은 사진으로는 전체를 담을 수가 없을 정도다. 여기 실린 것은 정원의 일부분이다. 왕궁은 3층으로 되어 있는데 고전주의의 기본틀을 충실하게 따랐다. 1층에서 3층까지 모든 창과 출입문은 균일한 간격으로 가지런히 포개져 있다. 정면으로 약간 돌출한 이오니아식 기둥은 바로크의 분위기를 물씬 풍기면서 단조롭고 심심한 외벽에 생기를 불어넣는다.

부르주아 성향의 바로크

　네덜란드 미술은 왕이 군림하던 프랑스나 남부 가톨릭 국가들의 현란한 바로크 미술과는 다른 토양에서 꽃을 피웠다. 스페인 지배의 멍에에서 마침내 벗어난 네덜란드는 무역 국가로 전성기를 맞이했다. 네덜란드는 개신교를 믿고 열심히 일하는 중산층이 이끌어가던 나라였다. 네덜란드에 뿌리를 내린 칼뱅주의는 교회 안에 그림을 거는 데 반대했고 왕실이나 세습 귀족도 없었다. 다시 말해서 네덜란드에는 전통적으로 예술을 후원해온 세력이 존재하지 않았다. 새로운 예술의 후원자들은 개인 수집가들이었다. 네덜란드에는 이들의 수가 무척 많았다. 200만 명에 가까운 네덜란드 국민의 거의 대부분이 자기 집 거실에 그림을 걸었다고 해도 과언이 아니다. 암스테르담, 하를렘, 델프트, 위트레흐트를 무대로 활동한 다양한 유파의 네덜란드 화가들은 황금기의 그리스나 15세기의 피렌체에 비견할 수 있는 엄청난 그림 수요에 부응하기 위해 열심히 그림을 그렸다.

프란스 할스

　네덜란드의 거장 화가 중에서 가장 선배격이라 할 수 있는 프란스 할스(1580-1666)는 역사상 가장 뛰어난 초상화가의 한 사람이었다. 화폭의 생동감과 자연스러운 붓질에서 그는 타의추종을 불허하는 인물이었다. 〈미소 짓는 기사〉(그림 21.16)에서 풍채가 좋은 신사는 한 손을 허리에 얹고 세련된 거동으로 고개를 약간 기울인 채 정면을

제21장 미술—바로크 로코코 신고전주의

21.17 자화상.
위디트 레이스테르, 1630. 캔버스에 유채, 74.6× 65.7cm. 국립미술관(워싱턴디시).

응시하고 있다. 커다란 표면은 거침없이 처리되었지만 레이스와 무늬는 믿기지 않을 만큼 정교하다. 인물을 깊이 있게 연구한 것 같고 아는 사람의 스쳐 지나가는 모습을 짧은 순간에 포착했지만 진실이 살아 숨쉬는 그림이다.

〈왼쪽〉 21.16 미소 짓는 기사. 프란스 할스, 1624. 캔버스에 유채, 85.7×68.6cm. 월리스 컬렉션(런던).

위디트 레이스테르

위디트 레이스테르(1609-60)는 풍속화, 그 중에서도 특히 음악가를 즐겨 그린 화가다. 형상과 선, 색을 통해 음악 연주의 분위기를 제대로 표현할 수 있었던 몇 안 되는 화가 중의 하나였다. 〈자화상〉(그림 21.17)에서 레이스테르는 정장 차림으로 여유롭고 편안한 자세로 있다. 편안한 분위기는 그림에서 웃고 있는 바이올린 연주자한테서도 배어나온다. 그는 단순히 악기를 들고 있는 것이 아니라 흥겹게 연주하고 있다. 이탈리아 화가 카라바조의 화풍을 추구하던 위트레흐트 화파와 스승 프란스 할스의 영향을 받긴 했지만 위디트 레이스테르의 그림은 독특한 개성이 있다. 그 동안 할스의 작품으로 여겨져온 여러 점의 그림이 실은 그녀가 십대 후반에서 이십대 초반에 그린 작품이라는 사실이 20세기에 들어와서야 밝혀졌다. 레이스테르는 18세라는 어린 나이에 벌써 화가로서 입지를 굳혔고, 1630년대에 하를렘의 화단을 이끈 30명 남짓 되는 정상급 화가 중에 여자로서는 유일하게 포함되었다. 하지만 그녀의 개인 회고전은 1993년에 미국 매사추세츠주의 워체스터 미술관에서 처음 열렸다.

렘브란트 반 레인

할스 같은 네덜란드 화가는 초상화를 전문적으로 그렸고 레이스테르는 풍속화를 즐겨 그렸다. 그런가 하면 어떤 화가들은 역사화, 풍경화를 주로 그렸다. 그러나 렘브란트는 이 모든 그림을 누워서 떡 먹듯이 그렸다. 그림 분야에서 17세기의 셰익스피어로 불려지기도

하는 렘브란트는 유럽을 통틀어서 지금까지 가장 뛰어난 화가의 한 사람으로 손꼽힌다. 칼뱅주의는 교회 안에 성상을 들여놓는 데 극력 반대했다. 그래서 이 당시 네덜란드에서는 조각품을 찾아보기 어려웠다. 하지만 개혁 교회는 개인의 양심을 제외하고는 기존의 모든 권위를 부정했기 때문에 화가들은 성서를 연구하여 개인적으로 성화를 그릴 수 있었다. 렘브란트는 실제로 그렇게 했다. 그는 칼뱅주의자

21.18 십자가에서 내려지는 예수. 렘브란트 반 레인, 1650-5. 캔버스에 유채, 1.43 × 1.11m. 국립미술관(워싱턴디시).

21. 미술 : 바로크, 로코코, 신고전주의

들이 말하는 엄격한 신을 받아들일 수 없었기 때문에 최후의 심판은 절대로 그리지 않았다. 그의 관심을 끈 것은 구약성서에서 펼쳐지는 인간미 넘치는 드라마, 신약성서의 어질고 자애로운 하느님, 예수의 삶과 수난이었다. 〈십자가에서 내려지는 예수〉(그림 21.18)에서 드라마의 초점은 두 군데에 맞춰져 있다. 하나는 예수의 시신이고 또 하나는 혼절하는 어머니의 얼굴이다. 특유의 어두운 배경으로 피상적 세부를 모두 제거함으로써 화가는 축 늘어진 몸을 십자가에서 내리는 사람들의 애절한 마음을 효과적으로 전달한다. 이 그림의 구도는 빈틈이 없다. 감상자의 시선은 핵심적 인물들로 이끌린다. 능숙하게 구사된 명암의 대비는 화폭을 애절한 슬픔으로 물들인다.

얀 베르메르

베르메르(1632-75)는 렘브란트와는 달리 영원히 기억될 만한 인물들을 열심히 그리지는 않았지만 그의 그림에는 일상의 현실을 영원불변의 상징으로 탈바꿈시키는 묘한 마력이 있다. 베르메르가 그린 그림 중에서 지금까지 남아 있는 것은 마흔 점이 채 안 되지만 세 점을 제외하고는 전부가 가구는 별로 없는 수수한 실내 공간을 그린 것이다. 베르메르는 성기 르네상스의 화가들이 평범한 인체를 가지고 이루어낸 일을 평범한 방을 가지고 해냈다. 특수한 주제를 보편적 주제로 끌어올린 것이다. 반 데이크에 못지않은 치밀한 눈으로 베르메르는 실내로 쏟아져 들어오는 자연광을 탁월하게 처리했다. 주로 왼쪽에서 들어오는 그 빛은 사물들로 끊겨 있는 공간을 가득 채웠다. 그림 속의 인물들은 빛 속에 떠 있는 듯한 느낌을 준다. 〈저울을 든 여인〉(159쪽)에서 베르메르는 여인이 등장하는 단순한 장면을 보여준다. 배가 불룩한 그 여인은 아이를 열한 명이나 낳은 베르메르의 부인 카타리나 같은데, 빈 저울을 들고 있다. 식탁에 놓인 보석과 벽에 걸린 최후의 심판 그림은 하느님의 심판 앞에서 세속적 재물은 얼마나 하잘것없는 것인가를 강조하는 도덕적 교훈으로 받아들여질 만하다. 네덜란드의 칼뱅주의자들은 집안에 최후의 심판을 묘

21.19 빨간 모자를 쓴 처녀. 얀 베르메르. 1665. 화판에 유채. 23.2×18.1cm. 국립미술관(워싱턴디시).

제21장 미술―바로크 로코코 신고전주의

21. 미술 : 바로크, 로코코, 신고전주의

사한 그림을 다는 일을 용납하지 않았겠지만 이 방은 어디까지나 카타리나의 방이었을 것이고 그녀는 남편과는 달리 가톨릭 신자였다. 그럼에도 불구하고 자기반성적 분위기가 짙게 깔려 있고 그녀의 표정은 평온하다. 카타리나는 그림은 한 점도 못 팔면서 낭비벽이 심하여 빚쟁이들한테 시달리는 화가와 결혼했다. 이 그림에서 그녀는 사랑하는 남편에게서 받은 보석을 그저 가만히 응시하고 있다. 가장 드높은 경지에 이른 예술은 웃음, 격정, 눈물을 자극하는 것이 아니라 꿈을 불러오는 것인지도 모른다. 그리고 설명하지 않은 채 그냥 두는 것이 그런 꿈을 대하는 최선의 태도인지도 모른다.

베르메르의 때이른 죽음으로 그의 그림은 빚쟁이들 손에 넘어갔지만 그들은 베르메르를 무시했던 사회처럼 그 그림의 가치를 알아보지 못했을 것이다. 빛과 색을 누구보다도 세밀하게 다루었던 베르메르의 그림은 1860년대에 들어와서야 비로소 재발견되었다. 그늘은 그저 까맣기만 한 것이 아니라 그 속에도 색깔이 있다는 사실을 자신들이 처음으로 발견했다고 믿었던 인상주의 화가들에게 베르메르의 그림은 계시로 다가왔다. 기교의 완성도와 함께 빛에 대한 베르메르의 과학적 탐구력이 유감없이 발휘된 〈빨간 모자를 쓴 처녀〉(그림 21.19)는 원숙한 기량을 충분히 쏟아내지 못하고 아깝게 요절한 천재 화가의 최고 걸작 가운데 하나로 손꼽힌다. 그림 자체로서도 탁월하지만 이 작품은 당시 빠르게 발전하고 있던 광학에 바친 찬사라고도 할 수 있다. 실제로 베르메르는 어두운 암실의 한쪽 벽에 뚫린 구멍을 통해 맞은편 벽에 바깥 물체들의 형상이 투사되는 카메라 옵스큐라의 효과를 모방하려고 시도했다. 카메라 옵스큐라의 원리는 레오나르도 다 빈치도 알고 있었다. 케플러는 이것을 한층 발전시켰다. 구멍을 새롭게 개량한 렌즈로 채우면 내부의 상은 컬러 사진처럼 선명해진다. 화가는 카메라의 이미지를 그대로 본뜬 것이 아니라 그런 이미지의 광도를 암시한다. 마치 눈에 보이는 분자들의 알갱이처럼 색을 머금은 빛의 입자들이 그림 안에 둥둥 떠 있다. 눈동자에서도, 귀걸이에서도, 그리고 몰래 카메라의 연한 초점에 기습적으로 포착된 젊은 여인의 입술에서도, 빛은 어룽거린다.

야콥 반 로이스달

베르메르가 색과 빛을 탐구했다면 로이스달(1628-82)은 공간을 파고들었다. 네덜란드 최고의 풍경화가이며 서양 미술에서 가장 뛰어난 풍경화가의 한 사람으로 꼽히는 로이스달은 기억과 상상력을 동원하여 광막한 공간을 그렸다. 〈하를렘 풍경〉(그림 21.20)에서는 드넓은 하늘이 화폭의 3분의 2 이상을 차지하면서 그림의 구도를 지배한다. 로이스달의 풍경화에서는 인물을 찾아보기 힘들다. 이 그림처럼 인물이 등장하는 경우에도 자연의 웅대함과 비교하면 인간은 아주 왜소하게 처리된다. 대기원근법 때문에 감상자는 공간을 깊이 들여다보면 그 공간이 무한으로 접근하는 듯한 환각에 빠져든다.

라헬 로이스

네덜란드 바로크 양식의 후기에 등장한 로이스(1664-1750)는 당대의 가장 뛰어난 정물화가가 되었다. 뒤셀도르프 선제후의 궁정 화가였던 그녀는 일과 가정을 모두 성공적으로 꾸려나갔다. 〈꽃을 그린 정물화〉(그림 21.21)에서 네덜란드 화가 특유의 어두운 배경을 썼지만 구도에 극적 활기를 불어넣기 위해 선명한 색을 칠했다.

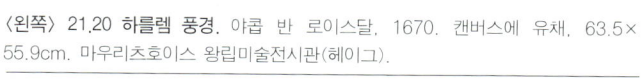

〈왼쪽〉 21.20 하를렘 풍경. 야콥 반 로이스달. 1670. 캔버스에 유채. 63.5×55.9cm. 마우리츠호이스 왕립미술전시관(헤이그).

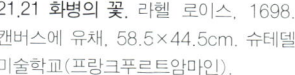

21.21 화병의 꽃. 라헬 로이스. 1698. 캔버스에 유채. 58.5×44.5cm. 슈테델 미술학교(프랑크푸르트암마인).

제21장 미술―바로크 로코코 신고전주의

21. 미술 : 바로크, 로코코, 신고전주의 **97**

로코코 미술 — 1715~89

1715년 루이 14세가 죽자 바로크 시대의 강단 고전주의 미술은 강력한 후원자를 잃었다. 프랑스의 왕실은 얼른 베르사유 궁전과 바로크 양식을 포기하고 위엄과 기하학적 질서보다는 예의범절과 매력을 훨씬 중시하던 도회지 파리의 세련된 생활로 돌아갔다. 때는 바야흐로 계몽의 시대였고, 로코코 양식의 시대였다. 이 둘은 모순적이긴 하지만 서로를 배제하는 관계는 아니었다. 사실 로코코가 무엇인지를 모르면 계몽주의와 미국 혁명, 프랑스 혁명을 충분히 이해할 수 없다. 로코코는 결국 바로크를 축소하거나 경쾌하게 포장한 것에 불과하다는 상투적 평가에도 일말의 진실은 들어 있지만, 로코코에는 그 나름의 뚜렷한 색깔이 있다. 로코코 미술은 서서히 기울어가던 귀족 사회의 나른한 일상과 피상적 가치관을 놀라우리만큼 정확하게 그려냈다. 당당한 바로크 형식은 쾌락을 추구하고 권태에서 벗어나려는 인간 군상의 충실한 묘사로 축소되었다. 로코코 미술은 몰락으로 치닫지 않았지만 로코코 미술이 그린 사회는 분명히 몰락으로 치닫고 있었다.

프랑스

장 앙투안 와토

프랑스에서 가장 먼저 로코코 양식의 그림을 그렸고 가장 뛰어난 작품을 남긴 와토(1684-1721)는 발랑시엔에서 네덜란드 부모 밑에서 태어났다. 발랑시엔은 당시 프랑스 영토로 편입된 지 불과 6년밖에 안 되는 도시였다. 그러나 와토는 푸생의 고전주의에 빠져 있던

21.22 키테라로 가는 뱃놀이. 장 앙투안 와토. 1717. 캔버스에 유채. 1.3×1.89m. 루브르(파리).

프랑스 미술을 발랄하고 다정다감한 새로운 양식으로 변모시켰다. 꾸밈없으면서도 우아한 와토의 섬세한 그림은 훗날 르누아르, 드가 같은 화가들의 가세로 힘을 얻게 되는 프랑스 전통 미술의 저력을 확인시켜준다. 〈키테라로 가는 뱃놀이〉(그림 21.22)는 루이 14세가 죽은 지 겨우 2년 뒤에 완성된 로코코 양식의 초기작이지만 가장 중요한 작품으로 평가받는다. 키테라는 사랑의 여신 비너스가 머물고 있다던 전설의 섬이었다. 이 흥청거리는 축제를 비너스 여신상은 그림의 오른쪽에서 굽어보고 있다. 우아한 옷을 차려입고 쌍쌍이 나들이를 하러 온 사람들은 사랑의 섬에서 만끽할 쾌락을 기대하면서 아기 천사들에게 이끌려 배에 오를 준비를 하고 있다. 이 그림은 대작이지만 분위기는 아주 오붓하다. 서로 조잘거리고 미소짓고 속삭이고 만지는 각각의 남녀 쌍은 뚜렷이 구별되는 단위를 이루면서 자기들만의 세계에 함몰되어 있다. 경망스러움과 교태를 들추어내면 그 밑에는 상냥한 사람들과 유쾌한 시대의 따사로운 감정이 흐르고 있다. 와토는 한가로운 특권 계급의 사랑 놀음을 서정시로 탈바꿈시켰다.

프랑수아 부셰

비너스 여신은 1750년대에 절정기를 맞은 로코코 미술의 여왕이었고 부셰(1703-70)는 비너스를 가장 탁월하게 해석한 화가였다. 루이 15세의 정부였으며 로코코 양식을 아낌없이 후원했던 퐁파두르 부인의 격려 아래 부셰는 이 시대의 관능적이고 육감적인 미술을 주도했다. 놀라운 정력과 비범한 안목으로 그는 회화, 도안 태피스트리, 장식 도자기를 만들었고 오페라와 발레 공연을 위한 무대 장치를 꾸몄다. 많은 제자들과 널리 유포된 동판화 덕분에 그는 유럽에

21.23 사랑을 달래는 비너스. 프랑수아 부셰, 1751. 캔버스에 유채, 107×84.8cm. 국립미술관(워싱턴디시).

제21장 미술—바로크 로코코 신고전주의

서 가장 영향력 있는 화가가 되었다. 〈사랑을 달래는 비너스〉(그림 21.23)에 나오는 여리고 가냘픈 주인공은 그리스 신화의 올림포스 산보다는 프랑스 궁전에 더 잘 어울릴 것 같다. 실제로 그녀는 프랑스 궁정의 사교계를 주름잡았던 퐁파두르 부인이었다. 이 그림은 부셰가 그렸던 퐁파두르 부인의 수많은 초상화 가운데 하나였다. 로코코 양식에서 자주 등장하는 상아색, 분홍색, 파란색, 은색, 황금색이 이 그림에서도 거장의 섬세한 붓끝 아래 섬세한 자태를 드러낸다. 이 그림이 주는 아름다움은 솔직담백함에 있고 또 그런 의도로 그려졌지만, 유연한 곡선들이 연출하는 섬세한 구조는 신중하게 계산한 것이다. 어디에도 직선은 없다. 여신의 몸은 대각선처럼 보이지만 자세히 보면 나긋나긋한 분홍빛 속살의 곡선들이 드러난다. 이 그림에서 퐁파두르 부인은 이상적으로 묘사되었지만 부셰의 다른 그림들에서 퐁파두르 부인은 아주 이지적으로 나타난다. 퐁파두르 부인의 주치의였던 케스웨 박사는 "내 뒤로는 재앙이 닥칠 것"이라던 부인의 불길한 예감을 전하고 있다. 1764년 그녀가 죽었을 때, 그는 "우리 편에 서서 힘 닿는 데까지 문예를 보호하는 데 앞장섰던 부인"의 죽음을 아쉬워했다.

장-오노레 프라고나르

부셰와 샤르댕의 가장 우수한 제자였으며 최후의 비범한 로코코 화가였던 프라고나르(1732-1806)는 프랑스 혁명이 로코코 미술과 그것이 대변한 모든 것을 파괴하는 모습을 지켜보았다. 후원자들의 마음에 쏙 드는 육감적이고 우아한 그림을 잘 그렸던 프라고나르는 기교가 뛰어났을 뿐 아니라 구도를 잡는 발군의 안목으로 예술가로서 강한 주장을 펼칠 수 있었다. 왼쪽에 큐피드상이 나오고 그 밑에 기대어 앉은 청년이 나오는 〈그네〉(그림 21.24)는 언뜻 보면 가벼운 심심풀이 연애담 같다. 청년은 이 그림을 그려달라고 부탁한 생 쥘리앙 남작이다. 남작의 요구에 따라 프라고나르는 치마 속이 더 잘 보이도록 남작의 애인이 신발을 차던지는 묘한 동작을 그렸다. 얼른

〈오른쪽〉 21.24 그네. 장-오노레 프라고나르. 1766. 캔버스에 유채. 81.3×64.8cm. 월리스 컬렉션(런던).

제21장 미술—바로크 로코코 신고전주의

눈에 띄지는 않지만 이 그림의 구도에서 핵심적 비중을 차지하는 것은 배경 오른쪽에서 그네줄을 잡아당기는 하인이다. 프라고나르는 일도 안 하고 세금도 안 내는 타락한 계급을 묘사했다. 이 천박한 귀족 계급을 먹여 살린 것이 인구의 97퍼센트를 차지하던 민중의 노동이었고, 그늘 속의 하인은 이 민중을 상징했다. 이 그림은 계몽사상을 대표하는 디드로의 《백과전서》가 출간 직전에 있었고 민중의 불만이 부글부글 끓어오르던 시대 상황에서 그려졌다.

장-밥티스트-시메옹 샤르댕

하지만 중산층의 소박한 미덕을 찬양한 또 하나의 흐름도 있었다. 샤르댕(1699-1779)은 평범한 일상사에서 발견되는 고귀한 미덕을 찾아나섰다. 제아무리 초라한 현실도 그의 붓길 앞에서는 숭고한 매력을 드러냈다. 〈식모〉(60쪽)는 궁정 로코코 양식의 인위성과는 현격하게 다른 자연스러운 품위를 보여준다. 샤르댕은 자기가 본 것을 그렸다. 그것은 얼굴, 앞치마, 대야, 무우 같은 소탈한 형상에 떨어지는 빛이었다. 이 은은하고 아름다운 구도는 샤르댕을 명실상부한 18세기 최고의 정물화가로 만들어주었다.

영국

토머스 갠즈버러

프랑스 로코코의 다분히 인위적인 품위는 프랑스 사회보다 덜 경박했고 분명히 덜 퇴폐적이었던 영국 사회에서는 설 자리가 없었다. 토머스 갠즈버러(1727-88)가 그린 초상화 〈리처드 브린슬리 셰리던 부인〉(그림 21.25)은 주제와 양식에서 모두 활달하고 현세적이었던

21.25 리처드 브린슬리 셰리던 부인. 토머스 갠즈버러. 1783. 캔버스에 유채. 2.2×1.5m. 국립미술관(워싱턴디시).

제21장 미술—바로크 로코코 신고전주의

영국 귀족 사회의 취향을 상징적으로 드러낸다. 그림의 주인공은 재치 있고 똑똑한 영국 의회의 의원이었으며 〈스캔들의 학교〉, 〈경쟁자〉 같은 희곡을 쓰기도 한 셰리던의 아리따운 부인이었다. 여인의 자연스러운 미모와 꾸밈없는 거동을 강조하기 위해 그에 걸맞은 자연을 일부러 배경으로 집어넣었다. 부세의 그림에 등장하는 여인들이 되바라진 듯한 느낌을 주는 반면 셰리던 부인은 영국 사회가 우러러받들었던 단아한 품위를 온 몸으로 보여준다.

윌리엄 호가드

화가이며 동판화가이며 무엇보다도 뛰어난 풍자가였던 윌리엄 호가드(1697-1764)는 영국 사회의 어리석음, 경박함, 위선, 그밖의 부끄러운 면들을 공격하는 데서 희열을 맛보았다. 《걸리버 여행기》를 써서 영국 사회를 날카롭게 풍자한 조너던 스위프트가 그림을 그렸다면 아마 호가드처럼 그리지 않았을까. 가장 뛰어난 작품은 6부작으로 된 〈신식 결혼〉인데 여기서 호가드는 돈만 보고 하는 결혼의 온갖 문제점을 까발렸다. 1745년 이 동판화들이 찍혀 나오자 많은 런던 시민들이 분개했다. 두번째 동판화(21.26)에서 남편은 간밤에 외박을 해서 기운이 쏙 빠졌는지 꼴사납게 의자 위에 퍼질러앉아 있고 강아지는 주인의 호주머니에서 주인과 밤을 함께 보낸 여인의 모자를 꺼내 입으로 물고 있다. 남편의 목덜미에 있는 검은 반점은 매독에 걸렸음을 암시한다. 아내도 수상쩍은 일을 하다가 남편의 귀가에 놀랐는지 어색한 몸짓으로 기지개를 켜는데, 아무래도 황망히 자리를 뜨는 음악 교사와 수작을 벌였던 듯하다. 그녀의 친정아버지는 이틀이 멀다 하고 날아오는 청구서에 기가 막혀 하지만 자식의 낭비

21.26 신식 결혼. 윌리엄 호가드, 1745. 1743년에 그려진 유화를 B. 배런이 동판화로 새긴 것. 대영박물관(런던).

21.27 비스키르헤 교회. 도미니쿠스 치머만, 바바리아 (독일). 1745-54.

21. 미술 : 바로크, 로코코, 신고전주의

벽은 누구도 못 고친다는 걸 잘 알고 있으리라. 방을 두 개로 만든 것은 팔라디오로부터 받은 영향이지만 로코코 풍의 풍부한 장식과 가구 덕분에 팔라디오보다 더 고전주의에 가까운 냄새를 풍긴다.

로코코 건축

로코코 건축은 아담한 건물이 제격이지만 잘만 꾸미면 규모가 큰 건물에서도 그 참맛을 느낄 수 있다. 비스키르헤 순례교회는 기적이 일어났다고 신자들이 믿었던 허허벌판에 세워졌다. 순례자들은 기적처럼 몸이 낫거나 모종의 악귀로부터 벗어날 수 있으리라는 기대를 품고서 먼 길을 마다하지 않고 이 순례교회를 찾아왔다. 교회의 내부(21.27)는 새하얀 치장 회반죽, 금박으로 되어 있다. 또 풍성한 장식을 마련하여 건물이 남북 방향으로 나 있고 커다란 투명창이 있는 조건을 최대한으로 살렸다. 우아하게 다듬어진 장식의 대부분은 나무를 깍아 만든 것이다. '대리석'처럼 보이는 기둥도 실은 나무에 칠을 한 것이다. 회반죽으로 된 구름 위에서는 테라코타로 처리된 우아한 천사들이 있고 그 위로는 채색 지붕이 거침없이 솟아 있다. 세부는 아주 복합적인 성격을 갖고 있음에도 불구하고 전체적으로는 조화롭기 이를 데 없다. 신비롭다는 느낌과 함께 깊은 감동을 받는다.

신고전주의 미술

영국 건축

르네상스와 바로크의 시각 예술은 영국 문화에 거의 영향을 주지 못했다. 영국인들은 극문학과 시, 음악에서 놀라운 성과를 거두었고 당연히 여기에 도취되어 다른 분야는 상대적으로 관심을 크게 두지 않았다. 건축 분야에서는 여전히 고딕 양식과 튜더 양식대로 건물을 지었고, 미술 분야에서는 홀바인, 루벤스, 반 데이크 같은 외국 화가들을 영입했다. 왕실의 측량사(건축가)였던 이니고 존스(1573-1652)는 영국 건축에 처음으로 혁명의 길을 열었다. 중산층의 감각을 지녔던 존스에게 미켈란젤로의 호화스러운 양식은 거부감을 주었지만 팔라디오의 건축 설계는 깊은 인상을 주었다. 존스는 팔라디오의 건

21.28 퀸즈하우스. 이니고 존스. 그리니치(영국). 1610-18.

물을 그대로 흉내낸 것이 아니라 거기서 고전주의 요소만을 취사선택해서 자기만의 독특한 건축 양식을 쌓아올렸다. 그가 설계한 퀸즈 하우스(21.28)는 신고전주의 양식으로 지은 최초의 영국 건물이었으며 영국과 북미에서는 이것을 모방한 건물이 수없이 지어졌다. 순수한 로마 고전주의의 균형감각이 돋보이고 단아함과 깔끔함이 눈길을 끄는 이 건물의 1층은 건목치기 기법을 도입했다. 건목치기는 돌과 돌 사이의 홈이 깊어지도록 돌들을 쌓아올리는 기법으로 육중하고 강건한 인상을 준다. 이 기법은 로마 시대에 널리 쓰였지만 그 후 명맥이 끊겼다가 초기 르네상스 건축가들이 되살려냈다. 수수한 창문, 1층과 옥상의 역시 꾸밈없는 난간, 곡선으로 처리된 이중 계단은 은근한 품격과 격조를 살려준다.

영국 건축은 누구도 예상하지 못했을 만큼 빠른 속도로 팔라디오와 바로크 건축의 영향을 받았다. 1666년 영국왕 찰스 2세는 크리스토퍼 렌에게 고딕 양식으로 지어진 세인트폴 대성당의 돔을 새로 설계하라는 지시를 내렸다. 렌은 '로마풍' 설계안을 내놓았다. 옥스포드 대학의 천문학 교수로서 아마추어 건축가였던 렌은 얼마 안 가서 막중한 임무를 떠맡게 되었다. 돔 설계안을 내놓은 지 1주일 만에 대화재가 일어나 런던은 잿더미가 되었고 왕은 런던 재건의 총책임을 맡겼던 것이다. 렌이 설계한 50여 채의 교회 중에서 가장 중요한 것은 새로 지은 세인트폴 대성당이었다. 렌은 이니고 존스, 팔라디오, 프랑스와 이탈리아의 바로크 건축을 받아들인 뒤 그것을 자기 나름으로 종합하여 세인트폴에 반영했다(21.29). 세인트폴 대성당은 바로크 색깔을 띤 몇 안 되는 영국 교회 가운데 하나지만 건물 전체를 지배하는 것은 고전주의의 특성이 살아 있는 돔이다. 이 거대한 돔은 브라만테의 템피에토(17.29)를 연상시킨다. 코린트식 기둥이 바로크풍으로 2개씩 정렬된 성당의 정면은 고전주의 양식을 충실히 재

21.29 세인트폴 대성당. 크리스토퍼 렌. 1675-1710.

제21장 미술―바로크 로코코 신고전주의

현한 것이지만 건물의 좌우를 장식하는 쌍둥이 탑은 보로미니의 직선과 곡선이 어우러진 바로크 건축(21.9)을 연상시킨다. 렌이 설계한 런던의 교회들은 대체로 고전주의 색채를 띠고 있지만 저마다 개성이 넘친다. 똑같은 교회는 단 하나도 없다. 어떤 교회는 탑이 있고 어떤 교회는 첨탑이 있으며 또 어떤 교회는 돔을 얹고 있다.

프랑스의 신고전주의

프랑스인들은 로코코 양식은 공공 건물에 쓰기에는 너무 경박하다는 판단을 내렸다. 그렇다고 바로크 양식을 쓰자니 너무 복잡했다. 자연히 프랑스에서는 신고전주의가 대안으로 떠올랐다. 루이 15세의 궁정 건축가였던 앙주 자크 가브리엘(1698-1782)은 베르사유에 있는 프티트리아농 궁전(21.30)을 설계하여 명성을 얻었다. 차분하고

21.30 베르사유 궁전 내, 앙주 자크 가브리엘, 프티트리아농. 1762-8.

대칭적이고 균형감이 뛰어난 이 소궁은 무기력한 왕을 대신하여 프랑스를 실질적으로 통치한 루이 15세의 정부 퐁파두르 부인의 처소로 지어졌다. 퐁파두르 부인은 고전주의 건축 양식을 좋아했기 때문에 프티트리아농 궁전도 로마 공화정 시대의 간소한 아우구스투스 양식으로 설계되었다. 이 양식은 18세기 후반에 파리를 비롯한 프랑스 여러 도시에서 유행했다.

자크 루이 다비드

재능과 세상을 보는 안목을 겸비한 화가였던 다비드(1748-1825)는 로마에서 체류하는 동안(1775-81) 신고전주의 양식을 개발했다. 그는 로마의 조각과 그림을 모방하는 골동품수집가가 되기를 거부하고 자신의 재능을 혁명의 대의를 구현하는 데 바치는 선동가가 되는 길을 선택했다. 다비드는 고대 미술의 형식을 이용하여 애국심과 민주주의의 가치를 찬양했다. 프랑스 혁명이 일어나기 직전에 그가 그린 〈소크라테스의 죽음〉(그림 21.31)은 18세기의 가장 뛰어난 그림으로 평가받고 있으며 수준 높은 계몽 회화를 어떻게 그려야 하는지에 대한 하나의 전범을 보여주었다. 여기서 그리스 철학자들은 에픽테투스나 마르쿠스 아우렐리우스 같은 로마 스토아 철학자들이 정신적으로 의지했던 이성의 사도들로 묘사되었다. 젊은 운동선수 같은 몸과 온화한 현자의 얼굴을 가진 소크라테스는 선명하게 초점이 맞춰진 구도를 지배하는데, 이것은 명암대비법으로 극적 효과를 살리는 데 일가견이 있었던 카라바조를 연상시키는 기법이다. 소크라테스의 열두 제자는 예수의 열두 제자를 의도적으로 암시하고 있음이 분명하다. 이들 역시 대리석상처럼 정교하게 표현되었다. 치밀한 세

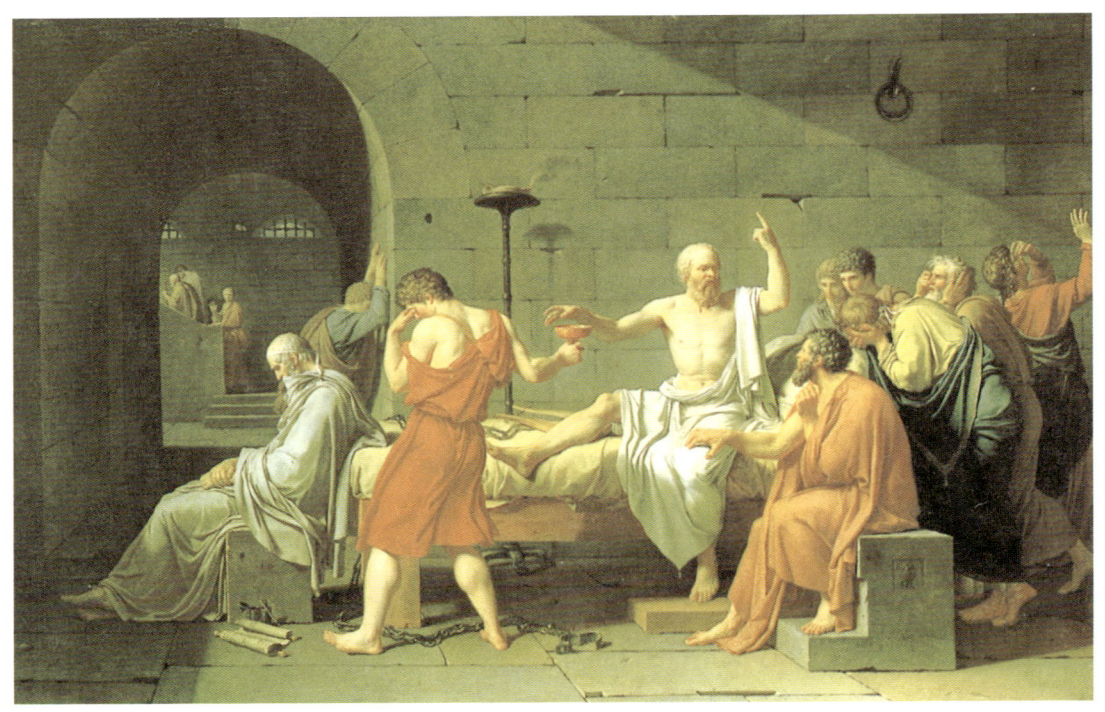

21.31 소크라테스의 죽음. 자크 루이 다비드. 1787. 캔버스에 유채. 1.3×1.96m. 메트로폴리탄 미술관(뉴욕).

부 묘사는 다비드의 장기였다.

다비드가 이 작품에서 말하려는 뜻은 분명하다. 원칙을 믿는 사람이라면 자신의 이상을 지키기 위해 죽음도 불사해야 한다는 것이다. 귀족, 상인, 철학자, 성직자 모두가 이 그림의 동판화를 구입한 것으로 보인다. 프랑스 혁명으로 처형당한 루이 16세도 이 그림에 담긴 고귀한 정신을 찬양했다.

아주 현실감이 넘치고 이성에 호소하는 다비드의 그림에는 혁명을 갈구하는 열정이 담겨 있고 또 그런 열정으로 다비드는 그림을 그렸다. 혁명이 벌어지는 동안 다비드는 루이 16세와 마리 앙투아네트 왕비의 처형을 결정한 국민공회의 일원이었다. 다비드의 지시에 따라 로코코 양식의 살롱에서는 관능적인 그림과 곡선미 넘치는 가구를 찾아볼 수 없게 되었고 신고전주의 양식의 그림과 가구로 대체되었다. 그리스의 꽃병에 새겨진 그림과 폼페이의 벽화를 본딴 가구가 만들어졌다. 유행에 민감한 남녀는 포르티아, 브루투스 같은 로마식 이름을 가졌고 머리도 고대풍으로 꾸몄고 심지어는 옷도 고전 시대의 토가 같은 헐렁한 옷을 입었다.

콩스탕스 마리 샤르팡티에

다비드는 많은 제자를 둔 성공한 화가였다. 당연히 그의 모방자들도 많이 생겨났다. 저명한 화가라면 누구나 겪는 일이지만 그림값을 올려받기 위해 다비드의 작품을 사칭하는 경우가 빈번히 일어났다. 〈발 도그뉴의 샬로트 양〉 초상화(247쪽)가 바로 그런 경우였다. 이 그림은 다비드의 작품으로 알려져서 1917년 무렵 20만 달러에 팔렸지만 그 뒤 파리에서 다비드를 비롯한 유명한 화가들과 함께 수업한 샤르팡티에(1767-1849)라는 화가의 작품으로 밝혀졌다. 10개의 살롱전에 작품을 냈고 금상을 타기도 했지만 그녀의 작품은 어둠에 묻혀 있었다. 개인 소장가들이 내놓지 않은 탓도 있었고 워낙 쟁쟁한 화가들의 명성에 가려진 탓도 있었다. 이 그림이 다비드의 작품으로 통용될 수 있었다는 것은 다소 뜻밖이다. 확고하고 투명한 붓질과 우아한 의상으로 보아 신고전주의 양식인 것만은 분명하지만 전체적인 분위기는 다비드의 그림과는 판이하게 다르다. 어딘가 비현실적이며 사색에 잠긴 듯한 이 그림의 분위기는 묘한 흡인력을 가지고 있어서 비평가들은 이 작품을 "불가사의한 수작"이라고 불렀다. 프랑스의 작가 앙드레 말로는 이렇게 평했다. "그늘과 신비에 젖은 채 빛을 등지고 있는 현모양처의 모습을 그린 초상화다. 색채의 섬세함과 특이함은 베르메르를 연상시킨다. 잊혀지지 않는 완벽한 작품이다." 말로는 이 그림이 아직 다비드의 작품으로 알려져 있었을 때 이런 발언을 했지만 원작자가 콩스탕스 마리 샤르팡티에로 바뀌었다고 해서 이런 평가가 달라져야 할 하등의 이유가 없다.

안젤리카 카우프만

화가인 아버지로부터 직접 그림을 배운 스위스의 화가 카우프만(1741-1807)은 스물네 살의 나이로 이탈리아 산루카 아카데미아의 회원이 되었지만, 여자라는 이유로 누드 드로잉 수업 시간에는 들어갈 수 없었다. 그럼에도 불구하고 역사화가로서 눈부신 업적을 남겼다. 영국왕립미술원의 발기인으로도 참여한 카우프만은 수백 점의 초상화를 그렸고 저택의 실내를 설계하기도 했다. 주로 고전주의 건축가인 로버트 애덤스가 설계한 집의 실내 장식을 맡았다. 이탈리아인 안토니오 추키와 결혼하여 로마로 활동 무대를 옮긴 그녀는 로마 화단을 막후에서 실질적으로 이끌어갔다. 초조한 마음을 애써 눌러가면서 젊은 플리니우스와 그의 어머니이기도 한 늙은 플리니우스의 여동생이 모험심이 왕성한 늙은 플리니우스가 폼페이의 베수비우스 화산 폭발을 탐사하러 갔다가 목숨을 잃었다는 소문의 진위를 두려움에 떨면서 기다리는 장면을 카우프만은 실감나게 그렸다(그림 21.32).

21.32 서기 79년 미세눔에 있는 젊은 플리니우스와 모친. 안젤리카 카우프만, 1785. 캔버스에 유채, 1.03×1.28m, 프린스턴대학 미술관.

엘리자베트 비제-르 브룅

초상화가였던 아버지한테서 그림을 배운 엘리자베트(1755-1842)는 이미 열다섯 살 때부터 가족을 부양했다. 그녀는 미술상이었던 르 브룅과 결혼했지만 남편은 상습 도박꾼이었다. 그럼에도 불구하고 엘리자베트는 900점이 넘는 초상화를 묵묵히 그려나가 국제적으로 인정을 받는 화가로 성장했다. 18세기 말과 19세기 초 유럽에서 웬만한 귀족들은 그녀의 이름을 다 알고 있었다. 마리 앙투아네트 왕비의 전속 화가로 있다가 프랑스 혁명이 터지자 딸을 데리고 이탈리아로 탈출하여 그곳을 거점으로 삼아 유럽 전역에서 그림 주문을 받았다. 〈자화상〉(그림 21.33)에서 그녀는 딸의 초상화를 그리는 화가로 나타난다. 딸의 얼굴은 몽환적이다. 허리띠에서 레이스 장식, 모자까지 아주 세밀하게 묘사한 이 그림은 고전주의 초상화의 진수를 보여준다. 특히 눈길을 끄는 것은 모자와 칼라에 내리꽂히는 강한 빛이

21.33 **자화상**. 엘리자베트 비제-르 브룅, 1791. 캔버스에 유채, 99.1×80.6cm. 이크워드(영국 서퍽).

다. 그것은 머리와 어깨를 마치 또 하나의 작은 초상화처럼 집중적으로 부각시킨다.

장 앙투안 우동

고전주의 양식에서는 당연히 인물을 묘사한 초상조각이 중시되었지만 회화 분야의 다비드 같은 뛰어난 조각가는 찾아보기 어려웠다. 당대 프랑스에서 최고의 조각가로 평가받았던 우동(1741-1828)은 백과전서파에 속한 지식인들의 찬사를 받았다. 우동 또한 이들 지식인의 모습을 아주 꼼꼼히 묘사했다. 우동은 미국에까지 명성이 알려져 조지 워싱턴의 조각까지 맡게 되었다. 그가 완성한 볼테르의 흉상(21.34)은 노년으로 접어든 작가의 모습을 실감나게 전달한다. 초롱초롱한 눈과 냉소에 가까운 쓴웃음에서 이 작가의 성격을 엿볼 수 있다.

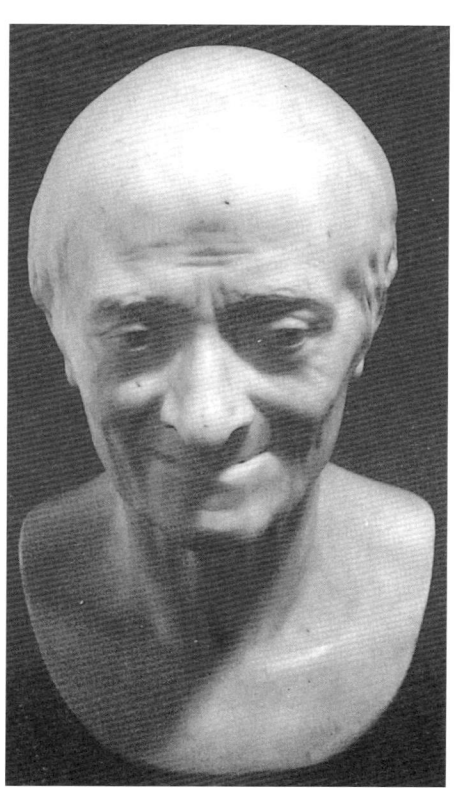

21.34 **볼테르.** 장 앙투안 우동, 1778. 대리석. 52.7×45.5×33.3cm. 국립미술관(워싱턴디시).

제21장 미술―바로크 로코코 신고전주의

안토니오 카노바

우동은 조지 워싱턴, 벤저민 프랭클린 같은 혁명가들과 교분이 깊어서 프랭클린의 초상조각을 한 점 만들었고 워싱턴의 인물상은 두 점이나 만들었다. 그러나 나폴레옹은 혁명가들과의 교분과 사실적 묘사 능력에도 불구하고 우동은 달갑게 받아들이지 않았고 대신 이탈리아 조각가 카노바(1757-1822)의 신고전주의 양식을 선호했다. 카

21.35 비너스로 나타난 파올리나 보르게세. 안토니오 카노바. 1805. 대리석. 등신대. 보르게세 미술관(로마).

노바의 조각은 다비드의 그림처럼 나폴레옹이 이룩한 제국을 위한 좋은 선전 수단이 되어주었다. 여성미를 한껏 발산하는 〈비너스로 나타난 파올리나 보르게세〉(21.35)는 나폴레옹의 누이를 아주 관능적으로 묘사한 조각이다. 양식은 고전주의지만 로마 공화국의 고귀한 품격보다는 제국의 호사스러운 생활을 보여주고 있다.

미국의 신고전주의

길버트 스튜어트

신고전주의 양식을 반갑게 맞이한 것은 신대륙에 새로 들어선 공화국이었다. 이 시대의 미국 화단을 이끌었던 스튜어트(1755-1828)는 미국 건국의 주역들을 많이 그렸는데 특히 1달러짜리 지폐에 실려 있는 조지 워싱턴의 초상화도 바로 스튜어트가 그린 것이다. 그는 초상화를 그리면서 피부색에 대한 아주 예민한 감각을 유감없이 발휘했다. 후대의 인상파 화가들처럼 그도 피부의 색은 여러 빛깔의 복합체라는 확신에 차 있었다. 스튜어트가 그린 〈리처드 예이츠 부인〉(그림 21.36)은 미국이라는 새로운 민주주의 국가에서 통용되던 신고전주의의 전형을 보여준다. 옷도 배경도 그림 속에 앉아 있는 인물의 사회적 신분에 대해서 아무것도 말해주지 않는다. 반면 유럽의 초상화들은 일반적으로 왕족이나 귀족임을 암시하는 적절한 배경이나 장식물을 덧붙인다. 뉴욕에 사는 한 무역업자의 부인을 묘사한 이 그림에서 우리는 냉정하고 자신만만한 여성을 본다. 그녀의 얼굴은 이목구비가 뚜렷하다. 눈썹은 치켜올라갔고 눈꺼풀은 약간 밑으로 처진 것이 다소 냉소적인 느낌을 준다. 빈틈없고 실속을 추구하는 미국 북부인의 얼굴이라 할 수 있다.

조슈아 존슨

존슨(1765-1830)은 미국 북동부의 뉴잉글랜드와 뉴욕 일대를 떠돌아 다니면서 가족 초상화를 그렸던 유구한 전통을 가진 화공들 중에서 가장 명성이 높은 인물의 하나였다. 내셔널갤러리에서 존슨의

21.36 리처드 예이츠 부인, 길버트 스튜어트, 1793. 캔버스에 유채, 76.8×63.5cm. 국립미술관(워싱턴 디시).

초상화를 많이 소장하고 있지만 아직도 상당수의 가족 초상화들은 그림 속 인물들의 후손에 의해 가보로 이어져 내려오고 있다. 〈웨스트우드의 아이들〉(그림 21.37)은 아이들, 강아지, 바깥 나무의 비대칭적인 세련된 배치가 현대적인 매력을 풍긴다. 아이들은 똑같은 옷을 입고 있지만 머리 모양, 발의 위치, 손에 든 물건은 제각각 다르다. 화공들은 먼저 옷을 그린 다음에 얼굴을 비롯한 신체적 특성은 나중에 그려넣는 것이 관행이었다.

21.37 웨스트우드의 아이들. 조슈아 존슨. 1807. 캔버스에 유채. 1.04×1.17m. 국립미술관(워싱턴디시).

토머스 제퍼슨

　프랑스 주재 미국공사로 부임한 제퍼슨(1743-1826)은 프랑스의 신고전주의 건축과 특히 프랑스와 이탈리아의 로마 건축 양식을 면밀히 연구할 수 있었다. 특히 그를 매료시킨 것은 로마 시대에 세워진 남부 프랑스의 메종카레 신전이었다. 처음 이 건물을 견학했을 때 제퍼슨은 7시간 동안이나 자세히 살펴보고 나서 아름다운 애인을 흠모하는 남자처럼 얼이 빠졌다고 고백했다. 메종카레 신전에 단단히 마음을 빼앗긴 제퍼슨은 미국 건물에 로마 양식을 앞장서서 도입했다. 제퍼슨이 설계한 버지니아 주 의사당 건물(21.38)은 메종카레를 본딴 것이지만 기둥머리는 이오니아식으로 되어 있고 목재로 지어서 흰색으로 칠한 것이다. 메종카레보다 규모가 큰 이 버지니아 의사당은 설계자가 의도한 대로 당당한 위엄을 풍긴다.
　신고전주의가 인기를 끌었던 이유는 무엇보다도 명쾌했기 때문이었다. 정치적 주제와 목적은 접어두고라도 고전주의는 물리적으로 지적으로 완벽한 상태를 지향했고, 그것은 차분하고 평온한 아름다움의 정수를 표현한 건물들로 구현되었다. 그리스인은 완전무결한 양식을 창안했다. 그리고 서양 세계는 2500년 동안이나 그것을 베껴왔다.

21.38 버지니아 의사당. 토머스 제퍼슨. 버지니아주 리치몬드. 1785-9.

21. 미술 : 바로크, 로코코, 신고전주의

제22장
음악 :
바로크, 로코코, 고전주의

바로크 음악 – 1600~1750

우리가 아는 현대 음악은 1600년경, 그러니까 르네상스가 기울고 새로운 이성의 시대가 서서히 윤곽을 드러내면서 시작되었다. 초기의 오르가눔으로부터 물 흐르듯 매끄러운 아카펠라의 균형까지 중단 없이 발전을 이루어온 다성 음악의 황금기도 막을 내렸다. 교회, 궁정, 문화 엘리트가 사사롭게 즐기던 음악의 영향력과 비중은 조금씩 떨어져갔다. 음악이 대중 예술로 자리잡는 근대 세계는 지적, 정치적, 사회적으로 소란스럽던 17세기에 차츰 틀이 잡혀나갔다.

〈왼쪽〉 레스터 백작 로버트 더들리와 춤을 추는 엘리자베스 1세. 작자 미상. 그림 일부. 16세기 말. 캔버스에 유채.

종교개혁 세력과 반종교개혁 세력의 반목이 계속되는 상황에서 교회는 신자들의 신앙심을 더이상 가만히 앉아서 받아먹을 수 없는 처지에 몰렸다. 이 시기에 지어진 교회 건물은 고딕 교회나 르네상스 교회보다 신도들이 예배를 볼 수 있는 공간이 넓었다. 마치 극장을 방불케 했다. 정교한 세부 장식이 돋보이는 뒤틀린 곡선의 형상과 들뜬 형식으로 가득 찬 공간 속에서 신도들은 확신에 찬 뜨거운 설교를 들었다.

 새로운 바로크 양식은 모든 공공 건물에 적용되었다. 교회도 공연장도 오페라 극장도 예외는 아니었다. 나라의 통치자가 거주하는 베르사유 같은 바로크 궁전은 이원적인 성격을 띠었다. 그곳은 왕족이 거처하는 곳이면서 동시에 국가의 위신과 국력을 상징하는 곳이었다.

 바로크 시대에 일관되게 나타나는 것은 이원론이다. 그것은 때로 교회와 국가, 귀족과 여유 있는 중산층 같은 적대 세력 사이의 아슬아슬한 균형으로 나타났다. 바로크 건축에서도 이런 이원론은 어김없이 드러난다. 기본 골격은 아주 크게 가져가면서도 정교한 장식과 3차원 효과를 충분히 활용하여 마치 조각 작품 같은 느낌을 주는 것이다. 심지어는 정문에 있는 원통형의 기둥들도 둘씩 짝을 지워놓았다. 바로크 음악에서도 이원론은 성악-기악의 균형잡힌 묶음 속에, 일관된 2악부 형식 속에, 8개였던 교회 음악의 선법을 장조나 단조의 두 음계로 환원시키는 시도에 나타나 있다.

 기악 음악이 성악 음악에 버금가는 지위로 올라서면서 아카펠라 형식은 사실상 소멸되었다. 미사곡이건 모테트건 오라토리오건 수난곡이건 칸타타건 오페라건 바로크의 성악 음악은 모두 기악 반주를 거느렸다. 순수한 기악 음악은 합주협주곡에서 큰 악기군과 작은 악

제22장 음악—바로크 로코코 고전주의

기군의 균형잡힌 참여라든가 두 개의 독주 악기에 건반이 가세하는 이른바 트리오소나타를 위한 곡에서 새로운 형식을 확립했다. 이 이론은 음의 강약에서도 찾아볼 수 있다. 바로크 음악에서는 우렁찬 악절과 부드러운 악절이 번갈아가며 나타난다.

건반 음악

하프시코드

무용모음곡

춤은 아득히 먼 옛날부터 인간의 핵심적 활동이었다. 신의 노여움을 가라앉힐 때, 악귀를 쫓아낼 때, 풍년을 빌 때, 인간은 춤을 추었다. 그저 육체적으로 감정적으로 고양되었을 때도 인간은 춤을 추었다. 춤은 17세기에 들어와 궁정에서 화려한 무도회가 열리면서 새로운 영광을 얻었다. 귀족과 귀부인들은 농민들이 추던 힘차고 때로는 투박하던 춤을 우아하고 매혹적인 사교 기예로 다듬어나갔다.

초기 바로크 시대에는 다양한 서민 무용의 양식에 맞추어 짧은 기악곡들이 작곡되었다. 일례로 이국적이고 관능적인 사라반드는 세련되고 정교한 예술 형식으로 변형되었다. 그러나 원래의 사라반드가 대담하게 추구했던 욕망은 때로는 미묘한 형태로 그 속에서 살아남았다. 19세기에 유행한 왈츠도 비슷한 과정을 겪었다. 원래는 '저속한' 춤이 사교춤으로 변형된 것이다. 왈츠는 예술 형식으로 발전하여 나중에는 요한 슈트라우스 2세의 〈푸른 도나우강〉 같은 명작을 낳았다. 이것은 오늘날에도 벌어지는 현상이다. 20세기의 후반의 작곡가들도 자기 시대의 대중 무용에서 영감을 얻고 있다. 17세기에 이 양식화된 무용들은 하프시코드, 독주 기악, 다양한 기악 앙상블에 의해 연주되던 모음곡이라고 불리는 일군의 실내악으로 표현되었다. 한 편의 모음곡에는 보통 대여섯 가지의 무용(또는 악장)이 들어가는데,

제22장 음악 — 바로크 로코코 고전주의

이 무용들은 알레망, 쿠랑트, 사라반드, 지그 같은 순서로 배열되었다. 모음곡은 명실상부한 국제적 예술이었다. 알망드, 쿠랑트, 사라반드, 지그는 원래 각각 독일, 프랑스, 스페인, 영국의 서민 무용이었다. 그렇지만 각각의 무용모음곡에는 나름의 기본적 통일성이 있었다. 동일한 음조로 작곡되었던 것이다.

역사상 처음으로 음악은 조성이라고 하는 탄탄하고 합리적인 기초를 얻게 되었다. 중세에는 그리스의 수많은 선법들이 8개의 교회 선법으로 축소되었고 이것은 단선 성가에서 르네상스의 다성 음악에 이르기까지 모든 음악의 재료로 쓰였다. 바로크 시대가 되자 두 가지의 새로운 발상이 등장했다.

1. 모든 음악은 장조 아니면 단조라고 하는 일관된 음조의 체계 안에서 씌어지게 되었다.
2. 복잡한 다성 음악에 사람들이 잠시 질리면서 화음이라고 하는 음들의 덩어리에 바탕을 둔 작곡법이 발전했다.

단성 음악(하나의 화음 덩어리가 다른 화음 덩어리를 뒤따르는 음악)과 고정된 음정 관계를 이용하여 작곡가들은 새로운 현실을 성찰했다. '옛음악'은 명쾌하고 합리적이면서도 표현력이 풍부하다고 여겨졌던 덜 복잡한 음악에 서서히 밀려났다. 하지만 누가 의도적인 결단을 내려서 이런 일이 생겼던 것은 아니고 급격한 변화를 사람들이 당장 알아차렸던 것도 아니다. 모든 예술가가 그렇지만 음악가들도 새로운 현실에 반응하면서 기존의 기법과 새로운 기법을 결합하여 새로운 시대에 걸맞은 참신한 소리를 내놓았을 뿐이다.

현대 음악은 요한 제바스티안 바흐의 음악에서 나타나는 이 새로운 음과 함께 시작되었다고 해도 과언이 아니다. 바흐의 음악과 르네상스 음악의 거리보다는 스트라빈스키, 프로코피에프, 바르토크 같은 20세기 현대 음악가들의 음악과 바흐의 음악이 거리상으로 더 가깝다. 팔레스트리나, 라수스 같은 르네상스 음악가들은 카톨릭 교회나 교양 있는 귀족을 위해 곡을 썼다. 바흐도 한때 궁정 작곡가로 일하기는 했지만 주로 중산층의 신교도들을 위해 작곡하고 연주하고 지휘했다.

바흐의 음악이 칭송을 받는 까닭은 예술성과 뛰어난 장인정신 때문이다. 하지만 살아 있을 때 바흐는 그때그때 부탁을 받고서 작품을 썼다. 그의 수많은 오르간 작품은 교회 예배나 특별한 행사를 염두에 두고 씌어지고 연주되었다. 특별한 주일을 기념하기 위해 바흐가 작곡한 거룩한 칸타타들은 보통 딱 한 번 연주되고는 그만이었다. 행사가 끝나면 그 곡들은 먼지를 뒤집어쓴 채 두 번 다시 연주되지 않았다. 오랜 세월이 흐른 뒤 젊은 모차르트는 바흐의 곡들을 발견하고 "나에게 한 수 가르쳐줄 수 있는 사람이 여기 있었구나" 하면서 탄복을 금치 못했다고 한다.

바흐는 작품 가운데 상당수를 아마추어 음악가에 의한 공연을 염두에 두고 썼다. 더 중요한 사실은 주로 독일의 중산층으로 구성된 청중이 그의 음악을 들었다는 것이다. 경제력과 영향력이 날로 커지던 이 중산층은 바흐가 살았던 시대에 가장 중요한 청중으로 부각된 이후 오늘날까지 강한 영향력을 행사하고 있다. 음악을 즐기는 오늘의 대중은 18세기에 시작된 발전 과정의 논리적 귀결이라고 보아도 좋다.

다음의 하프시코드를 위한 무용모음곡은 바로크 시대의 전형적인 독주 건반 음악이다. 중산층의 거실에서 아마추어가 연주해도 어울리는 곡이었고 왕궁에서 화려하게 장식된 하프시코드로 전문 음악인의 손으로 세련되게 연주해도 어울리는 곡이었다. 이 모음곡은 모두 6악장으로 되어 있다.

음악 1 무용모음곡

프랑스 모음곡 4번 (E플랫장조, 6악장, 지그 1720-4)   요한 제바스티안 바흐(1685~1750)

오르간

전주곡, 푸가, 합창전주곡을 연주하기에 가장 좋은 건반 악기는 파이프오르간이었다. 바로크 시대의 오르간은 바로크 양식으로 지어진 교회와 연주장을 그 어떤 악기도 따라올 수 없는 다양한 음색과 풍부한 음량으로 쩌렁쩌렁 울릴 수 있었던 독주 악기였다. 이 웅장한 악기처럼 청아하고 장엄한 소리를 낼 수 있는 악기는 지금도 찾아보기 어렵다. 그 증거는 지금도 유럽 도처에서 울려퍼지는 오르간 소리다. 많은 교회의 오르간들은 바로크 시대의 맑은 소리를 지금도 쉬지 않고 쏟아내고 있다.

합창전주곡

합창 선율의 다양한 변주로 이루어진 오르간 연주곡을 합창전주곡이라고 부른다. 이 변주곡들은 신도들이 합창곡(루터파에서는 이를 찬송가라고 부른다)을 노래하기 전에 연주되기 때문에 '전주곡'이라고 불려졌다. 오르간 연주자는 신도들이 노래를 잘 따라부를 수 있도록 전주곡을 들려주어 합창의 분위기를 잡아주었다.

다음에 소개하는 합창전주곡은 루터파 교회에서 부른 합창곡 '깨어나라'의 연주곡이다. 도입 악절은 부드럽게 내딛는 베이스 위에서 기운찬 선율로 시작된다. 이 합창 선율의 제1성부는 도입 악절의 중간쯤부터는 제3성부가 되고 그 다음에는 전체 악절이 반복된다. 둘째 악절에서는 합창 선율이 골고루 섞인다.

음악 2 합창전주곡

슈블러 합창전주곡 1번, BXV 645

'깨어나라'(1746)   요한 제바스티안 바흐(1685~1750)

기악 음악

트리오 소나타

　순전히 자기 손으로 음악을 만드는 데서 희열을 느끼면서 연주를 하고 노래를 불렀던 아마추어 음악 애호가들이 많았다는 것도 바로크 음악의 두드러진 특징이다. 그들의 기량이 하나같이 전문가 못지않게 뛰어났던 것은 아니지만 세련된 기교보다 더 중요했던 것은 자기를 표현한다는 사실이었다. 공연을 통해 충분한 금전적 대가를 받는 것보다는 개인적 즐거움을 더 중시했던 이 수많은 음악가들은 대개 아마추어였지만 그들이야말로 진정한 의미의 음악 애호가들이었다고 할 수 있다.

　경제력이 향상되면서 사회의 주역으로 서서히 부상하던 중산층에게 음악을 연주하는 악기는 집안에 없어서는 안 될 필수품의 하나가 되었다. 하지만 바로크 음악은 여러 가지로 아마추어가 연주하기에는 어려웠다. 작곡가들은 곡의 정확한 빠르기와 박자를 표시하지 않았을 뿐더러 멜로디의 강약도 가끔씩 방향성만 제시해놓았을 뿐이었다. 아마추어들이 실수를 저지르기 딱 좋았다. 게다가 어떤 악기로 연주해야 한다는 지시도 빼먹기 일쑤여서 연주자는 자신에게 익숙한 악기로 깜냥껏 연주를 하는 수밖에 없었다.

　어디서나 쉽게 접할 수 있었던 트리오 소나타는 아마추어가 다루기에는 이상적인 연주곡이었다. 두 개의 멜로디 라인으로 구성된 전통적 형식에 따라 곡이 씌어졌을 뿐 아니라 반주로 쓰이는 건반 악기의 쓰임새에 대해서는 일반적인 합의가 이루어져 있었기 때문이다. 두 개의 멜로디는 어떤 악기로 연주해도 무방했고 반주도 클라비코드건 하프시코드건 파이프 오르간이건 아무 건반 악기로나 할 수 있었다. 트리오 소나타에서 가장 중심이 되는 것은 건반 악기 연주자였다. 건반 악기 연주자의 솜씨가 가장 뛰어나다고 사람들은 믿었고 또 실제로도 그랬다. 건반 악기는 곡을 진행시키는 데 꼭 필요한 바탕을 제공한다고 사람들은 믿었다. 오죽했으면 건반 악기 연주자의 기능을 표현하는 데 진행을 뜻하는 이탈리아어 '콘티누오'라는 말이 쓰였을까. 화음의 빈틈을 채워넣고 실력이 모자란 연주자가 엉뚱한 음을 짚거나 흐름을 잊어버리거나 엉성한 소리를 낼 때 공백을 메우는 역할을 하는 것이 바로 건반 악기 연주자였다.

바로크 실내악은 오페라나 오라토리오의 아리아처럼 즉흥성이 강했다. 주어진 멜로디 라인에 연주자가 개인적 색채를 자연스럽게 가미하는 것이 당연시되었다. 작품은 다양한 악기, 연주자의 솜씨와 상상력, 그리고 무엇보다도 작곡가가 던져놓은 음악적 난제를 통해서 '개성화'되었다. 19세기 후반에 재즈가 등장하기 전까지는 그 어떤 연주자도 바로크 시대의 아마추어 음악가와 전문 음악가가 누렸던 것 같은 풍부한 개인적 자유를 맛보지 못했다.

콘체르토

바로크 시대의 콘체르토(협주곡)는 작은 독주 악기군(콘체르티노)이 정식 오케스트라와 협연하는 〈콘체르토 그로소〉(합주협주곡)였다. 바흐, 헨델, 비발디는 단일 악기를 위한 솔로 콘체르토를 썼지만 일반적으로 바로크 시대의 작곡가는 오케스트라와 섞이면서 대조를 이루는 콘체르티노의 낭랑한 소리를 좋아했다.

이탈리아 작곡가 안토니오 비발디는 450곡이 넘는 콘체르토를 썼는데 그 중에서 가장 유명한 곡은 솔로 바이올린과 오케스트라가 연주하는 〈사계〉다. 봄, 여름, 가을, 겨울은 각각 3개의 악장을 가지고 있으며 이것들이 결합하여 그 계절의 다양한 면들을 일깨운다. 사계는 음악을 통해 음악 외적인 사상을 묘사하거나 전달하는 초기 표제 음악의 전형이라 할 수 있다. 어느 정도 짐작은 가는 일이지만 〈사계〉를 구성하는 네 곡의 협주곡 중에서 봄을 노래하는 1번 협주곡은 밝고 명랑하다. 해마다 되풀이되는 자연의 소생을 암시하는 선율로 가득 차 있다.

음악 3 바이올린 협주곡

사계, '봄' (1악장에서, 1725년경)　　　　　비발디(1675~1741)

성악 - 기악 음악

합창곡

마르틴 루터는 성경을 독일어로 번역했다. 그리스도 교인이라면 누구나 성경을 부담없이 읽게 해야 한다고 믿었기 때문이다. 그는 또 신자들이 예배에 참석하는 것이 중요하다고 생각했다. 예배를 통해 일반 신도와 성직자가 공동의 대의로 묶일 수 있다고 믿었던 것이다. 루터의 견해에 따르면 음악은 신앙을 살찌우고 고양시키는 영적이고 초월적인 특성을 가지고 있었다. 장 칼뱅과는 달리 한때 로마 가톨릭 교회의 신부였던 루터는 교회의 풍부한 음악적 유산을 이용하는 데 거부감을 갖지 않았다. 그는 단선율로 된 성가를 선별하여 신교도들의 요구와 능력에 맞게 각색했다. 오랜 세월 동안 뒷전으로 밀려나 있던 보통 사람들이 성가를 소리 높여 부르면서 모처럼 예배에서 다시 적극적인 역할을 떠맡고 나섰다. 그들이 부른 것은 우리가 찬송가라고 일컫는 노래였지만 루터 교회에서는 이것을 '합창곡'이라고 불렀다.

18세기 루터파 교회의 예배는 보통 오전 7시에 시작하여 정오에 끝났다. 제법 규모가 큰 교회에서는 바흐 같은 전문 음악인이 주중에는 강의를 하고 오르간을 관리하고 자원 합창단을 지도하고 특별한 주일에 어울리는 기악곡과 성악곡을 만들고 주일의 예배 시간에는 오르간을 연주하고 합창단을 지휘하는 것이 보통이었다. 교회의 연중 행사에서 주일이 갖는 의미는 각별했다. 특히 정성을 쏟은 것은 강림절, 주의 공현 축일, 부활절, 오순절이었다. 합창전주곡, 찬송가, 칸타타, 후주곡도 그 주일의 특별한 의미와 어울리도록 세심하게 준비했다.

오라토리오

오라토리오는 성서나 서사시의 내용에 곡을 붙여 교회나 연주장에서 독주자, 합창단, 오케스트라가 연주한 음악이었다. 넓은 의미에서는 성극을 콘서트에 맞게 변형한 음악이라고도 할 수 있다. 18세기 영국의 가장 위대한 작곡가였던 조지 프레드릭 헨델은 무관심한 귀족을 위해 오페라를 작곡하는 데 환멸을 느끼고 인생의 후반부로 접어들어서는 중산층을 위해 오라토리오를 작곡했다. 그가 만든 21편의 오라토리오 중에서 가장 칭송을 받은 곡은 〈메시아〉다. 이 대작은 불 같은 열정 속에서 불과 3주일 만에 완성되었다. 헨델은 하느님이 주신 영감으로 이 곡을 쓸 수 있었다고 믿었다. 주로 신약 성서에 바탕을 둔 메시아는 세 악절로 이루어져 있다. 둘째 악절의 말미에 장엄한 할렐루야 합창이 터져나오자 국왕 조지 2세는 감격에 겨운 나머지 자리에서 일어섰고, 그 뒤로 이 노래가 시작될 때는 청중들이 자리에서 일어서는 전통이 생겼다. 가사는 주로 '할렐루야'로 이루어져 있었다. 할렐루야는 환희를 뜻하는 히브리어로 그리스도교 세계에서 군중들이 즐겨 내지르던 환호성이었다.

음악 4   오라토리오

메시아, 할렐루야 합창(44악장, 1742)   헨델(1685~1759)

오페라

오페라는 '작품'을 뜻하는 라틴어에서 왔다. 오페라는 이 시대의 모든 예술 형식 중에서 가장 바로크다운 특성을 많이 가진 예술로 일컬어진다. 앞에서도 말했지만 오페라는 대사와 음악이 적절한 조화를 이루고 있었던 고대 그리스의 비극으로 되돌아가려는 '개혁' 운동으로 처음 시작되었다. 가장 중요한 것은 대사였다. 노래 가사에 붙은 멜로디는 드문드문 나타났고 반주는 최소한으로 축소되었다. 그렇지만 오페라는 짧은 기간 안에 정교한 무대, 의상, 합창이 수반되는 총체극으로 발전했다. 피렌체, 로마, 베네치아, 빈, 파리, 런던에서 공연되던 오페라의 양식은 지역별로 색깔이 달랐지만 오페라는 이 시대의 가장 대중적이고 웅장한 예술 형식으로 자리잡았다. 세련된 오페라 극장이 유럽 각지에 세워졌고 사람들은 한 시대의 활력을 무대 위에서 보고 들을 수 있게 되었다.

대부분의 서유럽 국가들은 이탈리아 오페라를 앞다투어 받아들였다. 그러나 민족주의 성향이 강했던 프랑스는 이탈리아 음악이 득세하는 데 강한 반감을 품었다. 비평가들은 이탈리아 오페라는 너무 길고 단조롭고 너무 예술작품 티를 낼 뿐 아니라 고루한 언어를 쓰고 장식성에 치중하기 때문에 단어의 소리와 의미가 그늘에 가려질 수밖에 없고, 따라서 논리성을 중시하는 프랑스인의 정서에는 맞지 않는다고 깎아내렸다. 남성 소프라노와 알토의 간드러진 목소리는 여자들에게는 혐오감을 주고 남자들에게 실소를 자아낸다고 통박했다. 그러나 프랑스인이 이탈리아 오페라를 거부한 것은 그들이 드라마보다는 무용을 더 높이 평가한 데 진짜 원인이 있다. 무용―프랑스 발레―은 프랑스의 공연 무대에서는 중요했지만 이탈리아에서는 비중이 지극히 낮았다.

프랑스 음악과 이탈리아 음악의 갈등은 이탈리아 오페라 작곡가 피에트로 프란체스코 카발리(1602-76)가 루이 14세의 결혼을 축하하는 기념 오페라의 작곡을 의뢰받으면서 현실로 불거졌다. 왕실 음악 감독이었던 장 밥티스트 륄리(1632-87)―피렌체 출신으로 본명은 잔바티스타 룰리―는 이것을 절호의 기회로 삼았다. 공연 시간이 6시간에 달하는 이 대작 오페라는 1662년 왕의 결혼식 자리에서 실제로 공연되었다. 하지만 막이 끝날 때마다 륄리의 대규모 발레가 삽입되었다. 이에 대한 프랑스 청중의 반응은 흥미로웠다. 청중은 이 작품을 무용이 중간중간 끼어든 음악극으로 본 것이 아니라 오페라가 간주곡처럼 끼어든 대규모 발레로 받아들였다. 카발리는 다시는 오페라를 쓰지 않겠노라고 불쾌한 심사를 나타내고 이탈리아로 돌아갔지만 륄리는 이에 아랑곳하지 않고 편법을 계속 써먹었고 얼마 안 가서 루이 14세가 절대 권력을 휘두른 것처럼 음악 분야에서는 그가 절대적 권위자로 군림했다. 카발리의 활동은 얼마 못 가서 중단되었지만 륄리는 카발리가 남긴 위대한 유산의 하나를 착실히 다듬어 갔다.

로코코 음악 - 1725~75

예술과 건축에서 바로크 시대의 마지막 단계에는 이보다 더 정교한 양식이 등장했는데 이를 로코코('바위'를 뜻하는 프랑스어 '로카유'와 '껍질'을 뜻하는 '코퀴유'의 합성어)라고 한다. 웅장한 바로크의 규모는 축소되어 인테리어와 소용돌이 장식, 표면 작업에 치중하게 되었다. 바로크가 길들여져서 때로는 퇴폐적인 양상으로 나타난 것이 로코코라고도 할 수 있다.

음악에서 로코코는 유행하는 살롱에서 열리던 사교 모임에 알맞은 고상하고 유쾌하고 아주 세련된 '달콤한 양식'으로 나타났다. 대표적인 음악가는 프랑수아 쿠프랭, 도메니코 스카를라티다. 이들은 와토, 부셰, 프라고나르의 그림과 비슷한 분위기의 곡을 만들었다.

프랑수아 쿠프랭

가장 뛰어난 로코코 음악의 작곡가는 쿠프랭(1668-1733)이었다. 그는 보통 '대가'라는 존칭으로 불렸다. 그의 음악은 로코코라는 아기자기한 소우주를 집약해놓았다. 프랑스인의 정서가 속속들이 배어든 그의 음악은 재기가 넘치고 우아하고 세련되며 해학이 넘쳤다. 그는 27곡의 하프시코드를 위한 무용곡을 남겼는데 하나같이 도발적인 제목을 달고 있다. 다음에 소개하는 곡의 제목도 아주 별나다. 제목을 직역하면 '딴죽'이라는 뜻인데 다른 사람의 발을 걸어 넘어뜨린다는 의미다. 제목에서도 연상할 수 있듯이 아주 발랄하고 장난스러운 곡이다.

음악 5   하프시코드를 위한 무용곡

작품 22번, 딴죽(1730)   쿠프랭(1688~1733)

고전주의 음악 – 1760~1827

음악에서 말하는 고전주의 시기는 하이든의 원숙한 음악이 시작된 1760년에서 베토벤이 죽은 1827년까지를 말한다. 하이든, 모차르트, 베토벤은 비할 바 없이 뛰어난 음악적 성취가 이루어졌던 이른바 음악의 황금시대를 살았던 음악적 거장들이었다. 다른 시기에도 음악적으로 뛰어난 인물은 많았지만 하이든, 모차르트, 베토벤이 활약한 이 시대만큼 음악적 공분모가 두드러지게 나타난 적은 없었다. 단성음에 바탕을 둔 고전주의 양식은 발생사적으로 보았을 때 이미 과거에도 몇 차례 나타난 적이 있었다. 따라서 이 초기의 단성 음악들을 간단히 짚고 넘어갈 필요가 있다.

르네상스 음악은 뭐니뭐니해도 다성 음악이었고 전통적인 교회 선법에 따라 씌어졌다. 그렇지만 일부 르네상스 음악, 특히 영국의 마드리갈 같은 형식은 아주 단성적이었다. 거기다가 조성이 강했다. 다시 말해서 교회 선법에 따르지 않고 단조나 장조 가운데 하나로 나갔다. 베네치아의 작곡가 가브리엘리의 음악도 상당히 단성적이었다. 조스캥, 라수스, 팔레스트리나 같은 르네상스 작곡가들이 선호하던 중첩된 선율보다는 낭랑한 화음을 중요시했다.

17세기 초반에도 가사에 치중했던 고대 그리스의 음악 형식을 재현하려는 작곡가들의 시도가 늘어나면서 한때 단성 음악이 각광을 받았다. 이 작곡가들은 가사와 음악에서 새로운 실험을 했고 여기서 오페라라고 불리는 새로운 음악 형식이 발전했다. 새로운 바로크 양식의 진수를 모아놓은 오페라는 세련된 장식성을 빠르게 가미하면서 단성 음악과 다성 음악을 결합시켰다. 이 시대의 성악-기악 음악은 다성부음악이라는 복잡한 양식을 새롭게 발전시켰고 이것은 헨델과 바흐의 음악에서 절정을 이루었다.

로코코 음악은 바로크 음악의 장식성을 받아들였지만 훨씬 단성적이었고 경쾌했으며 양식적으로도 더 세련되었다. 로코코 음악의 몇 가지 특성, 특히 덜 복잡한 단성적 기법은 고전주의, 신고전주의, 또는 빈 고전주의라고 불리는 새로운 양식으로 통합되었다. 고전주의는 당시의 음악을 가리키는 데 주로 쓰이는 말이고 신고전주의는 보통 음악 이외의 다른 예술을 지칭하는 말이다.

예술 양식을 두부모 자르듯 시대별로 깔끔하게 구별할 수 있는 것은 아니다. 표 22.1의 연대별 비교를 자세히 들여다보면 르네상스 이후로 각 시대를 지배해온 세계관들이 다양한 예술에 반영되어 있음을 알 수 있다. 시대가 예술에 끼친 영향, 여러 예술이 서로 주고받은 영향에 대해서는 얼마든지 많은 추론을 끄집어낼 수 있다. 하지만 정말로 중요한 것은 특정한 개인들이 이루어낸 예술적 성취다. 예술 작품의 독창성은 그것을 창조한 예술가 개개인의 독창성을 반영한다.

음악 분야에서 고전주의 시대는 "아마추어 음악가들의 도약 시대"라고도 말할 수 있을 것이다. 아기자기한 저음 반주를 거느리면서 즉흥성을 요구한 바로크 음악은 전문가들의 텃밭이었지만 재능 있는 아마추어들이 자신의 실력을 발휘할 수 있는 좋은 기회이기도 했다. 하지만 18세기 후반에 들어와 현대적 기보법이 정착되면서 모든 음은 빠짐없이 기록되었고 박자와 강약 같은 시시콜콜한 해석상의 세부 내용까지 악보에 적히게 되었다. 그래서 아마추어들도 아무런 부담 없이 연주를 즐길 수 있게 되었다. 바로크 음악가들은 악보에서

표 22.1 예술 양식의 시대별 비교

시기: 이성의 시대	1600-1700	데카르트, 갈릴레오, 케플러, 베이컨, 스피노자
예술 양식: 바로크		
건축	1575-1740	베르니니, 렌, 망사르, 페로, 르 보
음악	1600-1750	코렐리, 륄리, 비발디, 헨델, 바흐, 퍼셀
회화	1600-1720	루벤스, 렘브란트, 스텐, 할스, 베르메르, 반 데이크, 벨라스케스
조각	1600-1720	베르니니
시기: 계몽 시대	1687-1789	뉴턴, 볼테르, 디드로, 로크, 흄, 칸트, 루소, 프리드리히 2세, 제퍼슨, 프랭클린
예술 양식: 로코코		
건축	1715-1760	에를라흐, 힐데브란트, 아상, 퀴비에, 피셔
음악	1725-1775	쿠프랭, 하이든과 모차르트의 일부 작품
회화	1720-1789	와토, 샤르댕, 부셰, 프라고나르
조각	1770-1825	클로디옹, 팔코네
예술 양식: 신고전주의		
건축	1750-1830	샬그랭, 비뇽, 퐁텐
음악(고전주의)	1760-1827	하이든, 모차르트, 베토벤, 글루크
회화	1780-1850	다비드, 앵그르
조각	1800-1840	카노바, 토르발센, 우동

이탈하여 즉흥 연주를 펼칠 수 있었지만 이성의 시대로 들어와서는 악보에 적힌 대로 연주하여 작곡자의 의도를 충실히 재현해야 했다.

음악에 대한 요구가 사방에서 봇물처럼 터져나오면서 주로 기악곡이 활발하게 만들어졌다. 야외 파티를 위한 세레나데가 있었고 실내 모임을 위한 실내악이 있었으며 생긴 지 얼마 안 되는 교향악단을 위한 심포니도 있었고 여기저기서 개인이나 국가가 세우는 바람에 수가 급격하게 불어난 오페라 극장을 위한 오페라가 있었다. 1710년경에 크리스토포리가 발명한 피아노는 하나의 건반으로 음의 강약을 자유자재로 구사할 수 있었기 때문에 하프시코드와 클라비코드를 빠른 속도로 밀어내면서 일반 가정에서 아마추어 음악인들이 가장 많이 연주하는 악기로 자리잡았다. 다양한 악기를 가지고 소나타, 이중주, 삼중주를 연주하는 아마추어 실내악 애호가 단체가 사방에서 결성되었다. 동질적인 현악기들만으로 구성된 현악 사중주도 이때 만들어졌다.

이런 음악 활동들은 음악만으로 먹고 살아야 했던 사람들에게는 별로 유리하지 않았다. 18세기의 음악인들은 전반적으로 보았을 때 사회적 지위가 낮았다. 에스테르하지 같은 귀족 가문에 고용되어 있던 프란츠 요제프 하이든 같은 작곡가는 하인복을 입었고 식탁에서도 말석을 면치 못했다. 하이든은 말년에 가서야 어느 정도 경제적으로 독립하지만 그나마도 런던까지 가서 공연을 가졌기에 가능한 일이었다. 하지만 아이러니칼하게도 한때 세도가 당당했던 에스테르하지 집안은 지금은 하이든의 미발표작 가운데 일부를 그 후손들이 가지고 있을지 모른다는 점 때문에 이따금 거론될 뿐이다.

프란츠 요제프 하이든

음악가로서 하이든(1732-1809)의 삶은 그야말로 파란만장했지만 동시대의 많은 음악가들보다는 고생을 덜 한 편이었다. 1776년의 한 연감에 실린 짧은 글에서 하이든은 빈의 궁정과 장크트슈테판 성당에서 노래를 불렀는데 변성이 되는 바람에 잠시 실의에 빠진 적이 있었노라고 술회했다.

목소리가 완전히 못 쓰게 되어버린 뒤로는 8년 동안 아이들에게 음악을 가르치면서 근근히 먹고 살았다. 재능을 가진 많은 사람들이 이런 식으로 망가진다. 목구멍에 풀칠도 하기 어려운 처지에서 공부를 한다는 생각은 엄두도 내지 못한다.

빈에서는 음악인들이 활동할 수 있는 기회가 많지만 보수는 형편없었다. 먹고 살기 위해서는 일을 겹치기로 해야만 했다. 하이든은 일요일 오전에만도 무려 세 가지 일을 해야 했다. 한 교회에서 바이올린을 연주하고 다른 교회에서는 오르간을 연주하고 또 다른 교회에서는 합창대에서 노래를 불러야 했다. 에스테르하지 가문에 정식으로 채용이 되었을 때 하이든은 개인적 자유를 어느 정도 빼앗기는 일이었음에도 불구하고 기꺼이 그 일을 맡았다.

고전시대의 작곡가들은 점점 기교로만 흐르고 때로는 장황한 다성 음악으로 빠져드는 후기 바로크 음악의 경향에 질려버렸다. 좀더 단순한 단성 음악 양식이 출현하여 하나의 음악적 주제를 다성적으로 처리하는 방식을 서서히 몰아내기 시작했다. 다성적인 성악-기악 양식을 포기하면서 작곡가들은 순전한 기악곡만으로 어떻게 일관된 양식을 발전시킬 수 있을 것인가 하는 딜레마에 봉착했다. 성악 음악에서 나타나는 일관성은 어느 정도는 가사에 힘입은 바 컸다. 가사가 없어지면 기악음들의 무질서한 혼란에 봉착할지 모른다는 위기감을 작곡가들은 느꼈다. 이때 하나의 해결책으로 떠오른 것이 주제와 변주들의 형식을 써서 기악 음악을 형상화하자는 것이었다. 긴 주제 다음에 일련의 변주들을 붙이되 이 변주들은 주제로부터 점점 멀어지다가 결말은 다시 원래의 주제로 마무리짓는다는 발상이었다.

고전주의 양식으로 처음 곡을 쓴 하이든은 교향악단이나 현악 사중주단 같은 기본적 기악 앙상블을 확립시키는 데 선도적인 역할을 했다. 너무 작지도 않아서 풍성하고 묵직한 음을 충분히 낼 수 있고 그렇다고 너무 크지도 않아서 오붓한 분위기에서 개인적 표현을 즐길 수 있는 여지가 얼마든지 있었기 때문에 현악 사중주는 널리 사랑을 받았다. 합창 음악이 소프라노, 알토, 테너, 베이스로 구성되는 것처럼 제1바이올린, 제2바이올린, 비올라, 첼로로 구성되는 현악 사중주에서 세 가지 종류의 현악기는 섬세한 균형을 이루면서 짜임새 있는 선율을 만들어냈다. 하이든의 C장조로 된 현악 사중주는 주제와 변주의 형식으로 되어 있다. 애국적인 주제를 담고 있는 이 곡은 하이든이 오스트리아 국민에게 바치는 노래였으며 결국 오스트리아 제국의 국가가 되었다.

볼프강 아마데우스 모차르트

음악적 천재성은 현대 심리학자들이 상당히 흥미를 갖는 주제이지간 '천재성'이라고 표현할 수 있는 특질이 과연 무엇인지 학자들은 아직도 속시원히 답하지 못한다. 지금까지 살았던 음악가 중에서 가장 천재적인 음악적 재능을 가졌다고 평가받는 모차르트(1756-91)의 업적은 그래서 더욱 경이롭고 불가사의하다.

모차르트는 일평생을 작곡과 연주에 쏟아붓다시피 한 음악가다. 하이든처럼 그도 자신의 상상을 초월하는 재능을 뒷받침하기는커녕 아직 인정할 준비조차 안 되어 있었고 인정할 의사도 없었던 사회의 멸시를 감수해야 했다. 하이든과는 달리 모차르트는 든든한 귀족의 후원을 얻지도 못했다. 짧았던 생애를 평생 가난에 시달리다가 결국 공동 묘지에 쓸쓸히 묻혔다는 사실은 음악의 황금기라는 시대에 음악인이 빈이라는 도시에서 사회적으로 어떤 대접을 받았는지를 여지없이 보여준다.

    모차르트의 조숙성을 드러내는 일화는 무수히 많지만 오페라 〈돈 조반니〉의 서곡을 그가 어떤 상황에서 어떻게 작곡했는지를 들으면 과연 그의 천재성을 수긍하지 않을 수 없다. 이 오페라는 서곡을 제외하고는 완성된 상태에 있었다. 서곡도 작곡가의 말대로라면 '마무리' 되어 있었다. 초연이 있는 날 모차르트는 자신이 아주 즐기는 잡기 가운데 하나였던 당구를 치고 있었다. 악보는 어떻게 되었느냐는 채근을 여러 번 받고서야 비로소 모차르트는 실은 머리로는 완성했지만 아직 적지는 못했다고 실토했다. 커피를 수없이 들이키면서 모차르트가 완성한 악보는 아직 잉크가 채 마르지 않은 상태로 부랴부랴 오페라 극장으로 전달되었고 오케스트라는 그 자리에서 연주를 할 수밖에 없었다. 모차르트가 머리로 배열한 수천 개의 음표는 오페라의 보석으로 추가되었다. 일부 비평가들은 〈돈 조반니〉를 지금까지 씌어진 가장 위대한 오페라로 평가한다. 어떤 비평가들은 〈피가로의 결혼〉이나 〈마술 피리〉를 가장 뛰어난 오페라로 꼽는다. 모차르트가 가장 아낀 오페라는 〈마술 피리〉였다.

    모차르트는 50곡이 넘는 교향곡을 썼고 대부분의 악장은 소나타 형식을 이용했다. 그러나 소나타 형식은 하이든이 창안한 것도 아니고 모차르트가 창안한 것도 아니다. 소나타의 창안자는 알려지지 않고 있다. 소나타 형식은 기악 음악을 합리적 틀 안에 담는 방안을 모색하는 과정에서 18세기 음악가들이 찾아낸 해법이었다. 현실적으로도 소나타 형식은 계몽주의의 이상을 반영했다. 계몽주의처럼 소나타 형식도 명쾌하고 논리적이며 대칭적이었다.

전문 용어로서의 '소나타 형식'은 하나의 주제가 이끌던 바로크 형식과는 달리 이중 주제를 사용하는 음악 형식을 가리킨다. 이 두 주제 중에서 제1주제는 대체로 힘차고 역동적인 반면 제2주제는 보통 잔잔하고 서정적이다. 음악적으로 말하면 두 주제는 전체의 논리적 일부가 되어야 한다. 제2주제는 어떤 식으로든 제1주제를 보완하고 균형을 맞추어야 한다.

소나타 형식의 두 주제를 흔히 A주제, B주제라고 부른다. 이 두 개의 대조적 주제는 중간 악절이라는 브리지를 통해 부드럽게 연결된다. B주제 다음에는 코데타('작은 종결')라는 마감 악절이 나온다. 두 개의 주제, 연결 고리의 역할을 하는 이행부, 종결부로 이루어진 하나의 완전한 단위 안에는 지금까지 등장한 모든 음재료, 다시 말해서 귀에 제시된 모든 음재료가 담겨 있어야 한다. 그래서 이 단위를 제시부라고 한다. 제시부의 기본 얼개는 다음과 같이 나타낼 수 있다. 고전주의 음악에서 제시부는 대개 반복되었고 이것은 도돌이표로 표시되었다.

제시부

‖: A주제　　브리지　　B주제　　코데타 :‖

제시부에서 기본 음재료를 보여준 작곡자는 다시 전개부로 들어가서 주제와 관련 있는 음재료를 선택하여 가공하고 심화시킨다. 모든 음재료가 아주 다양한 방식으로 처리된다.

전개부가 거의 끝나갈 무렵 작곡자는 대개 이행부를 내놓는데 이것은 제시부에 나왔던 재료를 재현하기 위한 준비 과정이라고 할 수 있다. 재현부는 제시부에 나왔던 재료를 반복하는 셈이지만 단조로움을 피하기 위해 미묘한 변주가 일어날 때가 많다.

재현부의 마감 악절이 끝나더라도 작곡자는 악장을 좀더 만족스럽게 끝내기 위해 무언가 필요하다고 생각되면 마지막에 코다를 덧붙일 수도 있다. 그러므로 완전한 소나타 형식의 기본 골격은 이렇게 나타낼 수 있다.

제시부　　　　　　　전개부　　　　　재현부
‖: A브리지 B코데타 :‖:　　돌아가기 A브리지 B코데타 (코다) :‖

모차르트의 35번 교향곡은 잘츠부르크 시장 지그문트 하프너의 저택에서 열린 축제에서 연주하기 위해 쓴 곡이다. 원래는 6악장의 세레나데였다. 놀라운 것은 이것이 불과 두 주일 만에 완성된 곡이라는 사실이다. 이 곡을 완성한 지 여섯 달 뒤에 모차르트는 아버지에게 보낸 편지에서 이렇게 썼다. "전에 제가 쓴 하프너 교향곡은 저로서는 불가사의입니다. 음이 단 하나도 기억나지 않거든요. 까맣게 잊어버렸어요." 이 작품에 대한 모차르트의 평가는 보통이다. 뛰어난 순발력으로 쓴 발랄한 작품이기 때문이다. 1, 2, 4악장은 소나타 형식을 빌렸지만 3악장은 ABA의 형식을 따르고 있다.

음악 6 교향곡

교향곡 35번, '하프너', 4악장　　　　　　　모차르트(1756~91)

　〈마술 피리〉는 흥행을 노린 극장주가 모차르트에게 의뢰한 희가극이다. 예상대로 이 작품은 커다란 성공을 거두었다. 환상, 유희, 엄숙한 의식이 조화를 이룬 이 오페라는 수많은 관객을 끌어모았을 뿐 아니라 나중에 영화로, 다양한 형태의 TV 공연물로 만들어졌고 심지어는 해마다 잘츠부르크에서 열리는 모차르트 축제에서 잘츠부르크 인형극단에 의해 인형극으로 꾸며지기도 했다. 다음에 소개하는 엄숙한 아리아에서 고위 사제인 사라스트로는 타미노 왕자가 곧 자유의 몸이 되어 당신과 결혼을 할 수 있을 것이라며 절망에 빠진 파미나를 위로한다.

음악 7 오페라 아리아

〈마술 피리〉, '이 신성한 문 앞에서' (1791)　　　모차르트

　　이 신성한 문 앞에서
　　원한과 앙금은 사라지나니
　　한 형제가 예서 쓰러지면
　　다른 형제가 곁에서 도우리라.

　　따뜻하고 친절한 손길에 이끌려
　　그는 더 나은 땅을 찾고 기뻐하네.　　] 3번

　　이 평화로운 산 속에서
　　이 거룩한 사랑 속에서
　　숨은 증오는 찾아볼 길 없고
　　모든 허물은 용서받네.

　　사랑의 힘으로도 자유의 몸이 되지 못하는 사람을
　　어찌 사람이라 할 수 있겠는가.　　] 3번

루드비히 반 베토벤

　하이든이나 모차르트와는 달리 베토벤(1770-1827)은 음악가로서 경제적 독립을 이루는 데 성공했다. 그는 같은 작품을 여러 출판업자에게 파는 것을 부끄럽게 여기지 않았다. 그런 일을 자주 했다. 출

제22장
음악 — 바로크 로코코 고전주의

판업자들이 작곡가들을 충분히 등쳐먹어왔다는 것이 베토벤의 생각이었다. 그는 오랜 착취의 관행에 앙갚음을 할 뿐이라고 생각했다.

약간의 우여곡절도 겪었지만 베토벤의 경제적 형편은 대체로 좋았다. 하지만 그의 건강은 그렇지 못했다. 아주 일찍부터 귀가 안 좋다는 사실을 알았고 나중에는 아예 귀가 멀었다. 음악가에게 귀가 안 들린다는 것은 도저히 감내하기 어려운 고통이었다. 그럼에도 불구하고 베토벤의 가장 뛰어난 작품이 소리를 전혀 못 듣는 상태에서 만들어졌다는 것은 그의 천재성과 불굴의 정신력을 말해준다. 초연 때 베토벤이 직접 지휘봉을 잡기도 한 9번 교향곡은 사해동포주의라는 원대한 이상에 베토벤이 바친 웅혼하고 장엄한 곡이다. 연주가 끝났을 때 소리를 전혀 듣지 못하던 베토벤은 공연이 실패로 돌아간 줄로 알고 관객석으로 돌아서지 않고 그냥 교향악단을 마주본 채 서 있었다. 보다 못해 누군가가 베토벤을 돌려세웠을 때 관객들은 감동을 주체할 줄 모르고 우레와 같은 박수 갈채를 보내고 있었다.

베토벤의 3번 교향곡 일명 '에로이카'는 원래 나폴레옹에게 바친 곡이었다. 베토벤은 나폴레옹을 모든 인간의 삶을 개선시키기 위해 노력한 진정한 파우스트적 인간으로 내심 존경했다. 나폴레옹이 벌인 정복 전쟁은 수많은 인명 피해를 낳았지만 그것은 사람들이 더 나은 세상에서 살 수 있도록 노력하는 과정에서 불가피하게 나타난 부작용이라고 베토벤은 믿었다. "욕망과 열망이 꿈틀거릴 때는 피치 못할 실수도 나오기 마련이었다." 하지만 나폴레옹은 자신을 황제로 칭하자 베토벤은 격분하여 '에로이카'의 헌사에서 나폴레옹의 이름을 지워버렸다. 덕분에 이 곡은 파우스트적인 인간의 영웅적 충동에 바치는, 혹은 미지의 영웅에게 바치는 곡이 되어버렸다.

베토벤은 고전주의 시대의 교향 음악의 정수를 5번 교향곡에 쏟아

부었다. 이 곡은 나무랄 데 없는 완벽한 교향곡으로 자주 사람들 입에 오르내린다. 때로는 고전주의 형식의 울타리를 부수는 듯한 느낌마저 주면서 베토벤은 이 힘찬 교향곡의 역동적 리듬에 자신의 활화산 같은 정열을 부어넣었다. 5번 교향곡은 베토벤의 천재성이 여러 모로 집약된 곡이다. 1악장의 힘차게 솟아오르는 에너지, 2악장의 감미롭고 부드러운 서정성, 스케르초의 화려한 생명력, 그리고 마지막 악장의 박력이 인상적이다.

베토벤은 보통 오케스트라로는 이 웅장한 교향곡을 제대로 표현할 수 없다고 여기고 오케스트라의 양쪽 끝에 악기를 추가하고 가운데에는 트롬본을 추가하여 자신이 원하는 풍부하고 충만한 소리를 얻었다. 5번 교향곡을 연주하기 위해 추가된 악기는 피콜로 하나, 플루트 둘, 오보에 둘, 클라리넷 둘, 바순 둘, 콘트라바순 하나, 프렌치호른 둘, 트럼펫 둘, 트롬본 셋, 팀파니 둘, 제1바이올린 열여섯, 제2바이올린 열넷, 비올라 열, 첼로 여덟, 베이스 여섯이었다(현악기의 수자는 달라질 수 있다. 이것은 어디까지나 대략적인 구성이다).

5번 교향곡은 음재료를 최대한 아낌으로써 최상의 효과를 연출한다. 따지고 보면 하나의 음정과 하나의 리듬 패턴을 가지고 곡 전체를 만들었다.

이 모티프는 워낙 짧긴 하지만 교향곡 전체를 발아시키는 씨앗의 역할을 하고 있다. 첫 악장은 소나타 형식으로 되어 있다.

논리적이고 직접적이고 적확하고 객관적이고 절제된 5번 교향곡은 최소한의 수단으로 최대한의 효과를 거두면서 고전주의 양식의 전범을 보여준다.

음악 8 교향곡 악장

5번 교향곡 C단조(작품번호 67, 3악장, 1808)　　　　베토벤

스케르초

베토벤은 고전주의와 낭만주의의 여명기 사이에서 활동한 음악가로 음악 양식의 역사적 변모 과정을 한 눈에 보여준다는 점에서 특히 중요한 평가를 받고 있다. 하지만 그의 영웅적 양식과 후기의 성찰적인 작품조차도 기본적으로 그가 음재료를 이성적으로 장악하는 고전주의적 예술관을 가지고 있었음을 보여준다. 베토벤의 음악은 그 자신을 위한 것이었다. 그는 절도 있는 창조력으로 음악적 재료를 주물러서 (때로는 두드려서) 고전주의 양식의 짜임새 있는 소리로 변형시키는 데 성공한 거장이었다.

제8부

근대 후기 :
1789-1914

근대 후기의 세계
(1789-1914)

	사람과 사건	미술과 건축	문학과 음악	철학·과학·발명
1800	1760-1820 영국 조지 3세 1774-93 프랑스 루이 16세 1789-1815 프랑스 혁명 1801-25 러시아 알렉산드르 1세 1804-12 프랑스 나폴레옹 황제 1815 나폴레옹 워털루에서 패전 1820-30 영국 조지 4세 1821-30 그리스 터키로부터 해방 1824-30 프랑스 샤를 10세 1825-55 러시아 니콜라스 1세 1830 프랑스 7월 혁명 1830-48 프랑스 루이 필리프 1830-37 영국 윌리엄 4세 1837-1901 영국 빅토리아 여왕 1848 《공산당 선언》 1851 수정궁, 만국박람회 1852-70 프랑스 나폴레옹 3세 1853-56 크림 전쟁 1855-81 러시아 알렉산드르 2세 1859 다윈 《종의 기원》 1861-78 이탈리아 에마누엘레 2세 1870-71 프랑스-프러시아 전쟁 1871-1940 프랑스 제3공화국 1871 다윈 《인간의 유래》 1871-88 독일 빌헬름 1세 1878-1900 이탈리아 움베르토 1세 1881-94 러시아 알렉산드르 3세 1888-1918 독일 빌헬름 2세 1889 파리 박람회, 에펠탑 1894-1918 러시아 니콜라스 2세 1899-1902 보어 전쟁	고야 1746-1828 《전쟁의 참화》 터너 1775-1851 《달빛 아래 석탄을 부리는 사람들》 컨스터블 1776-1837 《에섹스 와이븐호 공원》 앵그르 1780-1867 《그랑드 오달리스크》 제리코 1791-1824 《메두사호의 뗏목》 코로 1796-1875 《퐁텐블로 숲》 들라크루아 1799-1863 《산에서 교전하는 아랍인들》 콜 1801-48 《옥스바우》 팩스턴 1801-65 수정궁 도미에 1808-79 《삼등 객실》 빙엄 1811-79 《미주리강을 따라 내려가는 모피상》 밀레 1814-75 《이삭 줍는 사람들》 쿠르베 1819-77 《오르낭의 장례식》 마네 1832-83 《올랭피아》 드가 1834-1917 《네 무용수》 휘슬러 1834-1903 《하얀 처녀》《백색 교향곡 1번》 호머 1836-1910 《순풍》 세잔 1839-1906 《생트빅투아르산》 로댕 1840-1917 《생각하는 사람》 모네 1840-1919 《루앙 대성당》 르누아르 1841-1919 《물랭 드 라 갈레트》 모리소 1841-95 《식당에서》 에이킨스 1844-1916 《그로스 박사의 수술실》 카사트 1844-1926 《목욕》 루소 1844-1910 《꿈》 고갱 1848-1903 《우리는 어디서 왔는가?》 반 고흐 1853-90 《별이 빛나는 밤》 쇠라 1859-91 《라그랑드자트 섬의 일요일 오후》 툴루즈 로트레크 1864-1901 《물랭루즈에서》	루소 1712-78 《에밀》 괴테 1749-1832 《파우스트》 실러 1759-1805 《환희송》 블레이크 1757-1827 《호랑이》 우즈워스 1770-1850 《세상은 우리에게 너무도 버겁구나》 콜리지 1772-1834 《쿠블라칸》 바이런 1788-1824 《프로메테우스》 셸리 1792-1822 《종달새에게》 메리 셸리 1797-1851 《프랑켄슈타인》 키츠 1795-1821 《매정한 아가씨》 슈베르트 1797-1828 《실갖는 그레트헨》 베를리오즈 1803-69 《환상교향곡》 에머슨 1803-82 《로도나》 토크빌 1805-59 《미국의 민주주의》 멘델스존 1809-47 《이탈리아 교향곡》 포 1809-49 《애너벨리》 테니슨 1809-92 《율리시즈》 쇼팽 1810-49 《G단조 발라드》 리스트 1811-86 《서곡》 휘트먼 1819-92 《아메리카의 노래가 들린다》 멜빌 1819-91 《백경》 도스토예프스키 1821-81 《카라마조프가의 형제들》 아놀드 1822-88 《도버 해협》 디킨슨 1830-86 《시》 브람스 1833-97 《3번 교향곡》 트웨인 1835-1910 《허클베리 핀》 하디 1840-1928 《테스》 차이코프스키 1840-93 《호두까기 인형》	벤담 1748-1832 《공리주의》 헤겔 1770-1832 《역사철학》 쇼펜하우어 1788-1860 《의지와 표상으로서의 세계》 다게르 1799-1851 사진 패러데이 1791-1867 전자기유도 모스 1791-1872 전신, 모스 부호 밀 1806-73 《자유론》 키에르케고르 1813-55 《공포와 전율》 마르크스 1818-83 《자본론》 파스퇴르 1822-95 세균 연구 멘델 1822-84 유전학 톰슨 1824-1907 대서양 횡단 케이블(1858) 리스터 1827-1912 방부 의학 제임스 1842-1910 실용주의 니체 1844-1900 《차라투스트라는 이렇게 말했다》 뢴트겐 1845-1913 엑스선(1895) 에디슨 1847-1931 발명가 벨 1849-1922 전화기 프리즈 그린 1855-1921 영화 프로이트 1856-1939 정신분석학 헤르츠 1857-1894 무선 전신. 1895년 르코니의 무선 라디오 발명 디젤 1858-1913 디젤 엔진(1897)
1900	1900-46 이탈리아 에마누엘레 3세 1901-10 영국 에드워드	뭉크 1864-1944 《절규》	푸치니 1858-1924 《라 보엠》 드뷔시 1862-1918 《바다》 슈트라우스 1864-1949 《틸 오일렌슈피겔》 던바 1872-1906 《교향곡》	플랑크 1858-1947 양자이론(1900) 라이트 형제 1867-1912 ; 1871-1948 행기 퀴리 1867-1934 라듐(1910) 아인슈타인 1879-1955 상대성이론(1905)

제23장
혁명, 낭만주의, 사실주의

혁명에서 워털루까지

    1789년 7월 14일 파리의 군중은 지탄의 대상이었던 바스티유 감옥을 습격했지만 그 안에는 영문을 몰라 하는 몇 안 되는 죄수만이 있었다. 다음날 루이 16세는 폭동이 일어났느냐고 물었지만 그가 들은 대답은 "아닙니다, 각하. 혁명입니다"였다. 이 반란은 프랑스가 자금과 군대를 지원하여 미국의 식민주들이 영국의 지배로부터 독립할 수 있도록 물질적으로 도움을 준 지 불과 8년 뒤에 일어난 사건이었다. 미국 문제에 개입하는 과정에서 국방비 지출이 크게 늘어났고 그 결과 눈덩이처럼 불어난 국가 부채는 갈수록 악화되었다. 잇따른 흉작과 금융 위기에 대한 미숙한 대처로 인하여 생필품이 크게 부족해졌고 식료품 가격은 폭등했다. 모든 비난의 화살은 정부로 쏟아졌다. 굶주림과 분노는 마침내 부글부글 끓어오르던 혁명의 방아쇠를 당겼다. 영국의 지배로부터 독립한 미국의 예는 혁명적 열기를 확산시켰지만 프랑스 혁명의 적수는 멀리 떨어진 식민지 종주국이 아니라 프랑스의 체제 자체였다. 앙샹 레짐, 곧 구체제의 완전한 파괴만이 문제를 해결할 수 있었다. 스스로의 제도와 전쟁을 벌이는 나라에서 분노와 잔인성은 바스티유 습격에서 단두대 처형과 공포 정치로 이어지는 혁명의 진행 과정에서 원동력이 되었다. 생쥐스트는 혁명의 궁극적 목표를 이렇게 간단히 요약했다. "공화국의 존재 이유는 공화국에 반대하는 모든 것을 절멸시키는 데 있다." 미국은 예외라고 할 수 있지만 수많은 혁명에서 볼 수 있듯이 프랑스 혁명이 낳은 것은 독재와 경제적 파국이었다. 바르지니는 《유럽인》에서 "프랑스 혁명은 프랑스 국민이 생활에서 부딪쳤던 근본적 결함을 시정하지 못했고 그 결함을 확대하고 완성시켰다"고 지적했다. 돌이켜보면 이 피비린내 나는 학살극은 1600년에 시작된 근대의 초기와 20세기의 사이, 그러니까 우리가 1789년부터 1914년까지로 설정한 근대 후기의 서막에 해당한다.

왕권과 귀족, 그리고 이들이 소유했던 모든 재산은 파괴의 대상이었다. 실제로 아우성치는 폭도들이 부유한 저택을 약탈하는 동안 수많은 귀족이 약식 처형되었다. 혁명은 피를 먹고 자랐다. 방데라는 한 지역에서만 전체 인구의 3분의 1에 해당하는 25만 명이 목숨을 잃었다. 혁명에 저항하거나 걸림돌이 되는 사람은 물론이지만 심지어는 혁명을 적극적으로 지지하지 않은 사람도 야만과 죽음의 회오리바람에 쓸려나갔다.

'자유, 평등, 박애'라는 혁명의 전투 구호는 현실과는 동떨어진 소름끼치는 슬로건이었다. 어떻게 강하고 효율적인 정부를 추구하면서 개인의 완전한 자유를 보장할 수 있겠는가? 교사, 법률가, 의사의 수가 절대적으로 부족하고 일자 무식의 농민들이 수두룩한 나라에서 어떻게 특권을 폐지하고 모든 사람을 형제처럼 똑같은 사회적 지위에 올려놓을 수 있겠는가? 이상이 냉혹한 현실과 충돌한 것은 물론 프랑스 혁명이 처음은 아니었다.

혁명은 끔찍한 파괴의 연속이었지만 긍정적인 결과도 없지 않았다. 대표적인 것이 〈인권선언〉이었다. 봉건제, 작위, 특권은 모두 폐지되었고 수도원에는 제재가 가해졌고 교회 재산은 압수되었다. 그러나 프랑스의 적들은 국경선을 넘어왔고 내정은 점점 불안해졌다. 1794년 로베스피에르의 처형으로 공포 정치는 막을 내렸지만, 1795년에 디렉토리가 결성되고서야 국가는 잠시 안정을 되찾았다. 재산가들이 주축이 된 디렉토리가 1795년에서 1799년까지 프랑스를 다스리는 데는 군부의 도움이 절대적이었다. 특히 코르시카 출신의 나폴레옹 보나파르트 장군(1769-1821)은 단연 두각을 나타냈다. 나폴레옹은 결국 혁명을 수호한다는 명분 아래 1799년 쿠데타를 일으켜 권력을 장악하고 스스로 1대 집정으로 취임했다. 1804년에는 다시 스스로 황제임을 선포하고 정복 전쟁에 나서 유럽의 대부분과 아프리카의 일부를 차지했다. 1815년 7월 18일의 워털루 전투는 나폴레옹의 몰락의 서곡이었다. 그는 러시아의 초토화된 벌판에서 50만의 대군을 잃었다.

나폴레옹은 혁명을 지켜낸 자비로운 계몽 군주임을 자처했지만(그림 23.1), 그는 군대와 특히 비밀 경찰에 의존해서만 체제의 질서를 유지할 수 있었다. 그가 만든 나폴레옹 법전은 근대 민법의 모범이 되었다. 이 법을 통해 나폴레옹은 구체제의 불평등을 일소하고 중산층이 성장할 수 있는 토대를 마련했다. 전설적인 나폴레옹상, 다시

나폴레옹의 궁정 화가는 레종 도뇌르 훈장을 단 나폴레옹을 새벽 4시 12분까지도 집무를 보는 성실한 지도자로 묘사했다.

23.1 서재의 나폴레옹. 자크 루이 다비드, 1812, 캔버스에 유채, 2.04×1.25m 국립미술관(워싱턴 디시)

말해서 자유주의와 민족주의를 후원한 군사와 정치 분야의 귀재로 평가하는 세인의 시각에도 따라서 일말의 진실은 담겨 있는 셈이다. 프랑스 혁명의 이상은 얼마 안 가서 유럽 도처에서 민주주의의 전파에 큰 역할을 했다. 그러나 피로 얼룩진 어두운 그늘도 있었다. 20년 동안 계속된 나폴레옹 전쟁은 막대한 인명과 재산의 손실을 가져왔다(지도 23.1).

나폴레옹에게 패배를 안긴 전승국들이 빈 회의에서 머리를 맞대고 있을 때 나폴레옹은 엘바섬에서 탈출하여 여전히 충성심을 잃지 않

지도 23.1 나폴레옹 제국의 최고 전성기, 1812.

은 군대를 규합하여 백일 전쟁을 벌이지만 결국 워털루 전투에서 돌이킬 수 없는 패배를 당한다. 나폴레옹을 삼엄한 감시 아래 절해고도인 세인트헬레나섬으로 유배 보낸 다음에야 비로소 전승국들은 안도의 숨을 내쉬었다.

'유럽의 평화 공연장'이라고 불렸던 빈 회의(1814-15)에 참가한 나라는 오스트리아, 프러시아, 러시아, 영국이었다. 그러나 회담을 주도한 인물은 오스트리아의 수상 클레멘스 폰 메테르니히(1773-1859)였다. 복고주의자로서 구질서의 강력한 대변자였던 메테르니히는 오스트리아에게 유리하고 구체제를 강화하는 세력 판도를 추진했고 자유주의 운동은 심각한 타격을 받았다. 그래서 1815년부터 1848년까지를 메테르니히의 시대라고 부르기도 한다(지도 23.2).

나폴레옹 밑에서 외상을 지낸 샤를 모리스 드 탈레랑(1754-1838)은 나폴레옹을 배신하면서 프랑스에 유리한 화약 조건을 끌어냈다. 그의 주도 아래 루이 16세의 동생인 부르봉 왕가의 루이 18세(재위 1814-24)가 프랑스 국왕으로 복위했다.

지도 23.2 유럽, 1815.

1830년과 1848년의 혁명

　루이 18세를 승계한 샤를 10세(재위 1824-30)의 고압적이고 구체제 지향적인 통치에 반발한 파리의 노동자들은 1830년 7월 폭동을 일으켰다. 군대와 경찰이 시위대에 발포하기를 거부하자 왕은 재빨리 퇴위했다. 자유주의자들은 열광했다. 군주와 공장주들에 의해 억눌려온 노동자들이 비참한 생활에서 벗어날 수 있는 가능성을 보았기 때문이다. 프랑스 하원이 영입한 루이 필리프(재위 1830-48)는 '부르주아 군주국'을 표방하면서 부유한 중산층 위주의 정책을 폈고 공장 노동자들은 무시했다. 7월 혁명은 독일, 이탈리아, 스페인, 포르투갈, 폴란드, 벨기에에서도 폭력 사태를 일으켰지만 모두 무력으로 진압되었고 벨기에만이 1831년 네덜란드로부터 독립하는 데 성공했다.

　혁명의 물결은 1848년에도 다시 한번 유럽을 휩쓸었다. 마르크스와 엥겔스가 《공산당 선언》을 발표한 것도 이 해였다. 그 동안 억압당해온 자유주의 진영은 프랑스, 프로시아, 오스트리아, 헝가리, 보헤미아, 크로아티아, 그리고 합스부르크 제국의 통치를 받고 있던 이탈리아에서 저항을 일으켰다. 혁명은 1830년보다 훨씬 잔인하게 진압되었지만 마르크스와 엥겔스가 말한 대로 '공산주의의 유령'은 유럽에 출몰하고 있었다.

산업 혁명

1750년과 1850년 사이에 영국의 경제 구조는 영국이 농업 사회에서 현대적 산업 국가로 이행하면서 급격히 바뀌었다. 이 변화가 빠른 속도로 이루어질 수 있었던 것은 자본주의, 국제 무역, 중상주의, 식민주의, 프로테스탄트의 노동 윤리 등 다방면으로 충분한 여건이 성숙해 있었기 때문이다. 영국의 가내 수공업이 이미 상당한 수준에 와 있었다. 필요한 것은 기계를 돌리는 데 필요한 동력이었다. 1769년 제임스 와트는 1700년 토머스 뉴커먼이 광산에서 물을 퍼올리기 위해 발명한 증기기관을 개량하여 특허를 따냈다.[01] 산업 혁명의 원동력이 출현한 것이다.

당시 번영을 구가하던 네덜란드나 강국 프랑스를 젖히고 왜 유독 영국이 산업 혁명의 종주국이 되었을까? 미국의 경제사학자 W. W. 로스토는 영국의 잇따른 군사적 승리로 국가적 자부심과 자신감이 커진 데서도 원인을 찾을 수 있지만 더 중요한 것은 꼭 필요한 자원이 영국에 골고루 있었기 때문이라고 풀이한다.

영국은 네덜란드보다 부존 자원이 많았고 프랑스보다 종교에 얽매이지 않는 사람들과 선박들이 많았다. 1688년에 쟁취한 정치적, 사회적, 종교적 혁명으로 영국만이 면방업과 석탄, 철강 기술, 증기기관 그리고 이것을 이끌어갈 수 있는 방대한 대외 무역을 하나로 엮을 수 있는 위치에 있었다.[02]

영국은 세계 섬유 산업의 중심지가 되었다. 1850년 이후로는 벨기에, 프랑스, 독일, 미국, 캐나다도 산업화에 적극 나섰고 통신, 화학비료, 기계, 수송 분야에서 엄청난 발전이 이루어졌다. 철도와 증기선은 북유럽과 북미를 연결시켜 활기를 불어넣으면서 이 지역을 세계 경제의 중심지로 만들었다.

서유럽 국가들의 발전

1848년의 혁명은 프랑스에서만, 그것도 반짝 성공을 거두고는 말았다. 1848년에 시작된 제2공화정은 1852년에 막을 내리고 뒤이어 나폴레옹 3세(재위 1852-70)가 제2제정을 세웠다. 비스마르크의 치밀한 연출로 벌어진 프랑스-프러시아 전쟁(1870-1)은 프랑스에 국가적 수치를 안기면서 무기력한 프랑스 황제를 거꾸러뜨렸다. 1871년에 수립된 제3공화정으로 프랑스의 군주 체제는 무너졌지만 드레퓌스 사건(1894-1906)은 프랑스의 국론을 분열시켰다. 반역죄라는 누명을 뒤집어쓴 드레퓌스 대위(1859-1935)는 군에서 쫓겨나 종신형을 선고받고 악명 높은 절해고도의 섬에 갇히는 신세가 되었다. 대체로 반유태주의자, 왕당파, 군부, 가톨릭에서는 육군의 결정을 옹호

---

01 재발명했다는 것이 적절한 표현일 것이다. 증기기관은 고대 그리스에서 맨 처음 발명되었다는 주장도 설득력이 있다. 서기 2세기에 알렉산드리아의 헤론이 그린 그림을 보면 새들이 노래를 부르고 바다의 신 트리톤이 나팔을 불도록 된 장난감 장치에 증기력이 사용되었음을 알 수 있다. 로버트 브룸버그 Robert S. Brumbaugh, 《고대 그리스의 도구와 기계 Ancient Greek Gadgets and Machines》(Westport, Conn.: Greenwood Press, 1975).
02 로스토 W. W. Rostow, 《경제 성장의 단계 The Stages of Economic Growth》(New York: Cambridge University Press, 1960), 33쪽.

한 반면 공화주의자, 사회주의자, 지식인, 반교회론자는 드레퓌스를 지지했다. 드레퓌스를 열렬히 옹호하던 소설가 에밀 졸라는 신문에 〈나는 고발한다〉는 글을 발표하여 뜨거운 찬반 양론을 불러일으켰다. 결국 재판까지 간 끝에 드레퓌스는 누명을 벗고 풀려나 소령으로 복직되었다. 군주제 옹호론자와 가톨릭 세력은 신망을 잃었고 이것을 계기로 교회와 국가는 완전히 분리된다.

프러시아의 초대 수상인 오토 폰 비스마르크(1815-98)는 프러시아의 빌헬름 1세(재위 1871-88)로 하여금 황제임을 선언하게 만들어 독일 제국을 개인적으로 세웠다. 잇따른 침략 전쟁으로 실속을 챙긴 '철혈 재상' 비스마르크는 통일 독일을 유럽의 신흥 강대국으로 만들었다. 영국 빅토리아 여왕의 손자인 빌헬름 2세(재위 1888-1918)는 왕권에 대한 그 나름의 야심을 품고 1890년 비스마르크를 해임했다. 비스마르크는 황제를 줄기차게 비난했지만 황제는 아랑곳하지 않고 군사력 강화에 나서 1914년 전쟁을 일으켰다. 1918년 독일이 1차대전에서 패배하자 빌헬름 2세는 권좌에서 물러났다.

프란츠 2세가 재위하는 동안(1792-1835) 오스트리아는 프랑스와 네 번 싸워서 모두 졌다. 그를 승계한 페르디난트 황제(재위 1835-48)는 정신이 자주 오락가락했기 때문에 메테르니히가 황제의 이름으로 전권을 휘둘렀다. 1848년의 혁명으로 페르디난트는 권좌에서 물러나고 메테르니히도 실각했지만 그 뒤로도 군주제는 오스트리아 황제이며 헝가리 왕이었던 비운의 프란츠 요제프(재위 1848-1916) 치하에서 명맥을 유지했다. 그의 동생 막시밀리안 1세는 프랑스의 나폴레옹 3세에 의해 멕시코 황제(1864-7)로 임명되었다가 프랑스 군이 철수하는 바람에 후아레스가 이끄는 혁명군에게 처형당했다. 프란츠 요제프의 아내는 1898년 이탈리아 무정부주의자에게 암살당했고 그의 외아들 루돌프 대공은 마이어를링에서 (정부였던 마리아 베체라 남작 부인과 함께) 변사체로 발견되었다. 정사로 추정되긴 하지만 이 비극의 진상은 아직도 수수께끼로 남아 있다. 프란츠 요제프의 후계자로 여겨졌던 조카손자 프란츠 페르디난트 대공(1863-1914)도 1914년 6월 28일 사라예보에서 세르비아 민족주의자들의 손에 암살당하여 결국 1차대전이라는 비극의 씨앗을 뿌린다.

   1456년 이후로 터키의 지배를 받아온 그리스에서도 1821년 드디어 반란이 일어났다. 이것은 서구 세계의 낭만적 상상력에 불을 질렀다. 민주주의와 서구 문명의 발상지로서 고대 그리스를 찬양하면서 유럽과 북미의 그리스 지지자들은 물자와 자금을 보내는 한편 문명 국가들에게 당장 개입하라고 요구했다. 결국 영국, 프랑스, 러시아가 개입했다. 전쟁은 참혹했다. 그리스 농민들은 터키 사람은 눈에 보이는 족족 살륙했고 터키인들도 보복에 나서서 키오스섬에 살던 3만 명의 그리스 주민을 죽이거나 노예로 팔아넘겼다. 들라크루아가 그린 〈키오스섬의 학살〉(그림 23.2)의 배경이 된 사건이다. 시인 바이런은 그리스 독립을 위해 싸우다가 1824년 그곳에서 열병으로 죽었다. 1832년 그리스는 독립을 달성했지만 그리스 민족주의는 2차대전에 가서야 완전한 승리를 거두었다.

   19세기 초반에 이탈리아는 나폴레옹 치하에서 잠시 통일되었지만 빈 회의는 이탈리아를 다시 소국들로 갈라놓았다. 주세페 가리발디(1807-82)가 이끌던 '리소르지멘토'('소생') 운동은 잇따른 실패를 딛고 결국 1861년 비토리오 에마누엘레 2세(재위 1861-78)를 앞세워 이탈리아를 건국했다. 로마 제국이 무너진 이후 이탈리아 반도에서 처음으로 통일된 나라가 들어선 것이다. 1870년까지는 교황령들이 잇따라 통일 왕국으로 편입되었다.

23.2 **키오스 섬의 학살.** 외젠 들라크르아, 1822-4. 캔버스에 유채, 4.22×3.53m. 루브르 미술관(파리).

차르의 폭정과 도처에 만연한 부패, 가난, 무지로 신음하던 러시아는 유럽에서도 가장 뒤떨어진 나라였다. 황제 알렉산드르 1세(재위 1801-25)는 부분적 개혁을 시도하다가 메테르니히의 영향을 받아 다시 복고주의로 돌아섰다. 뒤이어 등극한 니콜라이 1세(재위 1825-55)는 훨씬 가혹했다. 남동 유럽 지역을 점령하기 위한 니콜라이의 원정은 크리미아 전쟁(1853-6)으로 비화되었다. 이 전쟁에서 터키, 영국, 프랑스, 사르데냐 연합군은 러시아의 팽창주의를 일시적으로 저지할 수 있었다. 전투는 주로 러시아의 세바스토폴 해군 기지를 포위하는 양상으로 전개되었다. 그러나 이 전쟁은 무엇보다도 부상당한 군인들을 비인간적으로 방치하고 지휘 체계가 엉망이었던 전쟁으로 기록되었다.

유럽의 군주들

알렉산드르 2세(재위 1855-81)는 니콜라이 1세 못지않은 절대 권력을 휘둘렀지만 1861년 해방령을 발표하여 뒤늦게 4천만 명의 농노를 풀어주었다. 알렉산드르 2세는 암살당하자 뒤이어 등극한 알렉산드르 3세(재위 1881-94)의 폭압 정치가 이어졌고 다시 니콜라이 2세(재위 1894-1918)의 억압적 통치를 마지막으로 러시아의 황실은 막을 내렸다.

영국에서 조지 3세의 기나긴 통치(재위 1760-1820)는 왕의 정신이 완전히 돌아버린 1811년에 사실상 끝났다. 왕자의 신분으로 국정을 관장하다가(1811-20) 다시 왕으로 즉위한 조지 4세(재위 1820-30)는 워낙 방탕한 생활을 한 나머지 신하들로부터 신망을 잃었다.

자비의 천사

간호사 하면 제대로 된 교육도 못 받고 허드렛일이나 하는 천한 직업으로 여겼던 시절에 프랑스와 독일에서 간호사로서 훈련을 받은 플로렌스 나이팅게일(1820-1910)은 런던에 있는 한 병원의 안정된 자리를 버리고 크리미아 전쟁의 부상병들을 돌보겠다고 나섰다. 영국 국방장관은 당장 그 제안을 수락했고 나이팅게일은 38명의 간호사를 이끌고 형편없는 시설을 갖추고 있던 야전병원으로 떠났다. 아까운 인명을 수없이 구한 뒤 런던으로 돌아온 그녀는 나이팅게일 간호학교를 세웠다. 간호사를 전문 의료인으로 양성하기 위해 설립된 최초의 학교였다. 나이팅게일은 1907년 뒤늦게 공로를 인정받아 영국 정부로부터 공훈상을 받았다.

윌리엄 4세(재위 1830-7)는 1832년 재산을 가진 사람들에게는 참정권을 확대하고 재산이 없는 대부분의 서민들에게는 참정권을 주지 않는 개혁법안에 동의했다. 그의 조카인 빅토리아(재위 1837-1901)는 대영 제국의 방대한 영토를 다스리면서 왕의 권위를 재확립했다. 빅토리아 여왕의 권위는 1876년 인도 여왕으로 즉위하면서 절정에 이르렀다. 영국의 군주제는 상징성이 강했지만 빅토리아는 자신의 역할을 진지하게 받아들여 영국을 인도주의적 개혁을 추구하면서 사회적, 경제적 번영을 추구하는 민주주의 국가로 탈바꿈시키는 데 주도적인 역할을 했다. 하지만 영국이 대내적으로는 자유 민주주의를 발전시키면서 대외적으로는 호전적 제국주의를 추구했다는 것은 하나의 역설이 아닐 수 없다.

빅토리아 여왕이 타계하기 벌써 몇십 년 전부터 많은 작가와 예술가들은 여왕의 진지함과 금욕성에 점점 염증을 느끼기 시작했다. 60년 동안 왕세자로 지내다가 드디어 왕위에 오른 에드워드 7세(재위 1901-10)처럼 그들도 새로운 시대에서 살아가고 싶다는 열망에 불탔다. 왕의 성격만큼이나 요란하고 화려한 에드워드 시대가 열리자 호화찬란하게 살아갈 수 있는 여유가 있었던 사람들은 물을 만난 고기처럼 활개를 펴고 살았다. 조지 5세(재위 1910-36)가 즉위하면서 사치 풍조는 한풀 꺾였지만 이 모든 여유는 1914년 8월의 포성과 함께 끝이 났다.

미국의 내전

태평양과 대서양을 잇는 거대한 나라로 미국이 부상할 것이라는 낙관적 신념에 힘입은 바 컸지만 미국은 19세기 동안에 영토가 3배로 늘었고 인구는 무려 12배로 늘어났다. 놀라운 것은 나라가 그렇게 커졌는데도 여전히 국가적 통합성을 유지할 수 있었다는 사실이다. 웬만한 나라 같았으면 남북전쟁(1861-5) 정도의 내전을 치르면 온 나라가 쑥밭이 되었을 것이다. 남북전쟁의 표면적인 이유는 노예 문제를 둘러싼 갈등이었지만 더 깊이 들어가면 생활 방식과 경제 구조의 차이가 결정적 대립을 낳았다고 볼 수 있다. 제조업이 산업의 중추였던 북부는 칼뱅주의의 영향을 받아 활동적이고 공격적이었던 반면 남부는 농업을 중심으로 느긋한 전통적 생활 방식을 고수하고 있었다. 아포매톡스 전투에서 리 장군이 이끄는 남군이 그랜트 장군이 지휘하는 북군에 패배하면서 전쟁은 끝났다. 4년 동안 치열한 싸움을 벌였음에도 불구하고 남부인들은 패배를 깨끗이 받아들였다. 그들은 두번 다시 반란을 일으킬 수 없으리란 사실을 잘 알고 있었다. 링컨의 암살은 오히려 전후의 재건사업을 앞당기는 데 기여했지만 링컨의 생각은 북부의 강경파에 제동을 걸고 온건파를 부각시키는 데 지대한 역할을 했다. 전쟁이 끝나기 불과 5주일 전에 대통령으로 재선된 링컨(23.3)은 취임 연설에서 내전이 끝난 뒤에 궁극적으로 사람들이 지향해야 할 양식 있고 지혜로운 자세가 무엇인지를 보여주었다. 그 주장의 핵심은 마지막 대목에 요약되어 있다.

누구에게도 원한을 품지 않고 누구에게나 자선을 베풀며 우리의 과업을 완수하기 위해 신이 우리에게 주신 권리를 굳건히 지키고 나라의 상처를 치유하며 전쟁의 상흔을 안고 살아가야 하는 사람들을 보살피고 전쟁 미망인과 고아를 보살피고 우리들 안에서, 또 나라와 나라 사이에서 정의로운 평화가 뿌리내릴 수 있도록 우리가 할 수 있는 모든 일을 합시다.

제23장 혁명 낭만주의 사실주의

23.3 링컨 초상. 매슈 브래디, 사진.

톰 아저씨의 오두막

제목에서도 드러나겠지만 이 이야기는 고상하고 세련된 사람들의 생각 속에서 지금까지 무시되어온 인종 사이에서 펼쳐집니다. 이 색다른 인종의 조상들은 열대의 태양 아래 태어나 사회를 지배하는 딱딱한 앵글로 색슨 인종과는 판이하게 다른 성격을 가지고 와서 후손들에게도 그것을 물려주었습니다. 그 성격이 얼마나 달랐던지 오랜 세월이 흘렀어도 오해와 멸시만 쌓일 뿐이었습니다 …

하지만 이제 새로운 날이 밝아오고 있습니다 … 불행한 아프리카가 마침내 기억되고 있습니다. 아득히 먼 옛날 인간의 진보와 문명을 처음 이끌었던 아프리카, 하지만 수세기 동안 개명된 그리스도교 사람들에게 짓밟혀 피를 흘린 아프리카, 애원도 소용이 없었지요 …

이 짧막한 이야기들의 목적은 우리들 속에서 살아가는 아프리카 사람들에 대한 연민과 관심을 일깨우는 데 있습니다. 그들을 아끼는 사람들이 시도하는 모든 노력의 선한 결과를 무색하게 만드는 잔인하고 부당한 체제 아래 그들이 겪는 학대와 슬픔을 보여주는 데 있습니다.

해리엇 비처 스토(1811-96)가 쓴 《톰 아저씨의 오두막》 서문

한 시대의 종말

산업 혁명은 1차대전을 낳은 복잡한 사건들의 연쇄 중에서도 으뜸 가는 요인이었다. 독일, 영국, 프랑스, 러시아는 공장에서 생산되는 제품의 질과 가격을 놓고 치열한 경쟁을 벌이는 한편 폭발적으로 늘어나는 상품 생산을 흡수해줄 새로운 식민지를 찾고 있었다. 독일과 이탈리아가 통일을 이룬 뒤로는 유럽에는 병합할 만한 영트가 거의 남지 않았

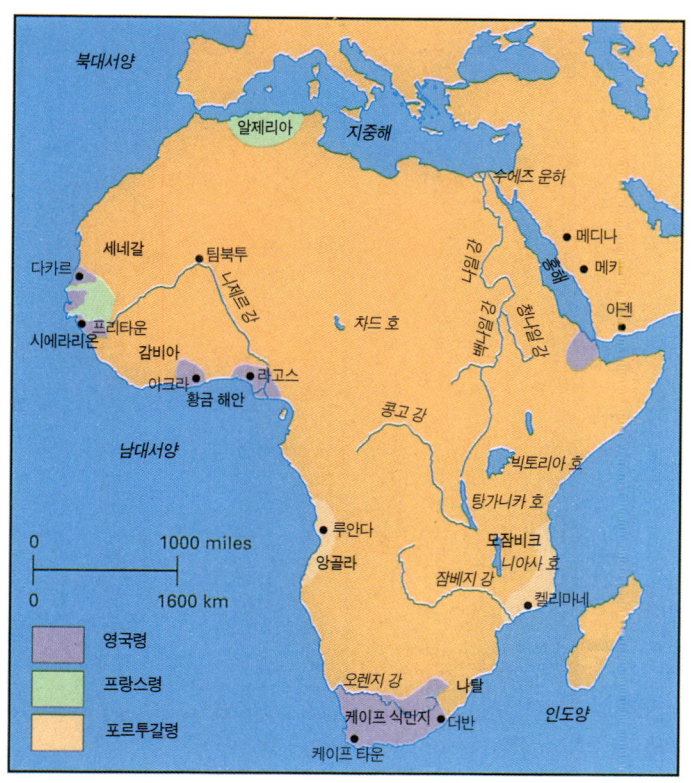

지도 23.3 유럽의 아프리카 식민지, 1878.

제23장 혁명 낭만주의 사실주의

23. 혁명, 낭만주의, 사실주의 **181**

지도 23.4 유럽의 아프리카 지배, 1914.

다. 다른 식으로 표현하자면 마땅한 먹이는 얼마 없었는데 먹이를 노리는 맹수는 많았던 것이다. 만만한 먹이는 주로 아프리카에 몰려 있었다(지도 23.3과 23.4). 기존의 식민지를 지키고 새로운 식민지를 획득하기 위해 열강들은 육군력과 해군력을 증강하고 최신 무기를 도입했다.

민족 의식도 1차대전을 낳은 중요한 요인의 하나였다. 1860년대까지도 피렌체 사람들은 자신들은 피렌체 사람 아니면 토스카나 지방 사람이라는 생각을 했고 노르망디 사람들은 프랑스 국민이라는 의식보다는 노르망디인이라는 의식이 앞섰으며 뮌헨 사람들은 먼저 바바리아 사람이라는 의식이 강했고 독일인이라는 의식은 그 다음이었다. 독일과 이탈리아의 현실적 통일은 대영 제국이라는 강력한 주권 국가로 상징되는 민족 의식을 자극하면서 민족적 자부심과 우월감을 조장했다.

개인이 주체성을 갖는다는 낭만적 이상은 더욱 확대되어 시민 한 사람 한 사람이 주권 국가라는 숭고하고 영웅적인 이미지 속에서 필수적 요소로 자리잡았다. 낭만주의자에게는 나는 조국과 분리되어 별개로 존재하지 않았다. 영국의 작가 월터 스코트는 조국이라는 이름을 불러본 적이 없는 사람의 영혼은 죽어 있다고 말했다.

발칸이라는 화약고

유럽 국가들은 전면전을 피하면서 세력 균형을 유지하기 위해서 동맹을 맺었다. 1882년 비스마르크는 프랑스를 견제하려는 목적으로 독일, 오스트리아-헝가리, 이탈리아의 3국동맹을 결성했다. 그러자 프랑스는 1884년 러시아와 2국동맹을 결성하여 독일에게 2개의 전선에서 싸워야 한다는 부담을 안겼다. 1907년에는 '긴밀한 공감대'가 형성된 2국동맹에 영국도 가세하여 3국 협조체계가 마련되었다. 유럽의 화약고는 발칸 반도였다. 이곳에서는 민족들이 끊임없이 충돌을 일으키고 있었다. 러시아는 흑해를 슬라브 민족의 세력권 안에 두려고 했지만 영국은 러시아의 남하를 대영 제국에 대한 위협으로 받아들였다. 이 무렵 터키는 '유럽의 병자'로 불리면서 허수아비 국가로 전락해 있었고 갓 독립한 세르비아는 오스트리아-헝가리 제국에게는 눈엣가시였으며 독일은 발칸 지역을 장악하려는 야심에 불타고 있었다. 모든 나라가 중무장을 한 상황에서 국제적 긴장의 악화는 지극히 위험천만한 것이었다.

발칸의 화약고에 불을 지른 것은 민족주의자들의 활동이었다. 완고한 민족주의가 요구하는 책임감과 명예감에 사로잡혀 있었던 각국의 외교관과 정치가들은 민족적으로 모욕을 당하느니 차라리 전쟁을 벌이겠다는 초강경책을 구사했다. 1914년 6월 28일 세르비아의 한 민족주의자가 오스트리아의 프란츠 페르디난트 대공 부처를 암살했다. 어떤 대응책을 내놓든지간에 무조건적인 지지를 보내겠다는 사실상의 '백지 수표'를 독일로부터 받아낸 오스트리아는 세르비아에 최후 통첩을 보냈지만 세르비아는 단칼에 거부했다. 영국이 중재에 나서겠다고 제안했지만 오스트리아는 협상은 "국가적 자존심"에 먹칠을 한다고 주장하면서 1914년 7월 28일 세르비아에 선전 포고를 했다. 독일의 침공 가능성에 겁을 먹은 러시아 정부는 총동원령을 내렸고 여기에 자극을 받은 독일은 총동원령을 철회하지 않을 경우 공격하겠다는 최후 통첩을 보냈지만 러시아는 이를 일축했다. 만반의 준비가 되어 있었던 독일은 1914년 8월 1일 선전 포고를 함과 동시에 국민 총동원령을 내렸다. 자신만만한 독일은 이틀 뒤 프랑스에도 선전 포고를 했고 프랑스는 그제서야 허둥지둥 총동원령을 내렸다. 영국은 갈팡질팡하다가 1839년부터 중립을 지켜온 벨기에를 독일이 공격하자 그제서야 참전했다. 영국이 뒤늦게 선전 포고를 하자 독일 수상은 그깟 '휴짓조각 같은' 조약 때문에 전쟁에 뛰어든 영국인들을 비웃었다(지도 23.5).

1차 대전

1차대전은 한마디로 말해서 20세기의 무기(기관총, 탱크, 독가스, 대포)를 가지고 19세기의 전략(대규모 정면 공격, 대포전, 기병전)으로 싸운 전쟁이었다. 수많은 전투가 벌어졌지만 가장 인명 피해가 많았던 것은 참호와 참호 사이에서 기관총의 무차별 난사가 벌어진 480킬로미터의 서부 전선이었다. 4년 동안의 전쟁은 16개 나라에서 사망자, 부상자, 실종자를 포함하여 도합 5000만 명의 사상자를 냈다. 인명 피해가 얼마나 컸는지 한 가지 예를 들어보자. 쉴리-쉬르-루아르라는 프랑스의 한 작은 마을 한복판에는 전몰자를 기리는 추모탑이 서 있다. 탑 한쪽 면에는 2차대전 때 죽은 마을 사람들의 이름이 적혀 있다. 사망 원인도 명시되어 있다. '전사' '게슈타포의 살해' '강제수용소에서 사망' '실종' 같은 범주가 보인다. 2차대전 때 죽은 마을 사람은 모두 8명이다. 1차대전 전몰자를 적어놓은 그 반대편에는 '전사'라는 하나의 범주밖에 없다. 그 밑에는 모두 96명의 이름이 적혀 있다. 서양 역사를 통틀어서 1차대전만큼 한 시대를 완전히 거덜낸 사건은 일찍이 없었던 것이다.

지도 23.5 유럽, 1914.

낭만주의

낭만주의는 하나의 용어로 정의를 내리기보다는 삶을 대하는 하나의 태도로서 이해해야 한다. 낭만주의는 1780년을 전후하여 계몽주의에 대한 반발감에서 생겨났다. 낭만주의 운동은 1780년경부터 1830년경까지 지속되었지만 낭만주의적 이상과 문제 의식은 1914년까지도 다양한 형태로 등장했다.

초창기의 낭만주의를 주도한 나라는 독일이었지만 독일의 낭만주의자들에게 영감을 준 사람은 장-자크 루소(1712-78)였다. 루소의 《사회계약》(1762)은 "인간은 자유롭게 태어났지만 어디를 가도 자유롭지 못하다"라는 가슴을 치는 대목으로 시작한다. 루소에 따르면 인간이 너무나 많은 교육을, 그것도 잘못된 종류의 교육을 받았다는 것이 문제의 씨앗이다. 인간이 스스로 채우는 족쇄는 더 많은 '진보'를 이룬다고 해서 저절로 벗겨지는 것이 아니다. 인간은 자연의 순수한 상태로 돌아감으로써 고귀한 야성인을 모방해야 한다. 문명은 우리를 병들게 했고 이 병을 치유하기 위해서는 자연으로 돌아가야 한다고 루소는 주장했다. 일관된 강령이라기보다는 행동에 나서기를 요구하는 호소에 가깝지만 "자연으로 돌아가라"는 루소의 말에 담긴 뜻을 놓고 사람들은 지금도 논의를 벌이고 있다. 그는 《예술과 과학에 대한 강론집》(1749)에서 '잘못된 종류의 교육'을 구체적으로 분석하는데, 여기서 우리는 루소가 지향하던 삶의 자세를 엿볼 수 있다.

천문학은 미신에서 태어났고, 웅변술은 야심, 증오, 허위, 아양에서 태어났다. 기하학은 탐욕에서, 물리학은 한가로운 호기심에서, 도덕철학조차도 인간의 자만심에서 태어났다. 이렇듯 예술과 과학은 태생적으로 우리의 악덕에 뿌리를 두고 있다. 만일 그것들이 우리의 미덕에서 비롯된 것이라면 우리는 그것들의 이로움을 덜 의심할 것이다.

실제로 고약한 뿌리는 대상 속에서 자신의 본모습을 명명백백히 드러낸다. 사치의 조장을 받지 않는다면 왜 예술이 그 모양이겠는가? 인간이 정의롭다면 법이 무슨 소용이겠는가? 폭군, 전쟁, 음모가 없다면 왜 역사가 그 모양이겠는가? 요컨대, 만일 모든 사람이 인류에 대한 사명감과 자연이 요구하는 것에만 세심한 주의를 기울이면서 나라를 위해 일하고 친구를 돕고 어려운 사람의 짐을 덜어주는 데 평생을 바친다면 누가 쓸데없는 사변이나 하면서 자신의 인생을 바치겠는가?

낭만주의 운동

독일

요한 고트프리트 폰 헤르더(1744-1803)는 낭만주의를 예고하면서 독일 문학에서 일찌감치 일어난 '질풍노도' 운동의 지도자였다. 질풍노도라는 이름은 클링어라는 작가의 《혼돈: 또는 질풍노도》라는 소설에서 유래했다. 프랑스의 합리주의와 계몽주의에 지독한 반감을 품었던 헤르더는 독일의 '민족정신'을 강조하면서 각 '민족'의 '정신'은 그 민족의 언어, 문학, 종교로 나타난다고 주장했다. 이 문화적 배타주의는 훗날 독일 민족주의의 토대가 되었다.

젊은 시절의 요한 볼프강 폰 괴테(1749-1832)는 여러 작품을 통해 낭만주의 운동을 이끌었다. 실연한 뒤에 씌어진 《젊은 베르테르의 슬픔》(1774)은 음울한 감정과 정서로 가득 찬 섬뜩하리만큼 섬세한 이야기로 비극적인 주인공 베르테르의 자살로 결말이 난다. 괴테는 뒷날 이 얇은 책이 불러일으킨 파문과 충격을 곤혹스러워하게 되지만 아무튼 이 책을 통해 괴테는 명성을 얻었다.

철학자 프리드리히 빌헬름 요제프 폰 셸링(1775-1854)은 자연과 정신은 불가분의 관계에 있으며 둘의 차이는 종류의 차이가 아니라 정도의 차이라고 보는 이론을 내놓았다. 셸링이 생각하는 창조적 예술가는 '낭만주의의 이상형'이었다. 의식적인 노력이 아니라 본능에 따라 작품을 창조하는 천재였다. 니체는 '창조적 천재'라는 관념을 '선악을 넘어선' '초인'이라는 관념으로 발전시켰다.

독일 문학에서 괴테 다음 가는 명성을 누리는 프리드리히 실러(1759-1805)는 칸트의 영향을 받았다. 실러는 현대 독일 문학에 중요한 영감을 불어넣었다. 전제주의를 혐오하는 이상주의자였던 실러는 모든 인류의 보편적 연대가 실현되는 세상을 꿈꾸었다. 베토벤은 웅혼한 9번 교향곡의 마지막 악장은 실러의 시 〈안 디 프로이데〉에 붙인 곡이다.

특유의 염세주의 이론으로 낭만주의 운동에 기여한 아르투어 쇼펜하우어(1788-1860)는 현실은 개개인한테서 맹목적으로 나타나는 힘, 곧 의지라고 주장했다. 개인의 의지들은 불가피하게 충돌하면서 알력과 고통을 낳는다. 여기서 벗어나는 유일한 길은 의지를 부정하는 것이다. 그렇지만 예술과 과학이라는 창조적 행위를 통해 잠시 고통에서 벗어나는 길도 있다. 쇼펜하우어를 비롯한 낭만주의 사상가들에 따르면 창조성은 무의식에서 나오는 것이지만 창조적 충동과 마찰을 일으키는 본능적 욕구도 엄연히 존재한다. 무의식은 양다리를 걸치고 있다. 쇼펜하우어가 《의지와 표상으로서의 세계》(1818)가 지적하듯이 낭만주의자들은 악마적 파괴를 유발할 수 있는 이 욕구의 '어두운 면'을 생생히 깨닫고 있었다. 인간의 맹목적 의지는 불행을 가져올 뿐이다. 아니면 고야가 말한 것처럼 "이성이 잠들면 도깨비가 설친다." 쇼펜하우어는 이성은 정념을 통제하되 창조성의 분출은 허용해야 한다고 결론지었지만 그가 거기서 나오는 결과를 낙관한 것은 아니었다.

영국

19세기의 낭만주의는 미술과 음악, 역사소설, 고딕 괴담, 사랑과 모험을 주제로 한 낭만소설에서 효과적으로 표현되었다. 영어권에서 낭만주의의 분위기를 가장 잘 대변한 것은 영국 시인들의 작품이었다.

윌리엄 블레이크

정식 교육은 거의 받지 못한 블레이크(1757-1827)는 신비주의자를 자처하면서 종교적 지식의 유일한 근원은 성경에 있다고 믿었던 신교 근본주의자였다. 호전적 개인주의자였기에 제도화된 종교를 혐오했고 영원성을 표현할 수 있는 유일한 수단은 인간의 상상력이라고 주장했다. 블레이크는 자비, 연민, 평화, 사랑 같은 따뜻한 미덕을 가진 사람들을 '신의 이미지'라고 불렀다. 그림 솜씨도 만만치 않아서 한 권을 제외한 자신의 시집 전부와 욥기, 단테, 토머스 그레이에 나오는 삽화를 직접 그렸다.

《순수의 노래》라는 시집은 프랑스 혁명이 일어난 1789년에 나왔다. 블레이크는 모든 사람에게 더 나은 삶이 펼쳐지리라는 기대에 부풀어올랐다. 이 시집에 수록된 다음의 시는 그리스도교도의 삶과 단순하고 목가적인 생활에서 얻는 기쁨을 찬양한다.

문헌 14 어린 양(1789)

윌리엄 블레이크

어린 양아, 누가 너를 만들었느냐?
아느냐 너는, 누가 너를 만들었는지,
누가 너에게 생명을 주었고
개울가에서 풀밭에서
배를 채우도록 했는지?
이 세상에서 제일 부드럽고 보송보송하고 환한
네 기쁨의 옷을 누가 주었고,
온 골짜기를 환희로 채우는
너의 그 감미로운 목소리를 누가 주었는지?
어린 양아, 누가 너를 만들었느냐?
아느냐 너는, 누가 너를 만들었는지?
어린 양아, 내가 말해주마.
어린 양아, 내가 말해주마.
그분은 너와 이름이 같단다.
스스로 어린 양을 자처하시거든.
그분은 유순하고 온순하단다.
그분은 어린 아이가 되셨지.
나는 어린 아이, 너는 어린 양,
우리는 모두 그분과 이름이 같단다.
네게 신의 가호가 깃들기를!
네게 신의 가호가 깃들기를!

〈순수의 노래〉는 선악이 공존하는 타락하고 병든 세상을 이야기한다. 다음은 '굴뚝 소제하는 아이' 다.

문헌 15   굴뚝 소제하는 아이

윌리엄 블레이크

눈 속에 무엇인가 작고 시꺼먼 것
슬픈 가락으로 울부짖네 굴뚝 쑤셔요 쑤셔요.
엄마와 아빠는 어디 계시니 말해보렴.
두 분 다 기도하러 교회에 가셨어요.
잡초 우거진 황야에서 제가 즐거워하고
겨울 눈 속에서 미소지었더니
엄마 아빠 저에게 죽음의 옷 입혀주고
슬픈 가락의 노래 가르쳐주셨어요.
제가 즐겁게 춤추고 노래부르니
엄마 아빠 어떤 해도 입히지 않은 줄 알고
하느님과 사제와 임금을 찬양하러 가셨어요
우리들의 비참으로 천국을 꾸미는 그분들을.

윌리엄 워즈워스

영국의 가장 위대한 자연 시인으로 칭송받는 워즈워스(1770-1850)는 루소의 사상과 프랑스 혁명의 정신에서 깊은 영향을 받았다. 화려하지만 인위적인 신고전주의 시풍에 강한 반감을 품고 새뮤얼 테일러 콜리지와 함께 〈서정담시집〉을 펴내 새로운 시 정신을 공표했다. 워즈워스는 자신의 시를 "잔잔함 속에 모아들인 감정"으로 평했지만 서정담시집에서 드러나듯이 그는 일부러 '사회의 중하층계급 사람들이 대화에서 쓰는 언어'로 시를 썼다.

다음의 시에서 워즈워스는 정신의 가치를 압살할 만큼 물질주의가 팽배한 세태를 슬퍼한다. 프로테우스(변화무쌍한 모습과 예언력을 가졌던 바다의 신)와 트리톤(상반신은 사람이고 하반신은 물고기였던 신)은 그리스 신화에 등장하는 신들로 제아무리 산업사회의 힘이 막강해도 고대인을 감동시켰던 자연의 경이를 파괴하지는 못할 것이라는 시인의 신념을 상징한다. 워즈워스는 낙천적인 낭만파 시인이었다.

문헌 16   세상은 우리에게 너무도 버겁구나(1802)

윌리엄 워즈워스

세상은 우리에게 너무도 버겁구나
이른 아침부터 밤 늦게까지
돈을 벌고 쓰는 일에
우리의 힘을 탕진하노니.
막상 우리가 누려야 할 자연은 보는 둥 마는 둥,
가슴마저 내버렸으니 이 얼마나 더러운 흥정인가!

달빛에 맨가슴을 드러낸 바다
하염없이 울부짖다가도
잠자는 꽃잎처럼 수그러드는 바람
이 모든 것과 우리는 남남이 되었구나.

감동을 잊어버린 우리. 아!
차라리 남루한 그 옛날의 믿음을 간직한
이교도나 되었으면.
아름다운 이 풀밭에 서서
눈앞의 풍광을 바라보며 마음의 위안을 얻고
바다에서 솟아오르는 프로테우스를 보았으면
트리톤의 조가비 소리를 들었으면.

새뮤얼 테일러 콜리지

콜리지(1772-1834)는 스스로를 낭만파 시인으로 여기지는 않았지만 낭만주의 정신의 핵심을 찌르는 발언을 남겼다. "어떤 개인이건 인간성을 형성하는 요소들을 독특하게 결합하여 자기 나름의 고유한 방식으로 인간성을 대변하려고 한다." 콜리지는 공상보다는 상상에 무게를 두었다. 공상은 과거의 사례들을 베끼거나 가다듬는 능력에 불과한 반면 상상은 새로운 세계를 창조하는 능력이었다. 콜리지를 비롯한 많은 낭만파 시인들은 이국적인 동양 세계에 매혹되었다.

바이런

시대의 풍운아였던 바이런(1788-1824)은 격정적이고 화려한 성격으로 낭만주의적 영웅상을 체현한 인물이었다. 자기중심주의와 초인적인 열정으로 육체적 정신적 파격을 찬양했으며 자기절제의 미덕은 뒤늦게야 조금 배웠다. 본인 스스로도 "호랑이가 덤벼들듯이" 글을 쓴다고 고백한 적이 있지만 바이런은 기존의 사회적 통념과 위선을 여지없이 까부수었다. 셸리나 키츠의 무지개처럼 고운 시어와 비교하면 바이런의 시는 산문적이었지만 자신의 천재성은 시보다는 웅변에 있다는 것을 바이런은 잘 알고 있었다. 시로 쓴 여행기라 할 수 있는 《차일드 해럴드의 순례》로 일찌감치 명성을 얻었지만 그의 대표작은 아이러니와 격정으로 가득 찬 장시 《돈 주안》이라 할 수 있다. 바이런은 헌사에서 이렇게 썼다.

나는 영웅을 원한다. 하지만 나의 시(내가 쓸 새로운 시 말이다)에 딱 맞는 정말로 탐나는 인물을 이 시대에서는 찾아내기 어렵다. 그래서 돈 주안을 나의 벗으로 삼을까 한다.

요절을 한 바이런은 죽기 직전까지도 프로메테우스의 영웅적 도전 의식과 돈 주안의 현세적이고 냉소적인 오만 사이에서 분열되어 있었다. 결국 프로메테우스의 길을 선택했던 바이런은 그리스의 독립을 위해 싸우다가 열병으로 죽었다.

문헌 17 말을 타자 말을

바이런

말을 타자 말을! 그는 항상 떠난다
구겨진 혼을 어루만져 펴주는 평화의 풍경으로부터.
거듭 그는 적적한 꿈에서 자신을 깨운다.
허나 이제 여자와 술을 찾지는 않는다.
앞으로 앞으로 달아난다 목표도 없이.
어떤 목표가 그를 쉴 수 있게 해줄 것인가.
그의 생 위로 풍경이 수없이 바뀌어야 하리
고통이 그의 순례의 목마름을 달래기 전에
가슴의 어지러움 달래고 예지를 얻기 전에.

퍼시 비시 셸리

셸리(1792-1822)와 키츠는 영국의 낭만시를 그 시대의 가장 빛나는 시적 전통으로 확립한 인물이다. 오늘날까지도 '셸리와 키츠'는 '낭만주의 시'의 사실상 동의어로 쓰인다. 《무신론의 필요성》이라는 소책자를 돌려 옥스포드 대학에서 퇴학당한 이래 평생 반그리스도교적 입장을 고수했던 셸리는 모든 인간을 신의 이미지로 보았고 시인은 "세계의 승인받지 못한 입법가"로서 그 이미지에 말을 건넨다고 믿었다(《시의 변호》). 4막으로 된 서정극시 《프로메테우스의 해방》에 그는 "세계의 변혁에 대한 자신의 열망"을 송두리째 담았다. 《프로메테우스의 해방》과 비슷한 시기에 〈종달새에게〉라는 시가 씌어졌다. 그의 부인이었던 메리 월스톤크래프트 셸리는 작품의 배경을 이렇게 기록했다.

> 어느 화창한 여름날 저녁 우리는 오솔길을 거닐고 있었다. 은매화 울타리는 개똥벌레의 쉼터가 되어주었다. 바로 그때 종달새 우짖는 소리가 들렸다. 그이가 쓴 가장 아름다운 시의 하나는 여기서 영감을 얻었다.

문헌 18 종달새에게(1820)

퍼시 비시 셸리

반갑구나 너 쾌활한 정령이여!
너 새는 아니리라
하늘과 그 근방에서
가슴에 넘쳐흐르는 감정을
타고난 노랫가락으로 쏟아내는 너는.

지상으로부터 더욱 높게
솟구쳐 올라가니
불처럼 솟아오르는 한 점 구름이랄까.
너는 창공에서 비상하니
늘 노래하며 날아오르고 늘 날아오르며 노래하누나.

저무는 해의 찬란한 금빛 속에
구름은 반짝이고
너는 그 위로 질주하는구나
치닫기 시작한 환희의 혼처럼 지칠 줄 모르고.

네가 날아가는 주위에선
연보랏빛 저녁 녹아가고
대낮에 뜬
하늘의 별처럼
보이진 않아도 귀를 찢는 네 환희 들리는구나.

그 환희는 둥근 새벽별
비너스의 화살처럼 날카롭구나
허나 그 은빛 천체의 강렬한 등불도
훤하게 동트는 맑은 하늘에서는

가물거리며 거의 보이지 않고
다만 거기 있다는 것을 느낄 뿐.

온 대지와 하늘에
너의 목소리 우렁차게 퍼지니
밤 하늘은 맑은데
외로운 한 점 구름에서
달빛 쏟아져 하늘에 넘쳐흐르는 듯하구나.

네가 누군지 우리는 모른다
너를 무엇에 비길 수 있을까?
무지개 구름에서도
네게서 쏟아지는 선율의 빗방울만큼
찬란한 빗방울은 흘러나오지 않는구나.

너는 휘황찬란한 상념에 숨어
보이지 않는 시인이랄까
제 스스로 찬송가를 불러
온 세상 마침내 가락을 맞추고
미처 못 느꼈던 희망과 두려움을 공감한다.

너는 대궐 같은 탑에 있는
양가집 규수랄까
홀로 있는 시간이면
온 방 안에 넘쳐흐르는 사랑처럼 달콤한 음악으로
사랑으로 수심 가득한 마음 달래는.

너는 이슬 맺힌 골짜기의
금빛 찬란한 개똥벌레랄까
보는 이도 없는데
영묘한 빛깔 뿌려대는
허나 그 빛깔은 꽃과 풀에 가려 보이지 않는구나!

너는 푸른 제 이파리를
암자 삼아 들어앉은 장미꽃이랄까
훈풍에 향내 빼앗기나
너무도 달콤한 향내로
날개 무거워진 저 도둑, 바람의 넋을 잃게 하는.

젖어서 반짝이는 풀
비 맞아 깨어난 꽃
그 위로 떨어지는 봄비 소리
즐겁고 맑고 싱싱했던 그 어떤 것도
너의 음악은 못 따라가는구나.
정령인지 새인지는 모르겠다만 가르쳐다오
어떤 감미로운 상념이 네 것인가를
아무리 사랑을 예찬하고 술을 예찬했어도
그처럼 숨가쁘게 쏟아붓는 거룩한 황홀경
내 일찍 듣지 못하였구나

결혼 축가도
개선 행진곡도
네 노래에 비기면
어딘가 모르게 텅 빈
공허한 허세일 뿐이리니.

네 행복한 선율의 뿌리는
도대체 무엇일까?
그 어떤 벌판, 파도, 산맥일까?
그 어떤 하늘, 그 어떤 광야일까?
너희끼리의 그 어떤 연정일까? 그 어떤 고통의 몰각일까?

너의 맑고 투명한 환희에
시름은 깃들 수 없고
괴로움의 그림자도
네 옆엔 얼씬도 못 한다
너는 사랑을 하지만
사랑의 서글픈 권태가 네 사전엔 없다.

자나 깨나 너는 생각하리라
죽음에 대하여
우리 인간이 상상하는 것보다
더 진실하고 깊은 것에 대하여
아니면 네 곡조가 어찌 그리 맑은 개울처럼 흘러나올 수 있겠느냐?

우리는 앞뒤를 둘러보며
지금 없는 것을 그리워하는 법
진실된 웃음에도
일말의 괴로움은 깃들어 있고
가장 감미로운 노래는 가장 슬픈 상념을 전하는 노래.

증오와 자만과 공포를
우리가 비웃을 수만 있다면
숙명적으로 우리가
눈물 안 흘리는 존재라면
어찌 네 기쁨의 근처에 다가갈 수 있으랴.

듣기 좋은
그 어떤 음악보다도
책이 주는
그 어떤 교훈보다도
시인에게는 땅을 멸시하는 네 노래가 한결 낫구나!

네 머리에 담고 있을 기쁨의
절반이라도 좋으니 가르쳐다오
그 조화로운 광희(狂喜)가
내 입술에서도 흘러나오게
그때는 세상도 귀기울이리니, 내가 지금 네게 귀기울이듯.

메리 월스톤크래프트 고드윈 셸리

여기서 메리 셸리(1797-1851)라는 인물을 짚고 넘어갈 필요가 있다. 그녀는 여권운동가로 이름을 날렸으며《여성 권리의 옹호》(1792)라는 책을 쓴 메리 월스톤크래프트(1759-97)와 마찬가지로 저명한 사회개혁가였으며 제레미 벤담의 제자였고 셸리의 사회 개혁 의식에 지대한 영향을 미쳤던 윌리엄 고드윈(1756-1836) 사이에서 태어났다. 셸리는 아내 해리엇의 곁을 떠나 메리와 같이 지내면서 유럽 각지를 떠돌다가 나중에 결혼까지 했다. 어느 날 공포 소설을 읽다가 시인 바이런이 각자 초자연적인 이야기를 하나씩 써보자고 제안했다. 이때 메리 셸리가 쓴 것이《프랑켄슈타인》(1818)이었다. 지식을 얻기 위해 악마에게 영혼을 파는 파우스트의 야망과 프로메테우스의 창조력을 중심 테마로 삼아 메리는 생명을 창조하겠다는 야심찬 시도에 나섰던 과학자 프랑켄슈타인의 이야기를 들려주었다. 프랑켄슈타인이 만든 생명에게는 필요한 것은 사랑과 동정이었지만 정작 그는 자신을 창조한 프랑켄슈타인에게서도 혐오와 배척의 대상이 되어 버린다. 고립과 소외라는 낭만주의의 관념을 상징하는 프랑켄슈타인의 창조물은 사랑을 얻는 데 좌절한 나머지 모든 인류를 증오하게 되고 끝내는 살인과 파괴를 일삼는다. 핵무기 같은 인간의 창조물의 가공할 파괴력 앞에 노출되어 있는 현대에 와서 메리 셸리의 이야기는 더 큰 설득력을 얻는다.

존 키츠

키츠와 셸리의 시는 다른 낭만주의 시와는 달리 음악성을 중시한다. 시인이 된다는 생각은 꿈에도 없었고 약제사가 되기 위한 교육을 받고 있던 키츠(1795-1821)가 다급한 마음으로 시를 쓰기 시작한 것은 이미 어머니와 형의 목숨을 앗아갔던 폐결핵 증상이 자기에게도 나타났다는 사실을 알게 된 열여덟살 무렵의 일이었다. 키츠는 자신의 초기 시집에 많은 결함이 있다는 사실을 인정한 시인이었지만 "번지르르함과 무미건조함이 번갈아가며 나타난다"는 한 비평가

여성의 권리

오툉 주교를 지낸 탈레랑 프레고르에게 바치는 헌사

최근 주교님께서 발표하신 소책자를 즐거운 마음으로 읽고 이 책을 주교님께 바치기로 마음 먹었습니다. 이 문제를 한번 재고해주십사, 그리고 여성의 권리와 국민 교육과 관련하여 제가 지금껏 주장해온 내용을 심도 있게 검토해주십사 하는 마음에서지요. 저는 인류의 확고부동한 목소리로 말씀드립니다. 주교님, 저의 주장에는 아무런 사심이 없습니다. 저 자신을 위해서가 아니라 저와 같은 여성 모두를 위해서 하는 소리니까요. 인생에서 누릴 수 있는 가장 큰 복이 있다면 그것은 독립이라고 저는 오래 전부터 생각해왔습니다. 모든 미덕의 기초는 독립입니다. 제 욕망을 줄이는 한이 있더라도 저는 독립을 포기하지 않겠습니다. 설령 제가 헐벗은 황야에서 살아야 한다 하더라도 말입니다.

제가 미덕의 원천이라고 믿는 것을 옹호하기 위해서 이렇게 급히 붓을 든 이유는 온 인류에 대한 애정의 발로라고 저는 믿습니다. 똑같은 이유에서 저는 윤리에 내실을 가져다주는 그 영광된 원칙들의 진보를 여성들이 낙오하지 않고 앞장서서 끌고 나갈 수 있는 위치에 서기를 진심으로 희구합니다. 여성의 권리와 의무를 존중하는 저의 생각은 이 간단한 원칙들로부터 자연스럽게 흘러나오는 것으로 보이기에, 저는 주교님 이하 존경받는 어른들 중에서 저와 생각이 같지 않은 분이 단 한 분이라도 계시리라곤 상상도 할 수 없습니다.

메리 월스톤크래프트, 《여성의 권리를 옹호함》, 1792

제23장 혁명 낭만주의 사실주의

의 혹평은 받아들이지 않았다. 신랄한 비평에 대한 키츠의 반응은 담담한 것이었다. "1년 쯤 전에 나는 작은 운문집을 한 권 냈다. 십여 명의 지인들에게 보여주었더니 다들 좋아했다. 하지만 나와 면식이 없는 십여 명은 좋아하지 않았다."

대부분의 낭만주의자들은 자신들이 상상한 중세의 모습을 이상화했지만 중세 사회의 현실은 단 한 순간도 견뎌내지 못했을 것이다. 〈매정한 아가씨〉는 낭만주의적 중세상을 담아낸 최초의 작품으로 여겨진다. 이 시의 제목은 알랭 샤르티에라는 중세 시인의 시에서 따온 것이지만 내용은 초자연적이고 몰인정한 유혹자의 뿌리칠 수 없는 매력 앞에서 굴복하고 마는 불운한 인간의 시대를 초월하는 신화를 키츠가 자기 나름으로 신비롭게 변형시킨 것이다. 처음 세 연은 심란해 하는 기사에게 미지의 인물이 말을 거는 형식으로 되어 있고 나머지는 기사의 고뇌에 찬 응답이다.

문헌 19　매정한 아가씨(1819)

존 키츠

무슨 근심 있기에 갑옷의 기사여
홀로 핏기 없이 서성이느냐?
호수에는 물풀도 시들어지고
새소리 그쳤는데.

무슨 근심 있기에 갑옷의 기사여
그리도 초췌하고 비탄에 잠겼느냐?
다람쥐의 곳간은 가득하고
추수도 끝났건만.

너의 이마에 핀 백합은
번민과 열병의 진땀에 졎었고
너의 양볼에 빛 잃은 장미
빨리도 시들어간다.

풀섶에서 한 아가씨 만났지
아리따운 자태 요정의 아기
긴 머리 가벼운 걸음
사랑에 타는 눈.

나는 만들어주었지 꽃족드리
팔찌 그리고 향내음의 허리띠
아가씬 사랑의 눈길로 나를 보며
사랑에 겨운 신음소리 내었지.

나는 달렸지 빠른 말 위에 그녀를 싣고서
온종일 달려도 아무것도 안 보이는 길
그녀는 몸을 옆으로 가누며
요정의 노래를 불렀지.

그녀는 찾았지 나를 위해
향그러운 나무뿌리 산꿀
요정의 음식
그리고 타국 말로 속삭였지 사랑한다고.

우리는 함께 갔지 요정의 굴로
울며 한숨 쉬는 그녀를 위해 나는
이글거리는 그 눈에 네 번 입맞추고
그녀는 눈감았지.

그녀는 잠재웠지 그곳에 나를
해서 꿈을 꾸었는데 이 무슨 변고!
차가운 언덕 위에 누워
마지막 꾼 그 꿈.

내 눈 앞의 창백한 왕과 왕자
창백한 전사 주검처럼 핏기 없는
그들이 큰소리로 말하기를
너를 사로잡은 것은 매정한 아가씨.

굶주린 입술 어스름 속에서
무섭게 벌리며 그들은 말했지
하여 꿈에서 깨어보니
나는 이 차가운 언덕에 있었지.

이것이 내 사연 그래서
홀로 핏기 없이 서성인다네
호수에는 물풀도 시들어 지고
새소리 그쳤건만.

23. 4 눈에 덮인 수도원 묘지. ㅋ 스파르 다비드 프리드리히, 1819, 캔버스에 유채, 1.19 ×1.77m. 베를린 국립미술관.

철학, 과학, 사회사상

헤겔과 마르크스

칸트 이후로 가장 중요한 독일 철학자로 평가받는 게오르크 빌헬름 헤겔(1770-1831)은 유럽과 미국의 철학자, 역사가, 신학자, 정치 이론가에게 큰 영향을 미쳤다. 버트런드 러셀이 "위대한 철학자 중에서도 가장 난해한 인물"이라고 일컬은 바 있는 헤겔과 그의 사상 중에서도 여기서는 특히 마르크스에게 미친 영향에 초점을 맞추려고 한다. 헤겔은 만물을 포괄하는 절대 정신이라는 것을 믿었다. 이 절대 정신은 세계사 속에서 자신을 드러낸다. 헤겔 논리의 기초는 '변증법'이다. 모든 개념이나 힘(정)에는 그 반대되는 관념(반)이 존재한다고 헤겔은 주장했다. 이 양 극단의 역동적 상호작용으로부터 합이 나오고, 이 합은 다시 더 높은 차원에서 하나의 정으로 자리잡는다. 가령 절대 존재가 정이라면 절대 비존재는 반이 된다. 그 합은 절대 과정이 된다. 다시 말해서 우주는 영원히 스스로를 재창조한다.

과거에 존재했던 주목할 만한 문화들은 헤겔에 따르면 완전성과 자유를 향한 세계 정신의 진화 과정에서 나타난 여러 단계에 해당한다. 인간과 인간이 만든 제도는 불가피하게 충돌한다. 오류로부터 자유로운 것은 하나도 없기 때문이다. 하지만 인간은 행동해야 한다. 추구하는 과정에서 '올바른 길'을 찾아낼 수 있기 때문이다. 끊임없는 활동과 불가피한 갈등을 통해 완전성에 이를 수 있다고 믿었다는 점에서 파우스트를 연상시키는 헤겔의 역사철학은 진화론의 맥락에

제23장 혁명, 낭만주의, 사실주의

서 이해할 수 있다. 인간만이 아니라 세계 자체가 불완전한 상태로부터 완벽한 절대 상태를 향해 진보하고 있다고 헤겔은 믿었다.

19세기 중반이 되면 진보는 이미 물 건너간 이야기처럼 보였다. 특히 억압받는 계급의 참상은 진보라는 말을 무색하게 만들었다. 공장 노동자들의 끔찍한 노동 조건과 처참한 생활을 유럽 전역의 사회 개혁가들은 방관할 수 없었다. 노동 계급이 당하는 착취를 가장 소리 높여 고발한 것은 공산주의자들이었고 그들이 지향하던 가치는 다음의 공산당 선언에서 극명하게 드러났다.

문헌 20 공산당 선언(1848)

카를 마르크스와 프리드리히 엥겔스

유령이 유럽에 출몰하고 있다. 그것은 공산주의라는 유령이다. 낡은 유럽의 모든 열강들은 이 유령을 쫓아내기 위해 거룩한 동맹을 맺었다. 교황과 차르가, 메테르니히와 기조가, 프랑스의 과격파와 독일의 비밀경찰이 손을 잡았다.

권력을 쥔 반대파에 의해 공산주의자로 낙인찍히지 않은 대항 세력이 어디 있단 말인가? 반동적인 적대 세력에 대해서뿐 아니라 더 발전된 대항 세력에 대해서 공산주의라는 낙인과 함께 비난을 퍼붓지 않는 대항 세력이 어디 있단 말인가?

이런 사실에서 두 가지 결론을 끌어낼 수 있다.

1. 공산주의는 이미 유럽의 모든 열강에 의해 무시못할 하나의 세력으로 인정받고 있다.

2. 공산주의자들이 온 세상을 향해 자신들의 생각, 목표, 정책을 당당히 밝히고 공산주의의 유령이라는 유치한 이야기에 공산당 선언으로 맞설 때가 바야흐로 온 것이다.

이런 목적을 달성하기 위해 각국의 공산주의자들이 런던에 모여 다음과 같은 선언을 하였다. 이 선언문은 영어, 불어, 독어, 이탈리아어, 네덜란드어, 덴마크어로 출판될 예정이다.

1 부르주아와 프롤레타리아

지금까지 존재해온 모든 사회의 역사는 계급 투쟁의 역사다. 자유민과 노예, 귀족과 평민, 영주와 농노, 직장과 직인, 요컨대 억압자와 피억압자는 늘 서로 대립하면서 보이는 곳에서, 보이지 않는 곳에서 싸움을 벌였다. 그 싸움은 번번히 사회 전반의 혁명적 재편으로 끝나든가 갈등하던 계급들의 공멸로 끝났다.

과거의 시대는 거의 어디서나 사회가 다양한 질서, 여러 사회적 서열의 등급으로 복잡하게 배열되어 있었음을 알 수 있다. 고대 로마에는 귀족, 기사, 평민, 노예가 있었고, 중세에는 봉건영주, 가신, 직장, 직인, 도제, 농노가 있었다. 이들 계급은 다시 하위 등급으로 세분되었다.

　봉건 사회의 폐허에서 싹튼 현대의 부르주아 사회는 계급 적대를 없애지 못하였다. 새로운 계급, 새로운 억압의 조건, 새로운 투쟁 형태가 낡은 것과 자리바꿈을 했을 뿐이다.

　그러나 우리가 살고 있는 부르주아 시대는 명확한 특징이 있다. 계급 적대가 단순화된 것이다. 사회 전체가 부르주아와 프롤레타리아트라는 서로 대립하는 양대 진영으로 점점 갈라지고 있다 …

　부르주아는 그에 상응하는 정치적 진보를 쟁취하면서 단계적으로 발전해왔다. 봉건 귀족의 지배 아래 휘둘리던 피억압 계급이었던 부르주아는 중세의 코뮌에서 무장 자치체를 결성하였다. 이탈리아와 독일에서는 자립적 도시공화국을, 프랑스에서는 군주에게 세금을 내는 '제3신분'을 조직했고, 그 후 산업시대로 접어들어서는 귀족에게 맞서는 대항추로서 반봉건 군주나 절대 군주에 봉사했다. 부르주아는 사실상 군주들의 버팀목이었다. 그리고 마침내 현대의 산업체제와 세계시장이 확립되면서부터는 스스로의 힘으로 현대의 대의제 국가에서 배타적 정치 지배권을 장악하였다. 현대 국가의 행정부는 단지 모든 부르주아의 공동사를 관리하는 위원회일 뿐이다 …

　4. 기존의 다양한 적대 정당들에 대한 공산주의자의 입장

　… 공산주의자들이 일차적으로 독일에 관심을 쏟는 것은 이 나라가 부르주아 혁명을 목전에 두고 있기 때문이다. 독일의 부르주아 혁명은 유럽 문명의 진일보한 조건 속에서, 17세기의 영국보다, 18세기의 프랑스보다 훨씬 발전한 프롤레타리아를 등에 업고 이루어질 것이다. 독일의 부르주아 혁명은 곧 뒤따를 프롤레타리아 혁명의 서곡에 지나지 않는다.

　요컨대 공산주의자들은 어디서나 기존의 사회 정치 체제에 항거하는 모든 혁명 운동을 지지한다 …

　끝으로, 그들은 모든 나라의 민주 정당들의 협조와 동의를 끌어내기 위해 노력한다.

　공산주의자들은 자신의 견해나 목표를 은폐하는 것을 경멸한다. 그들은 기존의 사회적 조건을 힘으로 전복시키는 방법을 통해서만 자신의 목적을 쟁취할 수 있다고 공공연히 선언한다. 지배계급이 공산주의 혁명 앞에서 덜덜 떨게 만들자. 프롤레타리아는 속박의 쇠사슬 말고는 아무것도 잃을 것이 없다. 승리는 그들의 것이다.

　만국의 노동자여, 단결하라!

인간은 근본적으로 선하다고 믿었기 때문에 카를 마르크스(1818-83)는 뜻을 같이한 프리드리히 엥겔스(1820-95)와 함께 필연적인 진보의 원칙을 이론화했다. 진보의 최종 단계는 완전한 무계급 사회인데 여기서는 사유재산과 영리는 불완전했던 과거의 유물이 되어버린다. 마르크스는 헤겔한테서 변증법을 가져왔지만 그 변증법을 이끌어나가는 원동력은 헤겔이 말하는 절대 정신이 아니라 독일 철학자 루드비히 포이어바흐(1804-72)가 강조한 바 있는 물질의 힘이다. 사실상 마르크스는 헤겔의 변증법을 완전히 뒤집어놓았다고 할 수 있다. 그래서 의식이 인간의 존재를 결정하는 것이 아니라 사회적 존재가 그 사람의 의식을 결정한다는 결론이 나온다.

마르크스에 따르면 사람들이 생계를 꾸려나가는 방법, 다시 말해서 '생산 수단'이 그들의 신념과 제도를 결정한다. 변증법적 유물론의 원리를 입증하기 위해 마르크스는 중세 봉건 사회에 초점을 맞추었다. 정은 귀족과 성직자로 이루어진 지배계급이었다. 무역을 통해 차츰 부를 축적하는 데 성공한 중산계급, 곧 부르주아는 이 계급 투쟁에서 반의 역할을 맡았다. 미국과 프랑스에서 혁명이 일어난 뒤 부르주아 계급은 패배한 귀족과 섞여 합을 이루어냈다. 무역업자, 은행가, 공장소유자 같은 자본가들은 지배 계급이 되어 새로운 정으로 등장했고 반면 억압받는 노동자 곧 프롤레타리아들은 반이었다. 마르크스에 따르면 자본가와 노동자 사이에서 벌어지는 최후의 계급 투쟁은 필연적으로 프롤레타리아의 승리로 끝나고 프롤레타리아는 생산 수단을 장악하기에 이른다. '프롤레타리아 독재' 하에서는 모든 자본주의 기구가 집단화된다. 계급이 하나밖에 존재하지 않으니까 계급 투쟁은 사라질 것이다. 마르크스에 따르면 법과 법원, 경찰을 거느린 국가는 프롤레타리아를 억압하는 데만 힘써왔기 때문에 더이상 필요없어져 자연스럽게 '소멸할' 것이다.

마르크스의 이론과 거기서 파생되어 나온 여러 이론들은 20세기 후반에 와서 공산주의의 실패로 빛을 잃게 되었다.

찰스 다윈

기원전 6세기 사람이었던 밀레토스의 아낙시만드로스도 진화의 초보적 이론을 세웠지만 에라스무스 다윈, 장-밥티스트 드 라마르크, 토머스 맬더스의 이론, 그리고 찰스 다윈(1809-82)의 꼼꼼한 식물학적 관찰 기록이 《종의 기원》(1859)이라는 대작을 낳은 것은 19세기에 들어와서였다. 1831년부터 5년 동안 영국 해군의 측량선 비글호에 박물학자로 승선한 뒤 다윈은 토머스 맬더스의 《인구론》(1798)을 읽다가 식량은 산술적으로 느는 반면 인구는 기하급수적으로 늘어난다는 대목과 마주친다. 맬더스는 이어서 제한된 식량 공급은 인구 증가를 자연적으로 억제한다고 지적했다. 다윈은 이렇게 썼다.

그런 상황하에서는 유리한 변이는 보존되고 불리한 변이는 파괴되는 경향이 있을 것이라는 생각이 순간적으로 들었다. 새로운 종은 이 결과로서 나타날 것이다. 이제 나는 설득력 있는 이론을 갖게 된 것이다. 그것은 바로 자연선택의 이론이었다. 허버트 스펜서의 표현을 빌리자면 우연의 결과가 적자생존을 가능케 하는 것이다.

다윈이 제시한 사실과 추론을 현대의 진화론에서도 기본적으로 받아들여지고 있지만 변형, 돌연변이, 유전자 재조합 같은 분야에서는 새로 추가된 내용들이 아주 많다. 변형은 외적 요인 또는 내적 요인에 의해서 생긴 변화로서 유전의 결과가 아니다. 가령 쌍둥이로 태어났는데 한 명은 적극적이고 건실한 삶을 살아가고 한 명은 술에 찌들어 살아가는 경우가 여기에 해당한다. 사고가 일어나지 않는 이상 앞사람이 뒷사람보다 분명히 오래 살 것이다.

생식 과정에서 일어나는 유전자의 복제가 항상 빈틈없이 정확하게 이루어지는 것은 아니다. 원본과 약간 달라진 복제본이 돌연변이인데, 돌연변이로 형성된 특성이 생존에 불리하게 작용하지 않는 이상 돌연변이 유전자는 계속 번식한다. 하지만 돌연변이는 일반적으로 생존에 불리하게 작용하는 경향이 강하다.

다윈은 그레고어 멘델(1822-84)이 유전학에서 한 실험의 총체적 의미를 잘 모르고 있었다. 특히 유성 생식을 통해 기존 유전자 단위의 재조합이 이루어지고 이 과정에서 유전적 특성의 변이가 일어난다는 사실을 까맣게 모르고 있었다. 가령 같은 부모한테서 태어난 열두 명의 아이를 보자. 한 가족이라서 전반적으로는 닮았지만 하나하나의 아이는 유전자의 재조합 내용이 다르기 때문에 명백히 구별되는 외모를 갖는다.

다윈은 앨프리드 러셀 월러스(1823-1913)가 독자적으로 진화 이론을 발전시켰다는 소식을 접한 다음에야 마지못해 자신의 이론을 발표했다. 두 사람은 자연선택 이론을 담은 논문을 린네 학회에 공동으로 발표했다. 이 논문은 1858년 7월 1일 낭독되었고 뒤에 출판되었다. 이듬해 다윈은 《종의 기원》을 냈지만 그것은 25년에 걸쳐 이루어진 정밀한 연구를 간단히 축약한 것이라는 인식을 다윈 스스

제23장 혁명, 낭만주의, 사실주의

로 했다.

 다윈의 책은 당연히 커다란 물의를 일으켰다. 우주의 과정에 작용하는 초자연적인 힘을 부정했기 때문이다. 다윈은 신학자들의 거센 반발은 이겨낼 수 있었지만 인간은 다른 종들과는 다른 특별한 위치를 차지한다는 박물학자들의 공격 앞에서는 마음이 편치 않았다.《인간의 유래》(1871) 머리말에서 다윈은 자신이 인간의 기원이나 유래에 대해 많은 글을 써두었지만 "내가 가진 생각에 반감을 품은 사람들의 편견만 부추기는 꼴이 될 것 같아 그 동안 출간을 보류했다"고 밝혔다. 실제로《종의 기원》에서 다윈은 인간의 유래에 대해서 아주 조심스러운 입장을 보였다.

 다윈주의의 현주소는 무엇일까? 데니스 플래네이건이 말하듯이 자연선택에 의한 진화는 "환경이라는 실험실에서 변이들을 검사하는 것"으로 보면 된다. 진화 이론에서

> 정작 문제가 되는 것은 '이론'이라는 단어다. '이론'의 일상적 의미는 추측이지만 과학적 의미에서는 내실 있는 추론의 덩어리를 말한다. 다윈의 진화 이론도 마찬가지다. *진화 그 자체는 이론이 아니다. 그것은 엄연한 사실이다.* 찰스 다윈은 그 자명한 사실을 관심사로 부각시키는 데 지대하게 기여했다. 현대의 다윈 이론은 생명이 어떻게 진화했는가를 설명하려는 노력이다.

 과학에서 말하는 '법칙'과 '이론'의 차이는 중력의 법칙에서 극명하게 드러난다. 공간 속의 물체들은 서로 끌어당긴다는 것이 중력의 법칙이다. 반면 중력의 이론은 물체들이 어떻게 왜 서로를 끌어당기는가를 탐구한다. 진화에서도 그렇지만 그런 탐구는 과학자들로부터

계속 도전을 받는다.

사회 다윈주의

영국의 철학자 허버트 스펜서(1820-1903)는 진화는 자연에서만이 아니라 인간의 제도에서도 일어난다고 주장했다. 사회 다윈주의자들에 따르면 스펜서가 말하는 '적자생존'은 부자는 빈자보다 생존력이 뛰어나서 혹독한 생존 경쟁에 더 잘 적응하는 것을 의미한다. 경제 문제에 대한 정부의 개입, 노동조합, 복지 같은 사회주의적 시책에 반대하면서 존 록펠러, 앤드루 카네기 같은 막강한 자본가들은 무제한적 경쟁은 자연에서의 진화에 비견할 만한 과학적 토대를 가지고 있다고 주장했다. 이런 입장은 당연히 '자유방임적' 자본주의를 정당화하기 위한 시도였다.

좀더 넓게 보면 사회 다윈주의는 우월한 나라가 있고 열등한 나라가 있다는 생각, 그리고 전쟁에서의 승리는 그 우월성을 입증한다는 생각을 확산시켰다. 그래서 '열등한' 민족을 정복하여 그들의 땅에 더 우수한 인간을 거주시키는 것은 사회 다윈주의자들에게는 거의 윤리적 의무에 가까운 것이 되었다. 덕분에 19세기 후반의 제국주의는 무자비한 제국의 성장을 정당화하는 데 더없이 요긴한 사회 철학을 가지게 되었다. 영국의 제국주의자 세실 로즈는 한 술 더 떠서 앵글로색슨 사회가 이 세상에서 가장 우수하다고 주장하면서 사회 진화론에 인종적 요소를 가미했다. 1845년 언론인이며 외교관이던 존 루이스 오설리번이 지어낸 '자명한 운명'(미국은 북미 전체를 지배할 수밖에 없는 운명의 주인공이라는 설)이라는 용어는 사회 다윈주의의 간접 지원을 받으면서 미국 제국주의를 정당화하는 데 기여했다.

제23장 혁명, 낭만주의, 사실주의

다윈 이론은 인류학, 사회학, 역사학, 문학, 미술, 음악, 법제도와 정치제도 등 지식 영역의 구석구석으로 퍼져나갔다. 거의 모든 것이 기원, 발전, 생존이나 소멸 같은 용어로 설명되었다.

진화론이 이 모든 영역에 끼친 막대한 영향력은 누구도 부인할 수 없지만 과학 이론을 과학이 아닌 영역에 적용할 때는 매우 신중해야 한다. 과학자들에게 '자연선택'이라는 용어는 그저 자연 속에서 일어나는 현상을 가리키는 말이지 그 이상도 그 이하도 아니다. 사회 다원주의자들은 진화론을 마치 시장이 과학적 실험실이라도 되는 양 개인주의와 고삐 풀린 경쟁을 정당화하는 데 써먹었다. 자신들이 바라는 현실을 미화하기 위해 과학 용어를 동원했다. '적자생존'은 부와 권세를 가진 사람만이 살아남기에 적합하고 나머지는 별볼일없는 존재라는 사실을 입증하는 것으로 여겨졌다. 하지만 다윈의 자연 세계에서는 반드시 가장 똑똑하고 가장 덩치가 크고 가장 힘이 센 생물이 살아남는 건 아니다. 볼품은 없어도 여기저기 빌붙어서 잘도 살아남는 생물이 얼마든지 있다.

더욱이, 자본주의 경제는 적자만이 살아남는 치열한 경쟁터라고 주장하던 사람들 가운데 상당수는 자유 시장에서 경쟁하기를 거부했다. 그들은 외국의 경쟁자들로부터 스스로를 지키기 위해 높은 관세를 요구했고 노동자측의 임금 인상과 근로 조건 개선을 위한 경쟁은 용인하지 않았다. 록펠러, 카네기 같은 자본가는 경쟁을 부르짖었지만 교묘한 방법으로 경쟁을 막았고 석유와 철강 분야의 독점을 통해 수십억달러를 벌어들였다. 사회 다원주의는 찰스 다윈이라는 그럴싸한 이름 뒤에 숨어서 농간을 부린다. 자유방임 자본주의가 기승을 부리던 시절에 판을 치던 미국의 '악덕자본가들'에게 사회 철학이라는 것이 있었다면 그것은 미국의 철도 재벌 윌리엄 밴더빌트가 했다는 다음의 발언에 집약되어 있을 것이다. "공익? 웃기고 자빠졌네!"

자유주의

제러미 벤담(1748-1832)은 공리주의라는 합리적 철학을 세운 인물이다. 공리주의에 따르면 행위는 그 자체로는 옳지도 않고 그르지도 않다. 그것은 어디까지나 결과를 놓고서만 판단할 수 있다. 공리주의는 모든 인간은 쾌락을 찾고 고통을 피하면서 궁극적으로 행복을 추구한다는 전제에서 출발한다. 행동의 가치를 평가하는 기준은 공리성이다. 곧 최대 다수에게 최대 만족을 주는 행위가 가장 좋은 행위다. 벤담의 윤리는 실은 칸트의 윤리를 뒤집어놓은 것이다. 칸트는 의무로서의 행위, 원칙에 입각한 행위를 요구하는 반면 벤담은 가치는 어디까지나 행위의 결과로부터 나온다고 보았다.

벤담은 자유방임주의를 추구하던 고전주의 경제학자들처럼 최소로 지배하는 정부가 가장 좋은 정부이며 사회적 문제에 정부는 될 수 있으면 개입하지 않아야 한다고 믿었다. 하지만 그는 열렬한 개혁가였다. 그리고 영국의 제도를 면밀히 연구하는 과정에서 자기 이익을 추구하는 소수의 쾌락이 때로는 다수의 고통을 낳을 수도 있다는 사실을 깨달았다. 철학적 급진주의자들로 불렸던 벤담과 그의 추종자들은 결국 최대 다수에게 최대 다수의 만족을 주기 위해서는 국가가 개입해야만 한다는 결론을 얻었다. 그들의 정신은 광범위한 행정적, 법적, 경제적 개혁을 낳았고 20세기에 들어와서도 '요람에서 무덤까지' 모든 국민을 보살피는 복지 국가의 이상에 크나큰 영향을 미쳤다.

존 스튜어트 밀

　벤담의 제자였던 제임스 밀은 아들 존 스튜어트 밀(1806-73)을 엄격한 '교육 실험'의 대상으로 삼았다. 어린 밀은 세 살 때 이미 그리스어를 익혔고 일곱 살 때부터는 플라톤의 책을 줄줄 읽었다. 이듬해에는 누이동생에게 라틴어를 가르칠 정도가 되었다. 대학에 들어갈 무렵에는 동급생들보다 25년은 더 지적으로 앞서 있었다고 밀은 말했다. 하지만 문제점도 있었다. 밀은 유명한 《자서전》(1873)에서 이렇게 썼다. "나는 사랑의 부재 속에서 늘 공포 분위기 속에서 살았다." 나는 "사고하는 기계"라고 자조하기도 했던 밀은 스무 살 때 깊은 좌절감에 빠졌지만 음악과 낭만파 시인들 덕분에 기운을 되찾을 수 있었다. 특히 좋아했던 시인은 콜리지와 워즈워스였다. 런던의 한 상인의 아내였던 해리엇 테일러를 알게 된 것도 정신적 고통을 겪고 있던 이 무렵의 일이었다. 해리엇은 밀 못지않게 교양이 풍부했다. 그런 해리엇을 밀은 열렬히 사모하면서 지적 동반자로 여기다가 1851년 남편이 죽자 그대로 결혼해버렸다. 뒤늦게 음악과 미술에 눈을 뜨고 해리엇을 알게 되어 정신적 안정을 얻고 집필에도 상당한 도움을 얻게 되면서 밀은 19세기의 가장 인도주의적인 자유주의자로 성장했다.

　밀은 일찍부터 공리주의를 받아들였지만 벤담처럼 단순히 양의 차원이 아니라 질의 차원에서 만족을 구분했다. 밀은 지적 만족감이 가장 높다고 보았다. 관능적 만족은 그에 비하면 한참 아래였다. 그래서 "배부른 멍청이가 되느니 차라리 배고픈 소크라테스가 되겠다"고 밀은 말했다. 밀의 입장은 에피쿠로스의 쾌락주의와도 비교할 만하다. 밀은 이렇게 말했다. "사람에게는 동물적 식욕의 차원을 넘어서는 성정이 있으니, 이를 안다면, 이 성정을 만족시키지 못하는 것은 결코 행복으로 여기지 말 일이다." 밀이 가장 높이 평가한 것은 사상, 언론, 행위의 자유를 누리는 데서 얻는 만족감이었다. 하지만 이 자유도 다른 사람의 자유를 침해하지 않는 선에서 멈추어야 한다. 그의 유명한 정치 평론《자유론》(1859)은 "개인에게 합법적으로 행사될 수 있는 힘의 성격과 한계"를 논한다. 민주주의 사회는 언론의 자유를 수호해야 한다는 그의 주장은 아직도 설득력을 잃지 않았고 '다수의 횡포'에 대한 그의 경고 역시 녹슬지 않았다.

최대 다수의 최대 만족을 보장하기 위해 밀은 사회 개혁에 적극적으로 나섰다. 참정권을 확대하고 아동 보호를 위한 법을 만들고 가난한 사람들에게 돌아가는 몫을 늘려야 한다고 역설했다. 그 당시의 사상가로서는 거의 유일하게 밀은 여자도 남자와 똑같은 지적 능력을 가지고 있다고 확신했다. 여성은 열등하다고 하는 통념에 반기를 들고 그가 쓴《여성의 예속》(1869)은 여론의 흐름을 바꾸고 법을 개정하는 데 적지 않은 영향을 미친 책이었다. 밀은 자유주의를 강조하는 고전경제학을 부정하지는 않았지만 진작에 수정이 이루어졌어야 한다고 생각했다. 독선적인 물질주의가 판을 치던 빅토리아 시대에 밀의 건전하고 분별있는 목소리는 그를 지지하는 사람들에게는 맑은 공기처럼 여겨졌다.

빅토리아의 시인들

후기 빅토리아조의 영국은 번영을 구가하는 시끌벅쩍한 나라였다. 기계화되고 산업화되고 도시화된 영국은 작은 섬나라였지만 해가 지

제23장 혁명 낭만주의 사실주의

지 않을 만큼 방대한 식민지를 거느리고 있었다. 영국만큼 강대한 제국을 건설한 나라는 일찍이 없었다. 초기 낭만주의자들은 새로운 사회가 머지않아 황금기를 맞이할 것이라는 예감에 젖어 있었지만 후기 빅토리아조에 와서 사람들이 목격한 현실은 끝없는 식민지 쟁탈전, 공장 굴뚝에서 나온 연기로 뒤덮인 전원, 중노동과 저임금에 시달리는 공장 노동자들의 꼬리를 물고 이어진 판자집들이었다. 산업혁명도 자연을 더럽혀놓았지만 다윈 이후로 인간은 더이상 자연에서 위안을 찾을 수 없게 되었다. 테니슨이 말한 대로 자연은 '피투성이 이빨과 발톱'으로 전락한 것이다. 그렇다면 시인은 무슨 일을 할 수 있을까?

앨프리드 테니슨

빅토리아 중기의 시인을 대표하는 테니슨(1809-92)은 시대 분위기를 애잔하고 고요하고 관조적이고 우울하며 때로는 동경에 젖기도 하지만 대개는 비관주의로 흐르는 시로 담아냈다. 초기 낭만주의자들의 낙관주의는 이미 사라진 지 오래였다.

테니슨은 당대의 사건도 시에 담았지만 가장 뛰어난 것은 과거, 그중에서도 특히 고대 그리스를 다룬 시다. 〈율리시스〉는 20년 만에 늙은 아내 페넬로페와, 사나운 종족을 타이르며 고향을 지키면서 살아가는 데 만족하는 우직한 아들 텔레마쿠스의 곁으로 돌아온 영웅의 이야기다. 율리시스는 행동하는 인간, 파우스트적 인간의 전형이다. 그가 인생에서 책무로 느끼는 것은 시의 마지막 줄에 요약되어 있다.

문헌 21 율리시스

앨프리드 테니슨

하릴없는 왕으로서
이 적막한 화롯가 불모의 바위 틈서리
늙은 아내와 짝하여
먹고 자고 욕심만 부리는 야만족에게
어울리지 않는 법이나 베푼다는 것
쓸모없는 짓이로다.
방랑을 쉴 수 없는 나
인생을 찌꺼기까지 마시련다.
나를 따르는 이들과 또는 혼자서
언제나 말못할 즐거움 맛보거나
말못할 고난 당하였느니
뭍에서 또 달리는 구름 사이로
비를 머금은 히아데스 별자리가
검푸른 바다를 노엽게 만들 때.
이제는 한낱 이름이 되어버린 나.
굶주린 가슴으로 방랑하면서
본 것도 배운 것도 많다.
뭇 도시와 풍습과 기후와 의회와 정부와
나 자신까지도 모두 소중히 여겼다.
바람 찬 트로이의 소란한 들판에서
동료들과 전쟁의 희열 또한 들이켰었지.
나라는 사람은 내가 했던 모든 체험의 일부
허나 모든 체험은 하나의 아치
그 너머로 가보지 못한 세상이 힐끔 보이나

다가갈수록 그 변경은 사라져버린다.
지루하여라 머무르고 끝내고
닦지 않아 녹슬고 쓰지 않아 흐리멍덩한 것은!
숨 쉬는 것이 사는 것인가!
삶 위에 삶을 포개어가는 것은
너무도 가소롭구나.
나의 여생은 길지 않다.
그러나 낱낱의 시간은
그 영원한 침묵에서 구제되어
그 이상의 무언가 새로운 것 가져온다.
세 해나 한 자리에서 몸을 살찌우는 것
추악한 짓이어라.
이 늙어가는 영혼은
인간 사유의 아득한 변경 너머로
침몰하는 별처럼 지식을 추구하고파 몸이 달았는데.

여기 내 아들 내 혈육 텔레마쿠스가 있으니
그에게 왕홀과 섬을 맡긴다.
내가 어여삐 여기는 녀석
인내와 지혜가 있어
사나운 종족을 타일러
유익하고 선한 길로 이끄는
이 힘든 일을 감당할 분별력이 있다.
내가 없어도
산적한 일감에 치여
인정을 베푸는 데 소홀함 없을 테고
조상신들 또한 어련히 잘 모실 터이니

나무랄 데라곤 없는 아이
너는 네 일을 나는 내 일을 하면 좋지 않겠는가.
저기 항구가 있다 돛에 바람이 가득하다
어둡고 넓은 바다가 검푸르다.
뱃사람들아
나와 함께 땀흘리고 애쓰고 머리쓴 사람들아
우레와 뙤약볕을 흔쾌히 받아들이고
트인 가슴 트인 머리로 싸웠던 사람들아
그대들도 나도 늙었다.
허나 노년에도 명예와 책무는 있는 법.
죽으면 모두 끝장이지만
종말이 오기 전까지
무언가 명예로운 업적을
신들과 자웅을 겨룬 자들에게 합당한 일을
해낼 기운은 남아 있다.
어느덧 바위에 불빛이 어린다
길었던 날이 저문다 달도 천천히 솟는다
깊은 바다는 웅성거리며 한숨지으며 감돈다.
오라 벗들이여
새로운 세상을 찾아나서는 길
아직은 늦지 않았다.
배를 밀어라 줄지어 앉아서
아우성치는 파도 이랑 가르며 가자.
나의 목표는 오직 하나
죽을 때까지 저 일몰 너머로
서녘 하늘에 반짝이는 별들의 자맥질을 넘어
멀리 멀리 저어가는 것.

깊은 바다가 우리를 삼킬지도 모르나
혹시 아는가 행복의 섬에라도 닿아
우리의 옛 친구 위대한 아킬레스를 다시 보게 될지.
비록 잃은 것 많으나 아직 남은 것도 많다네
지난날 하늘과 땅을 뒤흔들었던 기운센 장사는 아니나
지금의 우리 또한 우리로다.
시간과 운명으로 노쇠했어도
한결같은 영웅적 기백
갈구하고 추구하고 발견하고 굴복을 모르는
강한 의지력.

매듀 아놀드

시인이며 문학비평가였던 매듀 아놀드(1822-88)는 인간 존재와 인간 제도에 대해서 동료 어느 누구보다도 비관주의적인 생각을 품었지만 순전한 의지력으로 밝게 행동했고 목적 의식을 잃지 않았다. 빅토리아조의 영국 사회에 누구보다도 강한 반감을 품었던 아놀드는 고급 문화의 대변자였고 청교도, '야만인'(귀족), '속물'(중산층)을 일평생 적대시했다. 다음에 소개하는 〈도버 해협〉에는 마음 둘 곳 없는 사회에서 인간이 느끼는 절망적인 소외감이 인상깊게 묘사되어 있다. 시인이 연인에게 "그대여 이제 우리 서로에게 진실해집시다"라고 말할 때 그가 의도한 것은 사랑이 아니라 생존이었다. 아놀드는 낭만주의자가 아니라 현실주의자였다.

문헌 22 도버 해협(1867)

매듀 아놀드

오늘밤 바다는 잔잔하고
밀물이 가득 차올랐소.
해협에 드러누운 해맑은 달빛
저 건너 프랑스 해안에선
등대 불빛이 깜빡이다 사라지고.
저 고요한 만에 깎아지른듯
번쩍이며 서 있는 거대한 절벽.
창문으로 오구려 밤공기가 달콤하오!
달빛 어린 육지와 바다가 만나는 바로 저기
길다란 물보라의 선에서
자갈 부딪는 소릴 들어보구려.

물결이 밀려왔다가 밀려갈 때
해안 높이 던져지는 자갈
그 느린 운율의 진동이
들렸다 그쳤다 다시 들리며
영원한 슬픔의 가락
스며들게 하는 것을.

오래 전 소포클레스가
에게 바다에서 들었던 이 소리는
들고 나는 인간의 불행을 생각게 했다는데
우리도 이 머나먼 북쪽 바닷가에서
그 소리 들으며 생각하오.

신앙의 바다는
한때 가득 차올라
밝은 띠처럼 육지를 겹겹이 에워쌌었소.
허나 이제 내 귓가에 들리는 건
밤바람의 숨결에 맞추어
삭막하고 스산한 세상의 언저리와
헐벗은 자갈 해변을 따라
끊임없이 흐르는 음울한 썰물 소리뿐.

그대여 우리 이제
서로에게 진실합시다.
꿈의 땅처럼 우리 앞에 펼쳐진 세상
다채롭고 아름답고 싱그러우나
사실은 기쁨도 없고 사랑도 빛도 없고
확신도 평화도 없고 고통 앞에 내미는 손길도 없으니.
우리가 있는 어두운 벌판은
갈등과 도주의 어지러운 경적이 난무하는 곳
밤이면 무지한 군대들이 충돌하는 곳.

토머스 하디

자신이 비관주의자라는 사실을 부정했지만 토머스 하디(1840-1928)의 장편, 단편, 시는 매듀 아놀드나 표도르 도스토예프스키에 못지않은 뿌리깊은 비관주의를 드러낸다. 하디는 인간이 노력을 하면 이 세상은 더 나아질 수 있다고 보았지만 그의 산문과 시는 삭막한 삶이 주는 좌절감과 슬픔으로 넘친다. 하디는 빅토리아조가 끝난 다음에도 한참을 더 살았지만 그의 작품은 후기 빅토리아조의 음울한 아이러니의 분위기를 전형적으로 보여준다. 〈중립의 빛깔〉은 그 음울한 이미지를 일관되고 설득력 있게 전달한다.

문헌 23 중립의 빛깔(1898)

토머스 하디

그 겨울날 우리는 연못가에 서 있었다
태양은 하느님의 꾸지람을 받은 듯 창백한데
풀죽은 잔디 위에는 떨어진 나뭇잎 몇몇
물푸레나무에서 떨어진 그 잎새들은 잿빛이었다.

해묵은 수수께끼를 놓고 지루하게 두리번거리는
그런 눈으로 나를 바라보는 너의 눈초리
우리들 사이에 말과 말이 오고 갔고
그럴수록 우리의 사랑은 엷어져 갔다.

네 입가의 미소가 죽음에 가장 가까웠다
죽을 힘만 남긴 겨우 살아 있는 미소
마치 불길한 새 한 마리 날아오르듯
쓰디쓴 웃음이 그 곁을 스쳐가고 …

그 뒤 사랑은 속이고 쥐어짜며 학대한다는
뼈아픈 교훈 나는 이 교훈으로 다시 보았다
너의 얼굴을 나무를 하느님이 저주한 태양을
또 언저리에 잿빛 낙엽이 떨어진 연못을.

문헌 24 어둠 속 지빠귀새(1898)

토머스 하디

관목 숲 정원 문에 기대어 섰다
서리는 유령인 듯 잿빛이고
힘이 빠지는 낮의 눈은
겨울 찌꺼기들로 더욱 황량하였다.
망가진 리라의 줄처럼
뒤엉킨 덩굴 줄기 하늘을 할퀴었고
가까이서 서성대던 모든 사람들
제각기 집 안 화롯불 찾아 돌아갔다.

땅의 날카로운 모양새는
쭉 뻗은 세기의 시체인 듯하였고
구름 덮인 천궁은 그 납골당
바람은 그 죽음을 애도하는 소리.
잉태와 탄생의 옛스런 맥박은
오그라들어 굳고 말랐고
이제 지상의 모든 영혼이
나처럼 그 열기를 잃은 듯했다.

그때 홀연히 들려오는 목소리 하나
머리 위 황량한 나뭇가지 사이에서
온통 가슴을 토해내는
거침없는 기쁨의 저녁 노래였다.
늙은 지빠귀새 한 마리
센 바람에 깃털 쏠리는 약하고 야위고 작은 몸으로
이렇게 제 혼백을 온통 내던지는 것이었다

이 부풀어오르는 어둠 위에.

멀리 가까이 주위를 둘러보아도
희열에 가득 찬 저런 목소리로
기쁨의 노래 지저귈 까닭이
땅 위의 것 어디에도 씌어 있지 않으니
저 새의 즐거운 저녁 인사 노래 속에
저는 알고 나는 모르는
어떤 축복의 희망이
혹시나 떨려오고 있었던가.

미국의 낭만주의와 사실주의

19세기의 미국은 팽창일로를 걸었다. 13개의 주가 45개로 되었고 여기에 3개의 준주, 알래스카, 하와이, 필리핀, 푸에르토리코, 괌, 미국령 사모아가 추가되었다(지도 23.6). 이러한 영토 확장은 북미 전역에 흩어져 있던 아메리카 인디언 부족들의 희생 속에서 이루어졌다. 인디언과 백인의 전쟁은 1540년 코로나도가 이끄는 원정대가 지금의 뉴멕시코 지역에서 주니족과 충돌하면서 처음 시작되었다. 그로부터 3세기 반 뒤인 1890년 사우스다코타주의 운디드니에서 거대한 발이 이끄는 수족 전사들을 미국의 제7기병대가 학살하면서 전쟁은 막을 내렸다.

　　나는 싸움에 지쳤다.
　　우리의 추장들은 전사했다.
　　거울도 죽었다.
　　투훌훌소테도 죽었다.
　　노인들은 모두 죽었다.
　　젊은이들은 갈피를 못 잡는다.
　　젊은이들을 이끌던 이는 죽었다.
　　날은 추운데 우리에겐 담요가 없다.
　　어린 아이들이 얼어죽고 있다.
　　우리 부족 중에서 일부는
　　언덕으로 달아났지만
　　그들도 담요와 먹을 것이 없다.

> 그들이 어디 있는지 아무도 모른다.
> 아마 얼어죽고 있을 것이다.
> 우리 아이들을 보살필 수 있는 시간이 필요하다
> 얼마나 찾을 수 있을까.
> 시체들 속에서 찾을 수 있을까.
> 들어라 나의 추장들이여, 나는 지쳤다.
> 내 가슴은 슬프고 아프다.
> 지금 태양이 버티고 있는 곳에서부터
> 나는 더이상 싸우지 않으리라 영원토록.
>
> 네즈 페르스 추장 조지프(1840?-1904)의 항복 연설[01]

미국은 유례없는 영토 확장과 경제 번영을 달성했지만 미술과 문학 분야에서는 당장은 이렇다 할 성과를 내놓지 못했다. 19세기 초의 미국 작가들은 자신들의 문학적 독립성을 만천하에 알리려고 노력했지만 아직은 영국 문필가들의 위협을 받고 있었다. 영국에서 낭만주의가 대두하면서 미국 문학도 활기를 띠었다. 워싱턴 어빙(1783-1859), 윌리엄 컬린 브라이언트(1794-1878), 제임스 페니모어 쿠퍼(1789-1851) 같은 작가들은 새로운 미국풍의 낭만주의 소설을 내놓기 시작했다. 한정된 지면 때문에 여기서는 그 다음 세대의 작가들을 중심으로 미국 문학이 낭만주의로부터 사실주의로 넘어간 과정을 추적하기로 하겠다.

---

[01] 조지프 추장은 미국 기병대의 공격을 피해 오레건에서부터 몬타나까지 무려 1600킬로미터에 걸친 장정을 이끈 네즈 페르스 추장들 가운데 한 사람이었다. 그가 이끌던 부족은 결국 몬타나에서 기병대에게 항복한다.

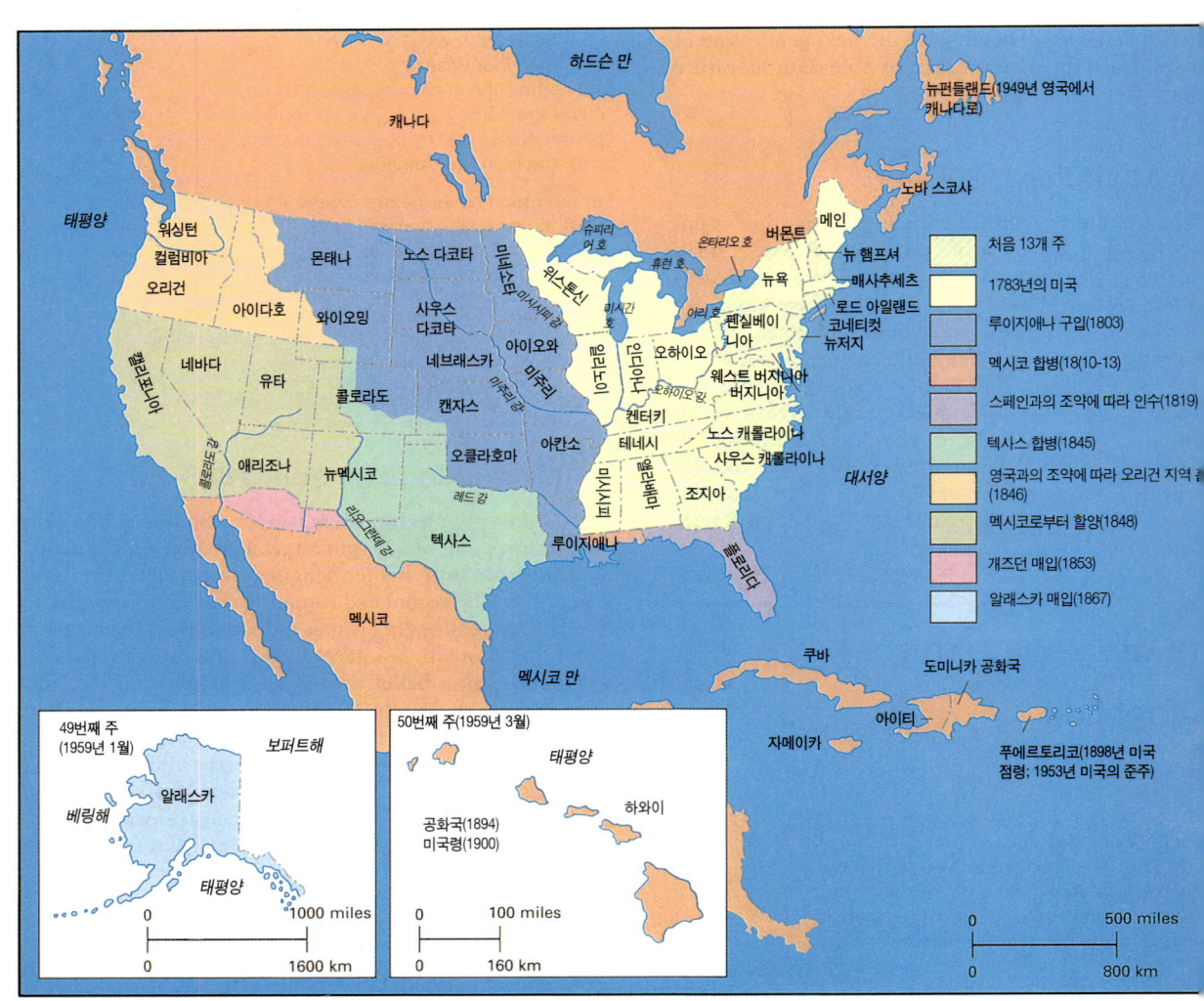

지도 23.6 미국의 번성.

에드가 앨런 포

　미국이 배출한 작가 중에서 국제적 명성을 얻은 몇 안 되는 작가 중 한 사람인 포(1809-49)는 뛰어난 문학비평가, 시인, 그리고 기발한 상상력이 돋보이는 단편소설의 대가였다. 미국의 천박한 물질만능주의를 처음으로 질타한 포는 오직 예술가로서 일평생을 살다 간 최초의 미국 작가였다. 포는 시를 "미의 창조"로 정의하면서 모든 시는 이성과 감정에 똑같이 호소해야 한다고 주장했다. 시는 미, 절제, 짜임새 있는 효과로 구성되어야 한다고 포는 생각했고 자신의 시를 통해 그러한 예술론을 실천에 옮겼다. 사랑하던 여인의 죽음에서 영감을 얻은 〈애나벨 리〉는 놀라운 음악적 리듬으로 씌어진 서정시의 걸작이다.

문헌 25 애나벨 리

에드가 앨런 포

멀고 먼 옛날
바닷가 어느 왕국에
아시는지 모르겠지만 한 소녀가 살았습니다.
소녀의 이름은 애나벨 리였습니다.
저를 사랑하고 저의 사랑을 받는 일 말고는
아무런 생각도 하지 않고 살았던 소녀였습니다.

바닷가 왕국에서는
저도 어렸고 소녀도 어렸지만,
우리는, 저와 애나벨 리는,
사랑 이상의 사랑을 했습니다.
하늘의 날개 달린 천사도 샘을 낼 만큼
그런 사랑을 우리는 했습니다.

그것이 이유였지요
먼 옛날
바닷가 왕국에서
구름으로부터 불어온 바람이
어여쁜 저의 애나벨 리를
싸늘하게 식혀놓은 것은.

그러자 그녀의 지체높은 일가친척이 와서
제게서 그녀를 앗아가버렸습니다.
묘지에 가두기 위해서
바닷가 왕국에서.

하늘에서도
우리의 절반밖에 행복을 못 누렸던 천사들이
그녀와 저를 시기했던 것입니다.
그래요! 그것이 이유였지요
(바닷가 왕국에서는 누구나 아는 사실입니다)
밤중에 구름으로부터 쿨어온 바람이
저의 애나벨 리를
얼어 죽게 만든 것은.

하지만 우리의 사랑은 훨씬 더 강했습니다
우리보다 나이든 사람들의 사랑보다도
우리보다 현명한 사람들의 사랑보다도.
하늘을 호령하는 천사도
바다를 주름잡는 악마도
저의 영혼과
아름다운 애나벨 리의 영혼은
절대로 갈라놓을 수 없습니다.

달빛이 비칠 때면
저는 어여쁜 애나벨 리의 꿈을 꾸니까요
별빛이 떠오를 때면
저는 어여쁜 애나벨 리의 맑은 눈을 보니까요.

그래서 밤새도록 저는
사랑하고 또 사랑하는
저의 생명 저의 신부 곁에
누워 있습니다
바닷가 그곳 애나벨 리의 묘지에서
물결치는 바닷가 애나벨 리의 무덤에서.

렐프 월도 에머슨

포가 미국 남부 문학의 전통을 의식적으로 구현하려고 노력했다면, 에머슨(1803-82)과 그의 동료들은 미국 북동부인 뉴잉글랜드 지방을 중심으로 활동하면서 낭만적 추상성을 북부 개인주의의 완고한 현실과 조화시킨 낭만주의자들이었다. 에머슨, 소로, 마거릿 풀러 같은 사람들의 신조는 초월주의였다. 인간과 우주는 완벽한 조화를 이루고 있으며 헤겔이 말한 것처럼 완성을 향해 나아가고 있다는 신념이었다. 고매하고 아주 개인주의적이었던 초월주의자들은 영혼의 문제에서 유일한 판단의 기준이 되는 것은 개인의 양심이라고 주장했다. 그들은 모든 문제에서 독립심을 강조했고 사회 개혁의 필요성을 역설했다.

아름다움과 진실은 초월주의자들을 사로잡은 주제였다. 포에게 시는 아름다움을 뜻했다. 에머슨은 진실을 추구하는 개인에게 필요한 하나의 기능으로 시를 보았다. 에머슨은 에세이는 자신이 쓴 것이지만 자기 자신은 어떤 의미에서는 시가 쓴 것인지도 모른다고 생각했다. 에머슨이 남긴 수많은 시들에서 우리는 자연의 더 깊은 의미를 파악하려는 시인의 노력을 본다.

월트 휘트먼

〈시인〉이라는 에세이에서 휘트먼(1819-92)은 시인에게는 특별한 사명이 있다고 썼다. "새로운 세대의 경험은 새로운 고백을 요구하고 세상은 늘 새로운 시인을 고대하기 때문이다." 미국의 꿈을 누구나 긍정하는 세상이 되었다. 미국이 이룩한 혈기왕성한 민주주의의 목소리는 바로 월트 휘트먼의 목소리였다. 에머슨은 그 점을 단박에 알아차렸다. 《풀잎》(1855)의 초판본을 받고 에머슨은 휘트먼에게 보낸 편지에서 이것은 "미국이 이제까지 도달한 가장 눈부신 위트와 지혜의 시"라고 격찬했다. 그리고 "장래가 촉망되는" 시인의 탄생을 축하했다. 무관심했던 일반 대중은 물론이지만 에머슨만큼 예리하게 휘트먼의 진가를 알아본 작가는 드물었다. 에머슨은 나중에 휘트먼에게 마음 편히 연애시를 써보라고 조언했지만 휘트먼은 그 조언을 한사코 받아들이지 않았다. 《풀잎》은 휘트먼이 남긴 유일한 시집이다. 무려 아홉 판을 찍는 동안 이 시집은 휘트먼의 삶과 더불어 성장했고 아예 그의 삶이 되어버렸다. "이것은 책이 아니다"라고 휘트먼은 썼다. "이 책을 만지는 사람은 한 사람의 일생을 어루만지는 셈이다."

다양한 목소리를 낼 줄 알았던 시인 휘트먼은 점잖빼는 전통과 이른바 '문학어'를 거부하고 보통 사람들이 쓰는 말을 일부러 썼다. 그의 시에는 시사 용어, 일상적으로 쓰이는 대화어, 각양각색의 외래어가 뒤섞여 특이한 감동을 준다. 범신론자이며 신비론자, 열렬한 애국자였던 휘트먼은 미국만이 아니라 전세계에 두루 적용되는 인류애, 형제애, 자유를 부르짖었다.

휘트먼 특유의 '나열 양식'을 전형적으로 보여주는 다음의 노래말 같은 시는 "민주주의의 음유시인"으로 불렸던 휘트먼의 진면목을 보여준다.

문헌 26 아메리카의 노래가 들린다

월트 휘트먼

아메리카의 노래가 들린다 형형색색의 송가가 들린다
목청껏 신나게 제 노래를 부르는 직공들의 송가
널빤지 대들보를 재면서 목수가 제 노래를 부르는 것이
작업을 준비하거나 마치면서 석수가 제 노래를 부르는 것이
사공이 배에서 제 세상을 노래하고 수부가 기선 갑판에서 노래하는 것이
신기료 장수가 벤치에 앉아 노래하고 모자 장수가 서서 노래하는 것이
벌목꾼의 노래와 아침 나절이나 점심 해질녘에 오가는 농부의 노래
어머니 노래 일하는 젊은 아내의 노래 바느질하고 빨래하는 처녀의 달콤한 노래
제각기 자기만의 세상을 노래하는 것이 들린다.
낮에는 낮대로
밤에는 건장하고 정다운 젊은이의 무리가
입 크게 벌리고 힘차고 아름다운 노래를 부르는 것이.

하먼 멜빌

휘트먼과 같은 해에 태어났고 역시 에머슨의 영향을 받았던 멜빌(1819-91)의 문학적 이력은 하나가 아니라 둘이다. 휘트먼처럼 멜빌도 바다와 바다의 이미지에 흠뻑 빠져들었지만 휘트먼의 시각이 기본적으로 긍정적이었던 반면 멜빌이 세상을 보는 눈은 아이러니와 비극에 차 있었다. 낭만주의자였던 휘트먼과는 달리 멜빌은 현실주의자였던 것이다. 장편소설 《백경》(1851)을 발표한 지 몇 해 뒤 멜빌은 무슨 연유에서인지는 몰라도 시쓰기에만 몰두했다. (그가 죽은 다음 장편소설 《빌리 버드》의 유고가 발견되긴 했지만 언제 씌어졌는지는 확인할 길이 없다.) 멜빌은 10년 동안 소설을 썼고 다시 30년 동안 시를 썼지만 휘트먼처럼 무명 작가로 일생을 마쳤다.

에밀리 디킨슨

자기가 태어난 고향 애머스트를 일평생 떠나지 않아 '애머스트의 은둔자'로 불리는 에밀리 디킨슨(1830-86)의 시는 사실적이었다. 마크 트웨인이 바깥 세상을 이야기했다면 디킨슨은 자기 영혼의 내면세계를 이야기했다. 그녀가 죽은 뒤에 비로소 발표된 1,775편의 시는 마치 일기장을 들여다보는 듯한 느낌을 준다. 그것은 사회와는 담을 쌓고 살아간 외로운 인간의 쓸쓸한 내면 풍경이다. 때로는 암호를 연상케 하는 그녀의 보석 같은 시는 그 어떤 시대 그 어떤 시인의 시와도 다른 독특한 매력으로 다가온다.

문헌 27 시

에밀리 디킨슨

6
난 결코 황야를 본 적이 없어요
바다도 본 적이 없어요
하지만 알고 있는걸 히스가 어떻게 생겼는지
파도란 어떤 것인가도.

난 결코 하느님과 얘기해 본 적이 없어요
하늘나라에 가본 일도 없어요
하지만 어딘지는 확실히 아는 걸
지도가 내 손에 있는 것처럼.

7
죽음을 위해 내가 멈출 수 없기에
고맙게도 그가 날 위해 멈추었다
마차에는 그저 우리와
불멸만이 있었다.

우린 천천히 나아갔다 그는 서두를 일이 없었다
나도 내 고통과 안일을
집어치웠다
그의 정중함에 보답하기 위해.

우리는 지나갔다
아이들이 원을 이루어 씨름하며 노는 학교를
낟알들이 응시하는 들판을 지나갔다

지는 해를 지나갔다.

땅이 부풀어오른 듯한 집 앞에
잠시 머물렀다
지붕은 보일락말락했고
처마는 땅 속에 묻혀 있었다.

그로부터 몇 세기가 흘렀지만
짧게만 느껴진다
말 머리는 영원을 향하고 있다고
나 처음 믿었던 그 날보다.

제24장
낭만주의 음악

끊임없이 일어나는 예술 양식의 변화를 우리는 두 극단 사이에서 지속적으로 이루어지는 왕복 운동이라는 커다란 틀로 이해할 수 있다. 회화에서 이 바깥의 울타리를 대표하는 것은 색을 강조하는 루벤스주의자와 선과 드로잉을 중시한 푸생주의자였다. 들라크루아는 루벤스주의자였고 앵그르와 다비드는 푸생주의자였다. 이 두 극단을 음악에서는 낭만주의와 고전주의로 각각 부른다. 그림에서처럼 낭만주의 음악은 색을 중시하고 고전주의 음악은 선과 디자인을 강조한다. 이것을 정리하면 다음과 같다.

| 고전주의 | 지성적 | 객관적 | 이성적 | 평온함 | 단순성 | 아폴론적 |
| 낭만주의 | 감성적 | 주관적 | 비이성적 | 불안함 | 장식성 | 디오니소스적 |

〈왼쪽〉 산에서 교전하는 아랍인들, 일부. 외젠 들라크루아, 1863. 아마포에 유채, 92.5×74.6cm.

이질성이 조금도 섞이지 않은 백퍼센트 고전주의 양식, 백퍼센트 낭만주의 양식은 존재하지 않는다. 두 극단 중에서 어느 하나를 강조하는 것은 예술 양식을 하나의 범주로서 이해하기 위한 방편이라고 생각하면 된다. 무게 이동이 약간만 이루어져도 땅바닥에 닿게 되는 시소의 아슬아슬한 균형에 이것을 비유할 수 있다. 모차르트의 모든 음악은 감성적이 아니라 지성적이고 장식적이거나 불안한 것이 아니라 평온하고 단순하다고 말하는 것은 언어도단이겠지만 세부로 들어갔을 때 모차르트의 음악이 본질적으로 고전주의적이며 절제와 투명한 설계를 보여준다는 것 또한 엄연한 사실이다.

　음악에서 낭만주의 양식은 아주 세밀하거나 아주 웅장하거나 둘 중의 하나로서 나타나지 그 가운데에 오는 경우는 지극히 드물다. 한쪽 극단에는 독창이나 피아노 독주를 위한 우리에게 친숙한 가곡과 1악장으로 된 피아노곡이 있는가 하면 다른쪽 극단에는 웅장한 교향곡이 있다. 낭만주의 음악에서 중시하는 것은 음악의 네 요소인 선율, 화음, 리듬, 음색 중에서도 특히 음색이다. 교향악단이 처음 만들어진 이래 낭만주의 교향곡은 그 어느 때보다도 풍부한 음량과 다양한 음색을 가지게 되었다. 17세기와 18세기의 유럽 음악이 상당한 국제성을 띠었던 반면 이 시기의 음악은 개인주의적 성향이 농후했고 강한 민족주의 성향을 나타낸다. 하이든과 모차르트의 고전 음악에서 '오스트리아'다운 특색을 찾기는 어렵지만 낭만주의 시대로 넘어오면 바그너, 슈베르트, 슈만에게서는 '독일'다운 특성이, 베르디, 로시니, 도니제티한테서는 '이탈리아'다운 특성이 중요한 비중을 차지한다. 문학과 회화처럼 낭만주의 음악에도 급격히 부상하던 민족주의의 색채가 짙게 배어들었다. 아르놀트 뵈클린(1827-1901)의 침

제24장 낭만주의 음악

24.1 망자의 섬. 아르놀트 뵈클린, 1880. 목판에 유채, 73.7×121.9cm.

울하고 음산한 그림은 낭만주의 양식의 전형을 보여준다. 뵈클린은 이 작품을 "몽상을 위한 그림"이라고 평했다(24.1). 이 야릇하고 신비스러운 장면은 커다란 인기를 끌었다. 이 그림은 자기만의 기괴한 세계 속에 그저 존재할 뿐 아무런 설명을 필요로 하지 않으며 설명도 바람직하지도 않다고 여겨졌다.

독일 가곡

　낭만주의 운동은 기존의 시―대부분은 낭만주의 성향의 시―를 분위기와 의미를 절묘하게 살려 음악으로 담아내는 새로운 양식을 만들어냈다. 민족주의는 여기서도 두드러진 특징으로 나타났다. 새로운 양식은 언어와 음악의 종합이었는데 이때 쓰인 언어가 독일어였던 것이다.

　오스트리아의 작곡가 프란츠 슈베르트(1797-1828)는 1814년 괴테의 《파우스트》에서 영감을 얻어 〈실잣는 그레트헨〉이라는 곡을 써서 예술 가곡이라는 새로운 형식을 창안했다. 이때부터 슈베르트, 슈만, 브라암스 같은 작곡가들이 낭만적인 가곡을 쓰기 시작했다.

　멀리는 그리스의 사포에서 중세의 음유시인, 바흐에 이르기까지 작곡가들은 언제나 시에서 음악적 영감을 얻었다. 하지만 독일의 가곡은 단순한 노래 이상이었다. 독일의 작곡가들은 음악이라는 수단을 가지고 시를 재창조한다는 일관된 목표 의식을 보여주었다. 웅장한 곡에 빠져들지 않으면 아담한 곡에 매료되었던 시대에서 예술 가곡은 후자에 들어갔다. 중간 영역은 찾아보기 어려웠다. 낭만주의자들은 하늘 높이 솟아오르든가 바다 깊이 잠수하는 데만 관심이 있었지 일상 세계를 견디어낼 수 있는 참을성은 많이 부족했다. 그들은 복잡한 것을 좋아했고 단순한 것을 싫어했다. 음악 하나만 있는 것보다는 음악과 시가 모두 있는 것이 한결 낫다고 보았다. 시와 음악을 보기 드문 새로운 양식으로 종합해냈다는 점에서 예술 가곡은 낭만주의의 정수를 보여준다.

시에서 나오는 노래는 느낌과 분위기, 시인이 말하는 것의 알맹이를 포착하려고 한다. 언어의 운율, 억양, 소리, 의미는 선율, 리듬, 화음, 음색이라는 작곡가의 개인적 언어에 의해 고조되고 힘을 얻는다.

다음은 독일 가곡 운동의 아버지인 슈베르트의 가곡이다. 독일 가곡은 항상 독일어로 불려진다. 번역을 하면 언어와 음악의 통일성이 깨지는 탓이다. 독자들의 이해를 돕기 위해 밑에 번역을 달아놓았다. 이 노래는 모두 10절로 되어 있다.

문헌 28 독일 가곡

〈실잣는 그레트헨〉(Gretchen am Spinnrade)

슈베르트

배경: 파우스트를 사랑하는 순수한 처녀 마르가르테(그레트헨)가 방 안에서 물레질을 하면서 이 사랑이 파탄으로 끝나리라는 걸 예감하면서도 파우스트에 대한 연모의 노래를 부르고 있다. 《파우스트》의 1부 끝부분에 나오는 장면이다.

1. Mei-ne Ruh' ist hin, mein Herz ist schwer;
ich finde, ich finde sie nimmer und nimmer mehr.
(나의 평온은 사라져버렸고 나의 마음은 무거워
이제 나는 두번 다시 평온을 되찾지 못하리 두번 다시는)
2. Wo ich ihn nicht hab', ist mir das Grab,
die ganze Welt ist mir vergällt.
(그대가 없는 곳 그곳이 어디건 내게는 무덤
온 세상이 내게는 괴롭고 허무한 곳 되어버렸네)
3. Mein armer Kopf ist mir verrückt
mein armer Sinn ist mir zerstückt.
(가련한 나의 머리는 제 정신을 잃어버렸고
가련한 내 마음은 산산히 부서져버렸네)
4. Mei-ne Ruh' ist hin, mein Herz ist schwer;
ich finde, ich finde sie nimmer und nimmer mehr.
(나의 평온은 사라져버렸고 나의 마음은 무거워
이제 나는 두번 다시 평온을 되찾지 못하리 두번 다시는)
5. Nach ihm nur schau' ich zum Fenster hinaus,
nach ihm nur geh' ich aus dem Haus.
(창 밖으로 내가 바라보는 것 그것은 오직 그이 한 사람
내가 집 밖으로 나가는 것은 오직 그이를 찾기 위해서)

6. Sein hoher Gang, sein' edle Gestalt,
seines Mundes Lächeln, seiner Augen Gewalt,
(그의 사랑스런 걸음걸이 그의 고귀한 모습
그의 입가의 미소 힘이 깃든 그 눈동자)
7. Und seiner Rede Zauberfluss,
sein Händedruck und ach, sein Kuss!(피아노)
(그리고 그 마법과도 같은 유려한 말솜씨
나의 손 꼭 쥐던 그 손의 감촉 그리고 아아 그의 입맞춤)
8. Mei-ne Ruh' ist hin, mein Herz ist schwer;
ich finde, ich finde sie nimmer und nimmer mehr.
(나의 평온은 사라져버렸고 나의 마음은 무거워
이제 나는 두번 다시 평온을 되찾지 못하리 두번 다시는)
9. Mein Busen drängt sich nach ihm hin.
Ach, dürft' ich fassen und halten ihn!
(내 가슴은 갈망하네 그이와 함께 있기를
아 이 팔로 그를 포옹하고 내 곁에 붙들어둘 수만 있다면)
10. Und Küssen ihn, so wie ich wollt'
an seinen Küssen vergehen sollt',
O könnt' ich ihn küssen, so wie ich wollt',
an seinen Küssen vergehen sollt',
an seinen Küssen vergehen sollt'!
(그에게 입맞출 수만 있다면 마음껏 내 원하는 대로
그 입맞춤 속에서 나는 죽어가도 좋으리)
Mei-ne Ruh' ist hin, mein Herz ist schwer.(피아노)
(나의 평온은 사라져버렸고 나의 마음은 무거워)

피아노 음악

피아노가 이 시대의 가장 인기 있는 악기로 떠올랐다는 사실에서도 우리는 개인의 고유성을 강조하는 낭만주의의 영향력을 확인한다. 기타가 오늘날의 대표적인 악기인 것처럼 피아노는 낭만주의를 대변하는 악기였다. 피아노는 급속도로 퍼져나갔다. 가곡을 반주할 수도 있고 실내악 앙상블의 일원으로 조화를 이룰 수도 있고 피아노 협주곡에서는 교향악단을 지배할 수도 있는 참으로 쓰임새가 많은 악기였기 때문이다. 하지만 피아노의 가장 큰 매력은 독립성에 있었다. 피아노는 뛰어난 독주 악기였던 것이다.

18세기의 피아노는 비교적 작았으며 맑고 고운 소리를 냈다. 19세기의 피아노는 덩치가 커졌고 소리는 맑다기보다는 낭랑했고 가장 큰 연주장도 쩌렁쩌렁 울릴 만큼 커다란 소리를 냈다. 넓은 음역도 극단을 선호하던 낭만주의의 정신과 일맥상통한다. 브람스의 〈자장가〉를 연주하건 쇼팽의 〈혁명 연습곡〉을 연주하건 낭만주의 시대의 피아니스트는 당당한 위치를 차지했다. 요즘도 이 낭만주의 시대에 만들어진 작품들을 감상하러 연주회장을 찾는 사람들이 가장 많다.

프레데리크 쇼팽

쇼팽(1810-49)은 뛰어난 피아니스트였지만 파가니니, 리스트 같은 쇼맨십과 원숙한 기량을 혼동하는 사람은 아니었다. 연주장에서 엄청난 성공을 거두었음에도 불구하고 쇼팽이 공식적으로 가진 연주회는 평생 75회밖에 되지 않았다. 기질과 스타일 면에서 그는 소수의 사람들이 모이는 파리의 살롱에서 하는 연주를 더 좋아했다. '피아노의 시인'으로 불렸던 쇼팽은 낭만주의의 정신을 한몸에 구현한 인

21.2 프레데리크 쇼팽, 외젠 들라크루아, 1838. 캔버스에 유채. 45.7×38.1cm.

들라크루아가 주문을 받고 그린 초상화는 거의 없다. 그는 가까운 주변 사람들을 그렸다. 그들은 들라크루아 본인처럼 '낭만주의적 고뇌'의 희생자들이었다.

물이었다(그림 24.2).

그의 음악시도 말과 음악을 하나로 녹인 독일 가곡과 크게 다르지 않다. 곡의 기본틀은 소나타 형식, 2부 형식, 3부 형식 같은 전통적 형식을 따르지만 내용은 특이하다.

쇼팽은 피아노 연주의 다양한 기법을 활용하면서 많은 연습곡을 작곡했다. 짧지만 화려한 G플랫장조(〈검은 건반〉) 연습곡은 검은 건반만으로 연주를 하는 재미있는 작품이다. 폭이 흰 건반의 절반도 채 안 되는 좁은 건반들 사이에서 전광석화처럼 손가락을 놀려야 하는 난이도가 높은 곡이다.

음악 9 　피아노 연습곡

G플랫장조 연습곡, 5번　　　　　　　　　　　　쇼팽(1810~49)

자기연출력

19세기는 전설적인 거장들의 시대였다. 청중들은 거장의 사소한 동작 하나도 놓치려 하지 않았다. 일부 연주자들은 음악 외적인 자기연출력(쇼맨십)을 발휘하여 자신의 카리스마를 높였다. 가령 바이올린의 거장 니콜로 파가니니는 공연의 마무리를 면도날로 했다. 신기에 가까운 연주에 이미 도취한 청중을 앞에 두고서 파가니니는 바이올린 현을 한 줄씩 끊어나가다가 막판에 가서는 남은 한 줄로만 의기양양하게 연주했다.

거장 피아니스트 프란츠 리스트는 자신을 숭배하는 여성을 공연장 맨 앞 자리에 앉혀놓곤 했다. 가장 극적인 순간에 이 젊은 여성은 리스트의 연주에 압도당한 나머지 혼절을 했다. 그러면 리스트는 그녀를 무대로 안고 나가 한쪽 팔로는 가녀린 여인을 감싸안은 채 다른 팔 하나만으로 의기양양하게 연주를 마무리지었다.

교향곡

금관악기와 타악기를 보강하고 목관악기를 확대하여 규모가 아주 커진 관현악단은 낭만주의 음악을 전달하는 효과적 수단이 되었다. 고전주의 시대의 교향악단은 현악기들을 핵심에 박아두고 소규모의 목관악기, 그리고 금관악기 몇 개와 타악기 몇 개를 배치하는 선에 머물러 있었다. 낭만주의 음악가들은 전체와 조화를 이루면서도 어엿이 독립된 역할을 할 수 있는 충실한 목관악기부와 금관악기부를 덧붙였다.

박스 표(275쪽)는 현대의 관현악단에서 원칙적으로 준수되는 좌석 배치도다. 현악기는 음량에 한계가 있기 때문에 앞에 박아두었고 목관악기도 가운데에 온다. 금관악기와 저음 악기, 타악기는 후위에 포진한다.

어느 정도 예상은 가는 일이지만 교향곡 전통들을 받아들이는 방식에서 작곡가 개개인마다 차이가 많이 나타났다. 여기서는 엑토르 베를리오즈, 요하네스 브라암스, 표트르 차이코프스키 세 사람의 작품을 하나씩 살펴보면서 기법상의 두드러진 차이를 알아본다.

엑토르 베를리오즈

머리가 빨간 베를리오즈(1803-69)(24.3)는 남부 프랑스 출신의 낭만주의 음악가였다. 자신 있게 연주할 수 있는 악기는 기타였지만 이

24.3 엑토르 베를리오즈

혁명적인 예술가는 교향곡 작곡에 심혈을 기울였다. 화려한 기질―그의 평생의 염원은 산꼭대기에서 울려퍼지는 1만 개의 트럼펫 소리를 듣는 것이었다―에도 불구하고 그는 견실한 음악가였으며 리스트, 바그너, 차이코프스키, 슈트라우스에게도 지대한 영향을 미친 관현악의 혁신자였다.

그의 작품 중에서 가장 큰 성공을 거두었지만 가장 큰 물의를 빚기도 한 〈환상교향곡〉은 베토벤이 죽은 지 불과 3년 뒤인 1830년에 완성되었다. 베를리오즈는 토머스 드 퀸시가 써서 인기를 모았던 소설 《어느 아편 중독자의 고백》을 읽고 자기도 아편을 복용한 도취 상태와 음악을 결합시키겠다는 야심을 품었다. 또 그는 셰익스피어 연극의 여주인공을 도맡았던 해리엇 스미슨이라는 배우를 열렬히 사모했다. 이 격정적이고 불 같은 사랑은 두 사람의 결혼으로 이어졌지만 얼마 못 가서 파경을 맞이했다. 그 자세한 내막은 베일에 가려져 있다.

베를리오즈는 셰익스피어의 희곡에 나타나는 낭만주의적 요소에 매료되었다. 해리엇 스미슨이 연기하는 셰익스피어의 여주인공들에 대한 그의 연모는 그 여배우에 대한 사랑으로 발전했다. 불같이 뜨거운 결혼 생활의 한복판에서 베를리오즈는 셰익스피어의 여주인공들에 대한 자신의 애정, 아내에 대한 열정, 아편에 대한 관심을 하나로 녹아들여 환상적인 이야기를 꾸며냈으니 이것이 바로 〈환상교향곡〉이었다.

베를리오즈는 고전주의 음악은 속 빈 강정이라고 생각했다. 대신 그는 자신이 과감하게 시도한 새로운 교향곡에서 다섯 악장 하나하나를 모두 관통하는 일관된 주제를 만들어냈다. 이 고정 주제는 일종의 라이트모티브에 해당하는 것으로 완전무결한 사랑의 이상과 해리엣 스미슨의 이상화된 모습을 모두 표현한 것이었다. 바그너도 이 방식을 애용했다.

다음은 〈환상교향곡〉을 이루는 다섯 악장의 제목과 베를리오즈가 작곡 당시에 의도했던 생각을 간단히 설명한 것이다.

1. 〈몽상―격정〉. 연인의 마음을 붙들어둘 수 없는 데 절망한 예술가는 아편으로 상심을 달랜다. 이 악장과 다음의 악장들에서 전개되는 것은 아편을 복용한 상태에서 경험한 일련의 꿈, 환상, 악몽이다. 이 첫 악장에서는 사랑하는 사람에 대한 예술가의 격정이 몽환적으로 그려진다.

2. 〈무도회〉. 환상 속의 무도회에서 사랑하는 사람이 등장한다. 그녀는 춤추는 사람들 사이로 모습을 보였다 감추었다 한다. 사랑하는 사람을 나타내는 고정 주제는 그녀의 모습이 보일 때마다 들린다.

3. 〈시골 경치〉. 목가적인 전원의 고요하고 한가로운 정경.

4. 〈단두대로 가는 길〉. 착란 상태에서 예술가는 자신이 사랑하는 사람을 죽였고 그래서 단두대로 끌려가는 중이라고 상상한다.

5. 〈꿈에 본 악마의 연회〉. 처형당한 뒤 예술가는 소름끼치는 악마의 연회에 참석한 자신의 모습을 꿈에서 본다. 이것은 악마 숭배자들이 최후의 심판을 패러디하여 가졌던 악마의 미사를 연상시키는 요소들로 가득하다. 사랑하는 사람도 타락한 창녀의 모습으로 패러디되어 나타난다.

음악 10   환상교향곡

'단두대로 가는 길', 4악장   베를리오즈(1803~69)

요하네스 브라암스

19세기 후반에 활동한 그 어떤 음악가보다도 브라암스(1833-97)는 '절대 음악'을 소생시키는 데 막대한 기여를 했다. 여기서 말하는 절대 음악은 음악 외적인 주제와는 무관하게 오직 소리와 조성의 어울림에만 관심을 쏟는 작곡 방식을 뜻한다. 이 점에서 브라암스는 베토벤의 계승자로 여겨졌다. 브라암스의 1번 교향곡은 베토벤의 10번 교향곡이라는 우스갯소리마저 나올 정도였다. 브라암스는 새로움이나 혁신보다는 형식을 중시하는 빈 고전주의 음악의 전통을 충실히 따랐다. 유럽이 바그너 오페라의 특수한 효과와 혁신에 온통 넋을 잃고 있는 동안에도 브라암스는 모차르트와 베토벤의 전통을 완강하게 고수했다. 브라암스의 2번 교향곡에는 그가 추구한 매혹적이며 쾌활한 교향곡 형식이 잘 살아나 있다.

표트르 일리치 차이코프스키

차이코프스키(1840-93)는 음악 형식을 완성하는 데는 성공을 거두지 못했지만 교향곡을 주무르는 솜씨만큼은 탁월했다. 차이코프스키가 쓴 교향곡의 풍성한 소리는 낭만주의 운동의 드라마틱한 강도와 정서적 극단성을 단적으로 보여주었다.

차이코프스키는 답답한 통속극과 김빠진 감상주의에서 헤어나오지 못한 곡도 썼지만 〈백조의 호수〉, 〈호두까기 인형〉, 〈잠자는 미녀〉 같은 발레곡은 엄청난 대중적 인기를 끌었다. 교향곡 4번, 5번, 6번도 걸작으로 손꼽힌다.

호두까기 인형

이 음악의 주제는 알렉상드르 뒤마와 호프만의 소설에서 유래했다. 이야기는 주인공 마리가 아이들과 함께 크리스마스 트리를 꾸미면서 놀이를 하는 데서 시작된다. 마리는 턱이 아주 큰 노인처럼 생긴 독일제 호두까기 인형에 매력을 느낀다. 왈가닥 소년들이 이 호두까기 인형을 망가뜨리자 마리는 미안한 마음에 그날 밤 잠을 못 이룬다. 가엾은 인형을 살펴보기 위해 잠자리에서 빠져나오니 크리스마스 트리는 점점 커지고 장난감들도 하나둘 움직이기 시작하다. 케익도 과자도 호두까기 인형도 살아난다. 쥐들이 장난감들을 공격하자 호두까기 인형은 쥐의 우두머리에게 결투 신청을 한다. 호두까기 인형이 패하기 일보 직전 마리는 구두를 던져 쥐를 몰아낸다. 그러자 호두까기 인형은 멋진 왕자님으로 변하여 목숨을 구해줘서 고맙다고 말하면서 마리와 함께 자신의 왕국으로 떠난다.

2막에는 사탕의 요정이 사는 잼으로 된 산이 나온다. 그 다음 차이코프스키가 발레곡에서 만든 모음곡을 이루는 일련의 무용이 펼쳐진다. 아주 생동감 넘치는 러시아 무용은 첫 소절에 나오는 약동하는 듯한 선율에 바탕을 두고 있다.

음악 11   발레곡
호두까기 모음곡, 4악장
'러시아 무용'   차이코프스키(1840~93)

오페라

오페라는 19세기에 형식과 내용에서 극적인 변화를 겪었다. 19세기 초에 나온 베토벤의 〈피델리오〉(1805)는 국제적 오페라의 표본으로 자리잡았다. 그러나 낭만주의가 출현하면서 민족색이 짙게 반영된 오페라가 기세를 떨쳤다. 특히 이탈리아의 오페라는 한동안 유럽과 미국의 오페라계를 지배했다.

베르디의 〈리골레토〉(1851)에서 볼 수 있듯이 이탈리아 오페라는 통속적인 줄거리, 부담없는 멜로디, 눈길을 끄는 독창과 앙상블을 집대성한 것이었다. 줄거리나 인물의 전개보다는 〈벨 칸토〉(아름다운 노래)가 중시되었다. 하지만 시간이 흐를수록 극적 구성에 대한 관심이 높아졌는데 그 절정이 바로 리하르트 바그너의 복잡한 '음악극'이었다. 〈트리스탄과 이졸데〉(1859)로 잘 알려진 바그너는 최고의 예술 형식은 오페라라고 믿었다. 그런 생각은 자신을 영웅으로 보았던 시인 바이런, 초인 이론을 전개한 철학자 니체의 관점과 통하는 구석이 있다.

신화에 바탕을 두면서 음악과 문학의 총체성을 지향하는 바그너의 음악극은 강한 반작용을 낳아 주제 면에서는 오히려 사실주의를 추구하려는 경향이 나타났고 좀더 단순한 음악을 지향하려는 움직임도 나타났다. 강단 화단에 대한 반감은 미술에서도 밀레, 코로처럼 낭만적 사실주의를 추구하는 바르비종 화파의 출현으로 이어졌다. 특히 도미에와 쿠르베의 사실주의적 그림은 새로운 활기를 불어넣었다. 문학에서도 에밀 졸라가 선도한 자연주의가 새바람을 몰고 왔다.

주세페 베르디

이탈리아의 오페라 작곡가 중에서도 가장 위대하다는 평가를 받는 베르디(1813-1901)는 보기 드물게 오래 살면서 죽기 전까지 왕성한 작품 활동을 했다. 셰익스피어의 희곡에 바탕을 두었으며 베르디의 최고 걸작으로 손꼽히는 〈오텔로〉(1887)와 〈팔스타프〉(1893)는 다른 작곡가들 같았으면 진작에 창작에서 손을 떼었을 나이에 만들어졌다. 그의 오페라는 정서적 강렬함, 따라부르기 좋은 풍부한 멜로디, 드라마틱한 성격 묘사로 잘 알려져 있다. 오페라 〈리골레토〉에 나오는 '라 돈나 에 모빌레'는 여자의 경박스러움을 장난스럽게 묘사한 테너 아리아로 유명하다. "여자의 변덕스런 마음은 떨어지는 별처럼 덧없네, 끝없이 변하는 여자의 마음 어찌 가만히 묶어둘 수 있으랴."

자코모 푸치니

자코모 푸치니(1858-1924)(24.4)는 오페라 문학을 선도한 낭만적 사실주의자였다. 그가 쓴 비극 오페라 〈라 보엠〉, 〈나비 부인〉, 〈토스카〉는 일류 오페라단에서 어김없이 공연하는 단골 레퍼토리로 아직도 많은 사랑을 받고 있다. 베르디만큼 음악과 극에 혁신을 불러일으키지는 않았지만 푸치니는 무대에 대한 타고난 감각과 기악 편성에 대한 예민한 감각으로 국제적 성공을 거두었다. 푸치니의 오페라는 베르디의 오페라와 함께 이탈리아 오페라의 대명사로 전세계에 알려져 있다. 오페라 〈토스카〉에서 주인공인 오페라 가수 토스카는 사랑하는 연인의 임박한 처형을 두고 이렇게 노래 부른다. "사랑과 음악만을 위해 지금껏 살아왔고 남에게 해를 끼친 적도 없거늘 … 하늘이시여 왜 나를 저버리시나이까?"

24.4 자코모 푸치니

조르주 비제

비제의 오페라 중에서 성공작은 단 하나뿐이지만 그것은 비제를 19세기 최고의 오페라 작곡가 반열에 올려놓기에 손색이 없는 작품이었다. 이상하게도 〈카르멘〉에 대한 사람들의 반응은 처음에는 덤덤했다. 작곡가에게는 커다란 실망이 아닐 수 없었다. 비제는 서른한번째 공연이 끝난 직후에 숨을 거두었다. 오페라 〈카르멘〉은 프랑스 작가 프로스페르 메리메의 동명 소설에서 줄거리를 가져왔다. 프랑스의 낭만주의 작가들과 음악가들은 주제와 배경을 모두 스페인으로 하는 작품을 써서 커다란 성공을 거두었다. 〈카르멘〉 1막에서 주인공 카르멘은 사랑을 길들여지지 않는 새, 거칠고 난폭한 집시 아이에 비유하면서 자기를 사랑하는 사람은 단 한 순간도 마음 편할 날이 없을 것이라고 경고한다. 아름다운 스페인 집시 여인의 도도함은 남자들의 애간장을 녹인다.

인상주의 음악

19세기가 저물어갈 무렵에는 낭만주의의 수명도 끝이 났다. 낭만주의가 쇠락한 대신 인상주의라는 새로운 양식이 그 빈 자리를 메웠다. 르네상스가 매너리즘(마니에리스모)으로, 바로크가 로코코로 바뀐 것처럼 낭만주의의 정신은 정제되어 모네, 드가, 르누아르 같은 인상주의 화가의 작품에서 마지막 결실을 맺었다.

드뷔시와 라벨의 이른바 '인상파' 음악 – 드뷔시는 '인상파'라는 말을 싫어했다 – 은 독일 낭만주의의 군림, 특히 바그너의 위세에 거부감을 느낀 프랑스 음악가들의 저항을 상징했다. 인상주의 운동의 확산에 무시 못할 역할을 한 것은 독일과 프랑스의 민족주의적 대결의식이었다. 드뷔시는 섬세하고 미묘하고 사려깊은 음악, 감정적 경험을 주기보다는 감각을 건드리는 음악을 개발했다. 드뷔시가 보기에 독일의 낭만주의 음악은 너무 장황하고 지루했다. 반면 프랑스 음악에는 특유의 우아함과 세련미가 있다고 자신했다.

인상주의 화가들의 그림과 드뷔시, 라벨의 정교한 음악 사이에는 비슷한 점이 아주 많다. 인상주의자들은 색과 빛의 순간적 어울림을 포착하려고 했다. 그들이 즐겨 묘사한 것은 잎새들 사이로 비치는 햇빛과 물, 들판, 꽃, 건물에 가해진 빛의 작용이었다. 음악가들은 이 색과 빛의 상호작용을 흔들리는 음으로 옮겨 표현하려고 했다.

회화와 음악에서 나타나는 인상주의는 말라르메, 베를렌, 보들레르 같은 프랑스 상징주의 시인들과도 밀접한 관련이 있다. 그들은 음악의 전유물로 여겨져온 의미의 불분명성을 언어라는 수단으로 이루어냈다. 그들은 시를 음악에 비유하면서 단어의 소리에서 음색을 찾으려 했고 단어의 분명한 의미보다는 상징적 의미를 추구했다. 베를렌에 따르면 단어의 작용은 인상주의 음악의 조성 작용과 마찬가지로 "불분명한 것이 정확한 것과 만나는 회색의 노래"다.

인상주의 음악은 음악적 자원을 넓히고 많은 혁신을 가져왔다.

독특한 기법

선법

과거의 교회 선법은 후기 낭만주의 시대에 와서 다시 각광을 받았고 인상주의자들은 이것을 더욱 밀고 나갔다. 그들이 추구한 효과는 장조-단조의 명료한 조성 체계에 역행하는 것이었다. 교회 선법은 다양한 색조와 모호한 조성을 제공했다.

그밖의 음계

발리, 중국을 비롯한 아시아 여러 나라의 전통 음악의 밑바탕을 이루는 5음계를 이용했다는 점에서 동양의 강한 영향력이 느껴진다.

5음계

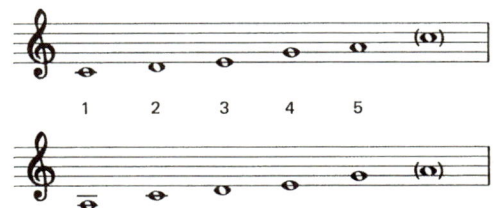

인상주의의 모호한 조성과 부유하는 화음을 표현하는 데 특히 진가를 발휘한 것은 온음계였다. 이것은 각 음정 사이가 모두 온음으로 되어 있는 6음계였다. 음과 음의 거리가 모두 동일하기 때문에 명확한 중심 음정은 존재하지 않았다. 온음계는 두 가지 방식으로 표현할 수 있었다. 하나는 하얀 건반에서 시작하여 검은 건반으로 끝나는 방식이었고 또 하나는 검은 건반으로 시작해서 하얀 건반으로 매듭짓는 방식이었다.

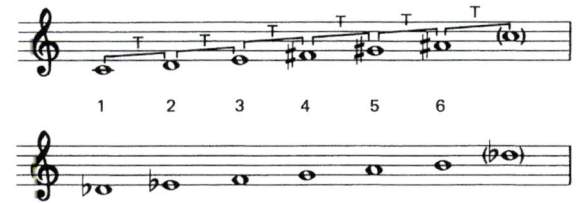

형식

고전주의 형식은 거의 사멸했고 그 대신 애매모호한 윤곽, 부유하는 듯한 느낌, 꿈결처럼 몽롱한 효과가 선호되었다. 물론 형식이 결여된 음악은 아니었다. 처음과 중간과 끝이 엄연히 있었다. 하지만 형식은 미묘했고 작곡가가 추구하는 인상의 지배를 받았다.

악기 편성

브람스와 바그너가 애용한 목관악기와 금관악기의 우렁찬 음은 인상파 음악가들에게는 질색이었다. 그들은 독일 관현악단의 어둡고 장중한 음을 훨씬 밝고 미세한 효과에 중점을 두고 악기의 개별성을 살리는 악기 편성으로 바꾸었다. 인상파 음악가들은 잉글리시 호른이나 플루트, 클라리넷 같은 악기의 저음역에서 나오는 이국적인 소리에 매료되었다. 바이올린은 아주 높은 음역을 연주하곤 했지만 음색은 한결 누그러뜨렸다. 트럼펫과 호른도 음색을 누그러뜨렸다. 보통 관현악단에서는 보기 어려운 하프, 트라이앵글, 가볍게 스치는 심벌즈가 사용되었고 종소리를 내는 첼레스트라는 작은 건반 악기도 동원되었다. 개별 악기에서 나오는 순수한 소리는 화가가 순수한 색으로 내는 깨알 같은 붓자국과도 같았다.

　인상주의 시대에도 피아노는 가장 사랑받는 악기였지만 가령 쇼팽이 피아노를 다루던 방식과는 크게 달라졌다. 채색, 감각, 미묘한 화음 효과, 섬세한 음조가 중시되었다. 특별한 사건을 다루건 아니면 보편성 있는 사상이나 이미지, 감각을 다루건 인상주의 음악은 표제 음악의 성격을 점점 강하게 띠었다.

클로드 드뷔시

　드뷔시(1862-1918)는 부단히 변하는 화음과 음색으로 인상파 화가들의 그림에서 볼 수 있는 빛과 그림자가 어룽어룽 반짝이는 모습을 암시하려고 했다. 드뷔시의 음악은 가령 쏟아지는 햇빛을 한 몸 가득히 받고 있는 르누아르의 나부 그림처럼 눈부시다. 드뷔시는 〈항해〉라는 피아노곡에서 온음계와 5음계를 유효적절하게 섞어 부단히 변하는 선율과 화음의 무늬를 짜나갔다. 감상자는 음악을 들으면서 틀에 얽매이지 않고 자유로운 상상의 나래를 펼 수 있다.

음악 12   피아노곡

피아노 전주곡, 1권, 2악장

'항해'   드뷔시(1862~1918)

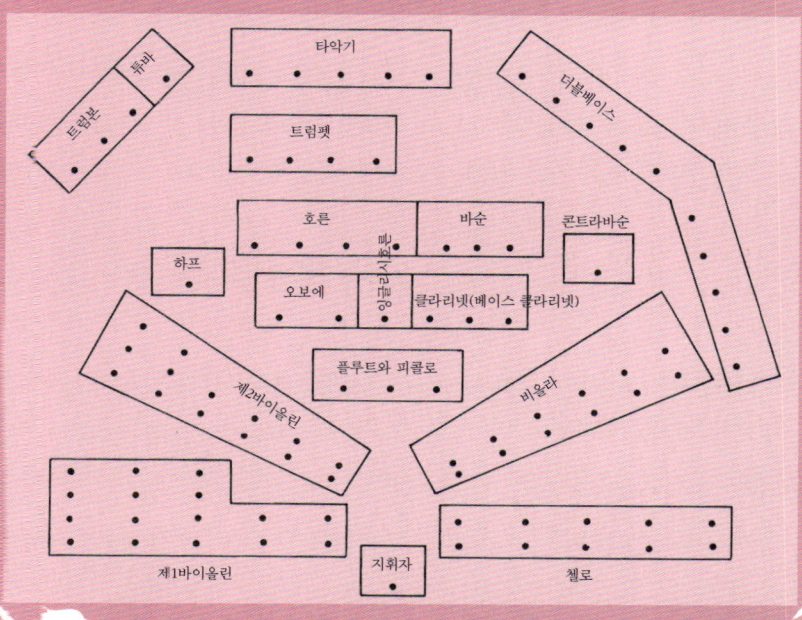

현대 교향악단의 전형적 악기 배치

24. 낭만주의 음악

제25장
19세기 미술:
갈등과 다양성

낭만주의 운동과 신고전주의 양식

낭만주의 운동은 문학과 음악 분야에서 워즈워스와 콜리지의 시를 통해, 슈베르트의 가곡을 통해 처음 세상에 나타났다. 하지만 미술 분야는 나폴레옹의 궁정 화가였던 다비드의 굴레에서, 로마 제국의 고전적 건축 양식을 통해 자기가 세운 제국의 정통성을 증명하겠다는 결의에 차 있던 나폴레옹의 입김에서 벗어나지 못하고 있었다. 1806년 나폴레옹은 장 프랑수아 샬그랭에게 프랑스 원정군이 각지에서 거둔 승리를 기념하는 위풍당당한 개선문을 지으라고 지시했다 (25.1). 12개의 대로가 사방으로 뻗어나가는 한복판에 들어선 이 개선군은 높이 49미터에 폭은 44.5미터로 로마 시대에 지어진 그 어

〈왼쪽〉 루앙 대성당, 일부. 클로드 모네. 1894. 캔버스에 유채. 100.3×66cm.

25.1 개선문. 장 프랑수아 샬그랭. 파리 샤를 드 골 광장. 1806-36.

25.2 마들렌 교회. 피에르 비뇽. 파리. 1806-42.

덜 개선문보다도 규모가 컸다. 지금도 무명 용사들의 묘를 굽어보면서 샹젤리제 거리의 중앙에 버티고 선 개선문은 프랑스 제국의 영광과 이 개선문이 완성을 보지 못하고 죽은 나폴레옹 황제의 군사적 승리를 기념하고 있다.

마들렌 교회(25.2)는 원래 1764년부터 지어지기 시작했지만 중간에 헐리고 로마의 판테온 신전을 본딴 고전주의 양식의 건물이 그 자리에 대신 들어섰다. 나폴레옹에게는 자신이 지휘하는 대군의 위용을 과시할 수 있는 거대한 신전이 필요했던 것이다. 마들렌 교회는 52개의 장엄한 코린트식 기둥들에 에워싸여 있다. 기둥 하나의 높이는 20미터에 달했다. 정면에 보이는 8개의 기둥과 완벽한 주랑은 그리스의 파르테논을 연상시키지만 높이 7미터의 기단은 로마식으로 프랑스 남부에 있는 로마 시대의 메종카레 신전과 비슷하다. 나폴레옹이 죽은 다음에 세워진 나폴레옹명예사원도 그리스와 로마의 요소를 짜임새 있으면서도 위풍당당한 구조로 노련하게 종합한 건물이다.

장 오귀스트 도미니크 앵그르

프랑스 혁명이 일어났을 때 겨우 아홉살이었던 앵그르(1780-1867)는 나폴레옹이 대의명분으로 내건 혁명적 이상의 열렬한 지지자는 아니었다. 하지만 그는 다비드의 가장 우수한 제자였고 혁명적 여세에서 국가의 대대적 뒷받침을 받는 주류 양식으로 발돋움한 고전주의 양식의 옹호자였다. 앵그르는 다비드의 스타일은 너무 날카로운 느낌을 준다고 주장하면서 폼페이의 벽화에서 영향을 받았고 그리스 도자기에 새겨진 우아한 형상을 흉내낸 유연한 드로잉 기법을 개발했다. 〈그랑드 오달리스크〉(그림 25.3)는 여성미를 고전주의 양식으로 담아낸 그림은 아니지만 앵그르가 신고전주의와 낭만주의로부터 골고루 영향을 받았음을 암시한다. 뒤로 지긋이 기대어앉은 나부의 자세는 티치아노와 비슷하고 조각을 빚어놓은 듯한 몸의 부드럽게 흐르는 윤곽은 냉정한 고전주의의 분위기를 전한다. 하지만 오달리스크(이슬람 후궁의 여자 노예)라는 주제는 낭만주의 성향을 드러낸다. 낭만주의자들은 오달리스크의 이국적인 매력에 사로잡혀 있었다. 작은 머리, 호리호리한 팔다리, 나른한 자세는 파르미자니노의 그림(17.36)에 나오는 주인공을 연상시킨다.

25.3 **그랑드 오달리스크**. 장 오귀스트 도미니크 앵그르. 1814. 캔버스에 유채. 89.5×161.9cm.

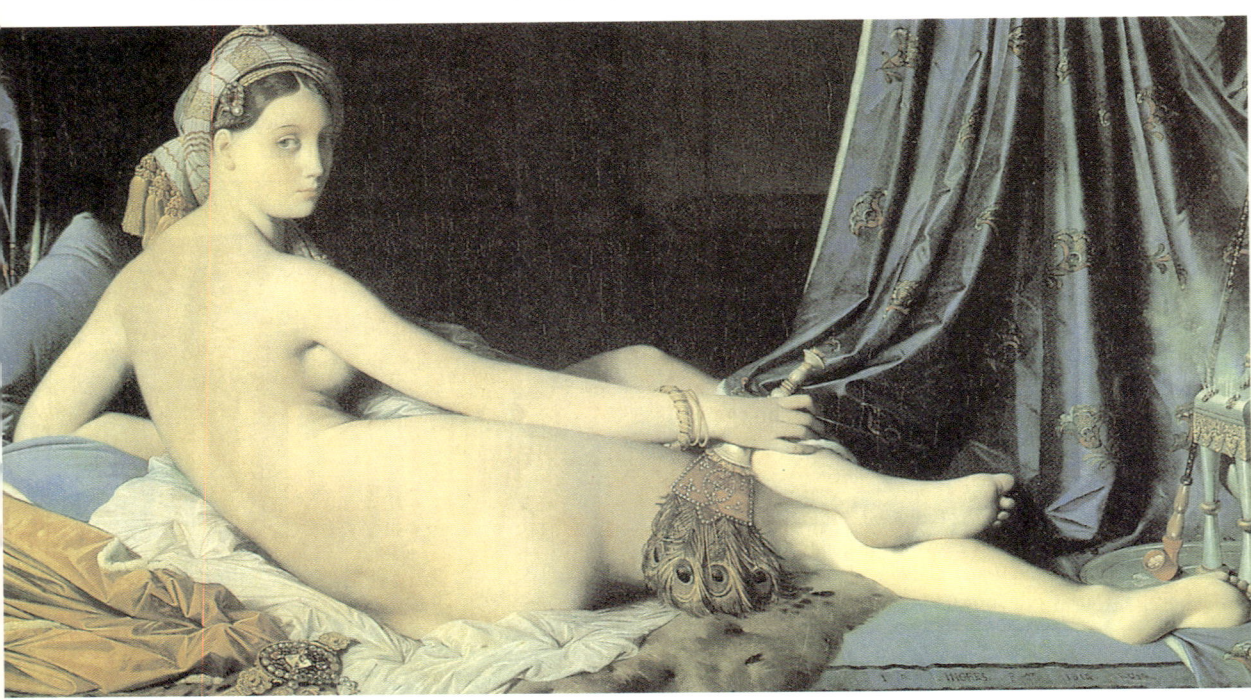

프란치스코 데 고야

낭만주의 시대의 빛나는 화가군 중에서도 단연 돋보이는 고야(1746-1828)는 개성이 강한 화가들 중에서도 아주 특이한 화풍을 보여준다. 고야는 다비드와 같은 시대를 살았지만 다비드와는 닮은 점이 전혀 없었다. 벨라스케스와 렘브란트의 영향을 받긴 했지만 고대나 르네상스의 영향은 전혀 받지 않았다. 초상화와 기록화에서 모두 뛰어난 기량을 가졌던 고야는 1799년 스페인 궁정 화가로 임명되었다. 카를로스 4세가 이끌던 부패하고 타락한 왕실의 무기력한 모습을 적나라하게 그려냈다는 점에서 그는 낭만주의자이면서 동시에 사실주의자였다.

그야는 80점의 동판화로 이루어진 연작 〈변덕〉에서 왕실에 대한 비판적 평가를 인간 일반의 어리석음, 악덕, 무지몽매함으로 확대시켰다. 하지만 동판화를 겨우 27점 팔았을 때 종교재판소는 고야의 시도에 찬물을 끼얹었다. 1808년 나폴레옹이 스페인을 침공하여 정복하자 고야는 새로운 주제에 관심을 돌리게 되었다. 그것은 전쟁의 야수성과 무익함이었다. 고야와 많은 스페인 국민들은 프랑스가 썩어빠진 스페인 왕정을 개혁시켜주기를 희망했다. 그러나 프랑스 군인들의 무자비한 야만성은 격렬한 저항을 불러일으키고 말았다. 그 과정에서 스페인 애국자들이 잇따라 처형당하는 비극이 벌어졌다. 1814년 프랑스 군을 몰아내고 들어선 자유주의 정부의 위촉을 받아 고야는 5월 3일의 학살극을 작품에 담아 나폴레옹 정복군의 어두운 이면을 생생히 고발했다(그림 25.4). 총살형을 집행하는 군인들은 얼굴은 안 드러나고 다리만 보이는 괴물로 묘사된다. 총은 대개 정면

25.4 1808년 5월 3일 마드리드 수비군의 처형. 프란치스코 데 고야. 1814. 캔버스에 유채. 2.66×3.45m.

에서 발사되었는데 병사들은 밤의 상징적인 어둠 속에 묻혀 있고 등잔불 하나만이 칠흑 같은 어둠을 밝힌다. 군사적 정복의 야만성에 항거하는 고야의 이 그림은 이제까지 어떤 화가도 그리지 못한 내용이었다. 사회적 저항 의식을 담은 미술 작품이 일반화되는 것은 사회적 불의를 공격하는 예술가의 수가 늘어나는 19세기 후반의 일이다. 고야의 그림을 유심히 살펴보면 죽은 사람과 죽음을 목전에 둔 사람역 모습에서 우리는 정복군에 의해 유린당하는 보통 사람들의 운명에 대한 화가의 깊은 연민을 읽을 수 있다.

고야의 그림은 워낙 개성이 강해서 어떤 범주에 집어넣기가 불가능하다. 하지만 그는 계몽주의의 여신으로 일컬어지던 이성을 신뢰하지 않았다는 점에서 진정한 낭만주의자였다. 피비린내 나는 혁명, 공포 통치, 나폴레옹의 정복 전쟁과 함께 계몽의 시대는 막을 내렸다. 고야는 폭압 정치가 이루어지던 1824년 스스로 스페인을 떠나 프랑스에서 망명 생활을 하다가 그곳에서 눈을 감았다. 그의 예술은 낭만주의 시대 후반이 되어서야 비로소 스페인 세계 바깥으로 알려졌다.

테오도르 제리코

낭만주의 초기의 가장 재능 있는 프랑스 화가였던 제리코(1791-1824)는 〈메두사호의 뗏목〉(그림 25.5)으로 불후의 명성을 얻었다. 다른 낭만주의 예술가들처럼 제리코도 당대의 사건을 주제로 삼았다. 그는 온 나라를 떠들썩하게 만든 비극적 사건을 그렸다. 1816년 프랑스령 서아프리카로 승객을 가득 태우고 가던 메두사호는 무능한 선장으로 인해 아프리카 연안에서 좌초했다. 선장은 6척의 구명정에 자기와 가까운 사람들만 태우고 무사히 해안에 도착한 반면 150명의 남자와 1명의 여자는 그대로 방치되었다. 그림에서 임시 방편으로 만든 뗏목에 탄 몇 안 되는 생존자들은 수평선 너머에서 구조선을 발견하고 미친 듯이 신호를 보내고 있다. 이 구조선은 다음날이 되어서야 뗏목을 발견했다. 제리코는 기자처럼 이 사건을 심층 취재했다. 생존자들과 이야기도 나누었고 두 눈으로 시신을 직접 보기까지 했다. 심지어는 화실 안에 작은 뗏목을 만들기도 했다. 덕분에 아주 사실적인 묘사가 이루어졌을 뿐 아니라 바다와 싸우는 사람들의 영웅적 기개를 극적으로 담아낼 수 있었다. 가차없는 대각선과 뚜렷한 명암대비는 우리의 시선을 쭉 뻗은 팔들이 이루어내는 삼각형으

25.5 메두사호의 뗏목, 테오도르 제리코, 1818-19. 캔버스에 유채, 4.8×7.05m.

로 이끌고 그 삼각형의 꼭지점에는 손을 흔드는 인물이 버티고 있다. 모든 동작은 아득히 먼 돛을 향해 뻗어나가고 있다. 그렇지만 왼쪽 전경에는 아무런 움직임이 없다. 노인 하나가 자기 무릎 위에 널브러진 젊은이의 시체를 앞에 두고 곰곰이 생각에 잠겨 있다. 이 낙심한 노인은 자신들이 치러야 하는 비인간적 희생을 슬퍼하는 듯하다. 처음 스케치에서 제리코는 생존자들이 인육을 먹는 모습을 묘사할 작정이었다. 14일 동안 아무것도 먹지 못하고 표류했다는 사람들치고는 너무 근육질이고 건강해 보이지 않는가? 뼈만 앙상하고 끔찍한 상처가 난 수척한 사람들의 몰골은 우리의 감정을 너무나 직접 후벼놓을 것이다. 이 건장한 사람들이 전달하는 힘에서 우리는 특수를 넘어 보편의 차원으로 올라선다. 제리코는 재난을 예술로 끌어올린 것이다.

　제리코의 강렬한 사실주의는 그러나 감상자의 감수성을 뒤흔들어 정서적 반응을 유발하려고 마음먹은 낭만주의자들이 애용한 방법이었다. 프랑스 정부가 해군 장교의 과오를 덮어두려는 움직임을 보이자 국민은 분노하면서 이 그림의 정치성에 주목했다. 그러나 대중의 이런 반응은 제리코가 의도한 결과가 아니었다. (제리코는 처음에 이 그림의 제목을 〈난파 장면〉으로 달아서 이런 정치적 해석을 피하려고 했다.) 이 작품은 메두사호 사건에서 영감을 얻었지만 정작 메두사 사건은 역사의 저편으로 사라졌고 그림만이 사회적 저항의식을 담은 예술품의 생생한 예로서 영원한 생명력을 과시하고 있다.

외젠 들라크루아

제리코가 낙마 사고로 때이른 죽음을 맞이하자 당대 최고의 채색 화가였던 들라크루아(1799-1863)는 낭만주의 예술의 선봉장이 되었다. 프랑스 제국의 식민지가 1830년 알제리를 시발로 북아프리카 일원까지 확대되자 프랑스 작가와 화가에게는 새로운 전망이 열렸다. 비중 있는 프랑스 화가로서는 처음으로 이슬람 국가를 찾은 들라크루아는 아랍 문화의 찬란하고 생동감 넘치는 빛깔에 매료되었다.

〈산에서 교전하는 아랍인들〉(248쪽)에서 그는 약동하는 강한 색채들의 영역과 명암의 강렬한 대비를 보여주었다. 들라크루아는 일기에다 "대비가 강할수록 위력적"이라고 썼다. 움직임을 포착하는 그의 탁월한 능력 덕분에 이 산비탈에서 벌어지는 전투의 드라마틱한 효과는 더 큰 설득력을 얻는다. 낭만주의와 고전주의를 가르는 하나의 기준이었던 색과 선의 반목은 19세기 초에도 계속되고 있었다. 들라크루아가 루벤스주의자였다면 그의 맞수였던 앵그르는 푸생주의자였다. 들라크루아처럼 채색을 중시한 화가에게는 미켈란젤로와 뒤늦게 발굴된 고야를 합치는 것이 가장 이상적인 양식이었다.

낭만주의 화가들은 자매 예술에도 관심이 높았다. 그들을 사로잡은 예술은 셰익스피어의 연극, 중세의 기사 이야기, 영국의 낭만시, 그리고 특히 음악이었다. 들라크루아가 좋아한 음악은 뜻밖에도 엑토르 베를리오즈 같은 프랑스 낭만파의 현란한 음악이 아니라 모차르트 같은 고전주의 음악이었다. 하지만 그는 쇼팽의 친구였다. 시정이 넘치는 쇼팽의 피아노 음악은 들라크루아만이 아니라 수많은 동료 작가와 화가에게 각별한 사랑을 받았다. 들라크루아가 그린 쇼

팡의 초상화(24.2)는 낭만주의자들이 생각한 고통받는 천재 음악가의 우울한 모습을 담았다.

존 컨스터블

영국 화가들은 프랑스 혁명과 그 후의 나폴레옹 전쟁이 자극한 이별적 충동보다는 루소가 말한 자연으로 돌아가자는 운동에 더 쉽사리 공감했다. 워즈워스, 콜리지, 셸리, 키츠 같은 영국 낭만주의 시인들은 자연의 아름다움을 아주 개인적인 용어로 묘사했다. 그들의 시에서는 풍경이 두드러지지만 그저 묘사를 위한 묘사는 아니었다. 시인은 사색을 자극하는 자연의 모습에 주목한 것이고 그것은 워즈워스가 말한 대로 '인간의 마음'을 포함한 자연 전반에 대한 성찰로 이어졌다. 한편으로 자연은 낭만주의 화가들이 즐겨 다룬 소재이기도 했다. 영국의 가장 뛰어난 화가 중 한 사람으로 꼽히는 컨스터블

25.6 에섹스 와이븐호 공원. 존 컨스터블, 1816. 캔버스에 유채, 56.2×101.3cm.

(1776-1837)은 과학적 객관성에 입각하여 풍경을 연구했다. 〈에섹스 와이븐호 공원〉(그림 25.6)은 평화로운 정경에 대한 그의 시적 반응인데, 이 그림을 압도하는 요소는 그 유명한 '컨스터블의 하늘'이다. 바람에 날려가는 구름, 들판과 강물 위로 쏟아지는 햇빛은 네덜란드의 거장들에게 조금도 뒤떨어지지 않는 광명의 세계를 연출한다. 지금까지 누구도 이루지 못했던 싱싱함이 화폭 전체에 감돈다. 눈부신 하늘은 에섹스 지방이 "정감을 표현하기에 더없이 유리한 수단"이라는 화가의 자부심 넘치는 발언이 결코 허튼소리가 아님을 입증한다. 컨스터블의 그림을 처음 보고 나서 들라크루아는 이미 완성된 작품의 하늘을 다시 그렸다고 한다. 인상주의 화가들도 컨스터블의 하늘을 보면서 감탄을 금치 못했다.

조지프 터너

인상파 화가 중에서도 특히 모네는 컨스터블과 같은 시대를 살았고 화가로서도 명성을 얻었던 터너(1775-1851)의 고조되고 자유분방한 색채에 매혹당했다. 런던에서 태어났고 런던을 좋아한 터너는 컨스터블처럼 평화로운 자연에 이끌리는 화가는 아니었다. 그는 빛, 그 중에서도 이탈리아 도시들의 햇빛, 특히 베네치아의 햇빛에 반했다. 빛에 대한 예리한 감수성을 앞세워 터너는 자유로우면서도 기품이 서려 있는 섬세한 채색 예술을 발전시켰다. 폭풍, 석양, 불이 낳는 극단적 효과와 빛에 전념했다는 점에서 그는 시대를 앞서갔고 세부에 대한 무관심은 그의 예술을 더욱 이색적으로 만들었다. 〈달빛 아래 석탄을 부리는 뱃사람들〉에는 달빛, 불처럼 터너가 애착을 가

그림 25.7 달빛 아래 석탄을 부리는 뱃사람들, 조지프 터너, 1835, 캔버스에 유채, 92.1×122.5cm.

졌던 소재들이 특유의 기법으로 처리되어 있다. 특히 대기를 묘사하면서 쓴 채색 기법은 터너만의 독창성을 보여준다. 세부 묘사보다 전체적 효과를 중시한 터너의 화풍은 그의 낭만주의 화가로서의 진면목을 드러낸다.

토머스 콜

미국의 낭만주의는 유럽 낭만주의의 다채로운 특성을 모두 보여주지만 신대륙에 들어선 젊은 국가답게 미국만의 뚜렷한 개성도 살아 있다. 가령 조지 캐틀린은 다양한 인디언 종족을 장기간 연구하면서 화폭에 담았고 존 제임스 오드본은 무려 12년 동안의 작업 끝에 《미국의 새들》이라는 기념비적인 화집을 냈다. 하지만 토머스 콜(1801-48)을 비롯하여 대다수의 미국 화가들을 매료시킨 것은 미국의 자연

25.8 옥스바우: 폭풍우가 몊은 뒤 홀료케산의 전망. 토머스 콜, 1836, 캔버스에 유채, 1.31×1.93m.

이었다.

열일곱살 때 영국으로부터 필라델피아로 이민을 온 콜은 훗날 허드슨 화파로 불리는 한 무리의 화가들에서 주도적 역할을 맡았다. 허드슨 화파의 화가들은 드높은 윤리적 소명감을 가지고 풍경화를 그렸다. 그들은 미국이 가진 야생의 아름다움과 순수함을 예찬했다. 《미국 풍경론》이라는 글에서 콜은 "미국 풍경의 가장 뚜렷하고 어쩌면 가장 인상적인 특징은 야생성"이라고 지적했다. 그는 이것을 "풍경의 원시적 특성이 파괴되거나 변형된 지 오래인" 유럽과 대비시켰다. 사람의 발길이 닿지 않은 숲과 산이 널려 있는 젊은 공화국 미국은 새로운 낙원으로, 탈진한 구대륙의 빛과 희망으로 간주되었다. 콜은 〈옥스바우〉(그림 25.8)에서 자기 눈으로 본 실제 자연의 모습을 사실적으로 묘사하면서도 이상적으로 그려진 폭풍을 낭만주의적 배음으로 깔았다. 폭풍은 휘어진 나무와 함께 강을 담아내는 액자의 역할을 한다. 콜의 작품에서는 사람의 모습(전경 오른쪽)은 웅대한 자연에 비하면 아주 왜소하게 나타난다. 환경에 대한 경각심이 높아지면서 현재 허드슨 화파에 대한 관심이 새롭게 일어나고 있다. 불과 한 세기 반 전까지만 하더라도 미국의 자연은 새로운 낙원의 풍모를 간직하고 있었지만 이제 그 모습은 영영 되찾을 길이 없다.

조지 캘러브 빙엄

빙엄(1811-79)은 미국 낭만주의의 또다른 측면을 개척했다. 그는 동부 버지니아에서 태어났지만 여덟살 때 중부 미주리로 이사를 갔다. 미주리는 당시만 하더라도 변경이었다. 빙엄은 그곳에서 모피상,

뱃사람, 정치인의 모습을 화폭에 담았다. 미주리는 마크 트웨인 소설의 배경이기도 했다. 빙엄의 그림에는 마크 트웨인의 소설에 묘사된 미주리강과 미시시피강을 터전으로 살아가는 사람들의 생활상이 생생히 드러나 있다. 〈미주리강을 따라 내려가는 모피상들〉(그림 25.9)은 한창 발전을 거듭하던 나라의 변방에서 펼쳐지던 비밀에 가려져 있던 생활의 단면을 보여준다. 배 한복판에 보이는 인물은 인디언의 피가 섞인 듯하다. 이 그림의 원제는 〈프랑스 모피상과 그의

25.9 미주리강을 따라 내려가는 모피상. 조지 캘러브 빙엄. 1845. 캔버스에 유채. 73.7×92.7cm.

다른 아들〉이었다. 빙엄이 인물들을 묘사하는 데 쓴 빨강, 노랑, 파랑의 원색은 배경에도 희미하게 살아나 있다. 시간이 잠시 멎은 듯 두 사람은 우리를 가만히 응시한다. 수면은 거울처럼 투명하지만 우리는 오른쪽으로 왼쪽으로 흐르는 물살을 느낄 수 있다. 이 그림은 낭만주의의 분위기를 물씬 풍기지만 안정된 구도, 밝은 빛, 세부의 꼼꼼한 묘사는 고전주의의 배음을 전달한다.

로버트 스코트 던칸슨

허드슨 화파의 영향을 받은 던칸슨(1817-72)은 생전에 이미 뛰어난 풍경화가로 인정을 받았다. 〈푸른 구멍〉(그림 25.10)은 토머스 콜의 그림처럼 극대와 극소의 이중 구도를 보여준다. 어부들은 워낙 작게 처리되어 거대한 풍경이 화폭 전체를 지배한다. 허드슨 화파의 전

25.10 푸른 구멍, 큰물, 작은 마이애미강. 로버트 스코트 던칸슨. 1851. 캔버스에 유

통을 충실히 따른 화가들처럼 던칸슨도 가냘픈 인간을 굽어내려보는 미국의 거대한 자연을 새로운 낙원으로 바라보았다.

과거로부터 받은 건축학적 영감

과거의 건축학적 유산을 가장 웅대하게 성공적으로 집대성한 건물은 찰스 베리(1795-1860)가 고딕 학자 어거스투스 웰비 퓨진(1812-52)의 도움을 받아 설계한 런던 의사당이다(25.11). 프랑스인과 독일인 이상으로 영국인은 영국의 귀족적이면서도 그리스도교적인 전통

25.11 런던 의사당. 베리와 퓨진, 1836-60.

유산을 가장 잘 구현한 것이 고딕 양식이라고 믿었다. 의회 건축위원회도 새로운 의사당을 고딕 양식 아니면 엘리자베스 양식 둘 중의 하나로 지으라는 명령을 내렸다. 베리는 신고전주의 양식을 선호했지만 퓨진은 대량생산을 특징으로 하는 산업 시대를 맞이하여 중세의 장인 정신을 찬양하고 영국인의 정신을 찬미하는 데는 영국 후기 고딕 양식이 알맞다고 베리를 설득하는 데 성공했다. 실제로 팔라디오풍으로 균형을 이룬 건물 위에는 포좌, 탑, 흉벽 같은 고딕 시대의 상징물이 얹혀 있다.

사실주의

밀레, 코로, 바르비종 화파

사실주의자들은 동시대 문학인들과 미술가들의 낭만주의적 환상에 반기를 들면서 자기들이 두 눈으로 본 현실 세계를 그리는 데 전념했다. 그들의 객관적이고 담담한 태도는 제리코와 들라크루아의 추종자들을 머쓱하게 만들었다. 파리 남쪽에 있는 퐁텐블로 숲의 바르비종 마을을 터전으로 삼아 활동한 바르비종 화파는 자연으로 돌아가자는 루소의 구호를 모방하면서 1848년 혁명의 무질서와 혼란으로부터 도피하려는 경향을 보였다. 루소가 말한 "고귀한 야성인"은 바르비종 화파의 프랑수아 밀레(1814-75)에 의해 흙을 일구며 살아가는 농부의 영웅상으로 해석되었다. 〈이삭 줍는 사람들〉(그림 25.12)에서 밀레의 농부는 미켈란젤로의 버금 가는 영원성과 네덜란드의 중산층 전통이 보여주었던 세속적 특성을 동시에 구현했다. 농부의 아들이기도 했던 밀레는 농부처럼 사는 길을 택했고 프랑스의 강단 미술 전통에 맞서 자신의 인물들을 마치 성극에 나오는 배우들

25.12 **이삭 줍는 사람들**. 장 프랑수아 밀레. 1857. 캔버스에 유채. 83.8×111.8cm.

처럼 애정을 갖고 묘사했다.

자신을 바르비종 화파의 일원으로 여기지는 않았지만 장 밥티스트 카미유 코로(1796-1875)도 그 언저리에서 활동하면서 직접적인 시각 경험을 중시하는 바르비종 화파의 입장에 십분 공감했다. 〈아브레 읍〉(그림 25.13)에서 코로는 시각적 현실을 마치 한 장의 사진처

그림 25.13 아브레 읍. 장 밥티스트 카미유 코로, 1870, 캔버스에 유채, 54.9×80cm.

럼 순간적으로 포착하여 빛과 어둠의 풍부한 전체상을 묘사하는 데 성공했다. 작업 속도가 빨랐던 코로는 자연의 밑바탕에 깔린 리듬을 풍경화로 재현하여 그 속에 담긴 마술적 진리를 만인 앞에 드러냈다. 서양 최고의 풍경화가로 손꼽히는 코로를 시인 보들레르는 "젊은 세대 전체의 스승"이라고 격찬했다.

오노레 도미에

코로, 밀레, 바르비종 화파는 낭만주의적 사실주의자라고 부를 수 있는 것은 그들의 작품에 도피주의의 요소가 보이기 때문이다. 그러나 파리에서는 1848년의 혁명을 전후한 정치적 사회적 불안상이 도미에(1808-79) 같은 철저한 사실주의자의 초미의 관심사였다. 동시대인들에게는 풍자화가로 널리 알려졌던 도미에는 무려 4천점이 넘는 석판화에서 그 시대의 크고 작은 비리를 여지없이 까발렸다. 도미에는 석판화뿐 아니라 강한 사회적 비판 의식이 담긴 유화도 많이 그렸다. 동시대의 세태를 그려야 한다는 것은 도미에의 한결같은 신조였다. 사람은 "자기 시대에 속해 있어야 하기 때문"이다. 〈삼등 객실〉(그림 25.14)에서 도미에는 그가 존경한 렘브란트처럼 강한 명암 대비를 이용하여 열차에 탄 승객 한 사람 한 사람의 소외감을 묘사했다. 각 인물은 섬처럼 고립되어 각자의 상념에 빠져 있다. 이 그림은 낭만주의적이면서도 사실주의적이다. 도미에는 도시 생활의 익명성이 드러나는 순간을 사실주의적으로 포착했지만 고독한 이방인들로 가득 찬 기차칸에 자신의 감정을 강하게 불어넣었다.

25.14 삼등 객실. 오노레 도미에, 1862, 캔버스에 유채, 65.4×90.2cm.

구스타브 쿠르베

사실주의 미술은 쿠르베(1819-77)라는 지도자를 얻게 되었다. 그는 '사실주의 선언'을 공표했다. 파리에 처음 생긴 맥주홀 안들러 켈러에서 쿠르베는 눈에 보이는 대상들로 이루어진 현실의 세계를 자기보다 잘 그릴 수 있는 사람은 없을 것이라고 기염을 토했다. "나에게 천사를 보여주면 내 얼마든지 천사를 그려주마." 쿠르베는 이렇게 자신만만했다. 쿠르베는 자기가 태어난 프랑스 동부 오르낭 마을 사람들의 생활에서 자연스러운 주제를 찾아냈다. "시골을 그리려면 시골을 알아야 한다. 나는 내가 태어난 시골을 안다." 〈오르낭의 장례식〉(그림 25.15)은 묵직한 역사적 사건을 그리는 데만 주로 쓰였던 어마어마하게 큰 화폭 안에 농촌의 정경을 담아냈다. 쿠르베는

25. 19세기 미술: 갈등과 다양성 **299**

사소한 시골 장례식의 침울한 장면을 자신이 "진정한 역사"라고 부른 거룩한 행사로 탈바꿈시켜 비평가들을 당혹스럽게 만들었다. 종교적 상징성과 사실성을 결합하여 중세 문헌 가운데 사자를 위한 전례문에 묘사된 그대로 개를 집어넣었다. 화가는 모델들에게 수없이 다양한 자세를 요구하여 사람들을 실물 그대로 그렸다. 성직자, 운구자들, 친구들, 친척들은 S자의 수평선을 그리면서 무관심한 표정부터 슬픔을 억누르는 표정까지 다채로운 감정 세계를 드러낸다. 십자가 모양의 장대는 예수가 죽은 골고다 언덕을 암시한다. 이 그림들이 만국박람회에 출품되었다가 전시를 거부당하자 쿠르베는 타협하지 않고 '사실주의 전시관'이라는 헛간을 지어 자신의 그림들을 전시했다.

25.15 오르낭의 장례식. 구스타브 쿠르베, 1849-50. 캔버스에 유채, 3.2×3.9m.

윈슬로 호머

사실주의에 매료된 화가들의 숫자는 유럽에서 크게 늘어났다. 하지만 사실주의가 특히 각광을 받은 나라는 실용주의와 현실주의가 국민 생활 속에 깊이 뿌리를 내리고 있었던 미국이었다. 〈하퍼스 위클리〉지의 삽화가로 출발한 윈슬로 호머(1836-1910)는 코로와 쿠르베의 영향을 받았지만 미국적 감수성은 잃어버리지 않았다. 호머는 마크 트웨인이 번지르르한 시대라고 비아냥거렸던 남북 전쟁 이후의 허세가 판을 치고 물질만능주의가 득세하던 시대를 살았다. 하지만 그의 화풍은 미국적 사실주의에 바탕을 둔 풍속화에 굳건히 발을 딛고 있었다. 〈순풍〉(그림 25.16)에서 호머는 바람, 소금기를 머금은 공기, 물보라가 튀는 바다를 발랄하게 엮어 바다에 대한 자신의 한결같은 애정을 유감없이 과시했다. 피로에 지쳤지만 그날 잡은 물고기를 한 배 가득 싣고 어부와 소년들은 집으로 돌아간다. 작은 외돛배는 눈높이에서 옆으로 약간 기울어져 있어 동적인 느낌을 자아내고 그 날의 풍성한 수확을 보여준다. "일단 대상을 신중하게 골랐으면 나는 그것을 보이는 그대로 그린다"는 호머의 말이 무색하지 않게 주름진 옷, 뱃전에서 튀는 물보라, 왼쪽 수평선에 아스라히 보이는 등대, 오른쪽 허공을 맴도는 갈매기 한 마리 등 세부 묘사가 아주 치밀하다. 화폭에서 빛이 발산되어 나오는 듯한 착각을 불러일으키는 호머의 솜씨는 프랑스 인상주의 화가들에게 전혀 뒤지지 않는다.

호머의 이력은 그와 동시대인이었던 작가 허먼 멜빌과는 크게 대조적이었다. 두 사람 다 미국 동부의 뉴잉글랜드 태생으로 바다에 매

25.16 순풍. 윈슬로 호머. 1876. 캔버스에 유채. 61.3×96.8cm.

료되었지만 호머는 대체로 낙관적으로 세상을 바라본 반면 멜빌의 세계는 우중충했다. 호머는 〈하퍼스 위클리지〉의 삽화가로 남북전쟁을 취재했고 멜빌은 당시에는 전혀 평가받지 못한 두 권의 전쟁시집을 남겼다. 호머는 대중적으로 성공을 거둔 화가였지만 멜빌은 쓸쓸하게 죽었다. 그리고 아주 한참 뒤에야 미국이 낳은 가장 위대한 작가의 한 사람으로 인정받았다. 두 사람 다 사실주의자였다.

토머스 에이킨스

에이킨스(1844-1916)는 호머를 당대 최고의 미국 화가로 평가했지만 에이킨스 자신도 호머에 못지않은 실력을 가진 화가였다. 〈그로스 박사의 수술실〉(그림 25.17)은 하나의 기념비적 작품이다. 무대는 필라델피아의 제퍼슨 병원. 그로스 박사가 이끄는 수술팀이 한창 집도를 하고 있다. 렘브란트와 아주 흡사하게(21.18) 수술 책임자

25.17 그로스 박사의 수술실. 토머스 에이킨스. 1875. 캔버스에 유채. 2.4×1.95m.

와 마취 환자의 절개된 다리에 초점이 맞추어져 있다. 보호자는 수술을 참관하도록 법에 명시되어 있었기 때문에 환자의 어머니도 왼쪽에 보이지만 그녀는 차마 수술 광경을 볼 수가 없다. 당시 의사들은 양복을 입고 수술을 했다. 이 작품에 나타난 단호한 사실주의가 거센 반발을 낳았으리라는 것은 당시의 분위기로 볼 때 충분히 예상이 가는 일이다. 1876년 필라델피아 100주년제에 출품되었다가 퇴짜를 맞은 이 그림은 결국 미 육군 수비대 병원에 걸린 채 오랫동안 사장되었다. 에이킨스는 대중적 성공을 거두지 못했고 대다수 비평가들로부터도 외면당했다.

건축

회화의 사실주의는 19세기 후반 건축의 발전 과정과 어느 정도는 일맥상통하는 면이 있다. 건축가들은 구태의연한 양식의 모방에서 벗어나 특수한 목적에 이바지하는 기능적 건축물을 설계하기 위해 현대적 건축 자재를 찾아나섰다. 수정궁(25.18)은 실용성을 중시하는 이 새로운 노력의 산물이다. 수정궁은 5000개의 쇠기둥과 대들보, 30여만장의 유리창을 조립하여 만든 구조물이다. 하이드파크의 18에이커나 되는 면적을 차지했고 내부 넓이만도 100만평방피트에 가까운 이 초대형 구조물의 건설을 총괄한 사람은 정원사이며 온실 설계자였던 조지프 팩스턴(1801-65)이었다. 아이러니컬하게도 이 최초의 진정한 현대식 건물은 200여개가 넘는 응모작 중에서 당첨작을 선정하지 못하고 시간만 끌던 건축위원회가 시한에 쫓겨 졸속으로 결정한 결과의 산물이었다. 팩스턴의 설계안이 부전승을 거둘 수 있었던 것은 첨단 공법을 앞세워 남은 시간 안에 건물을 완공할 수 있는 유일한 방안이었기 때문이다.

불과 39주의 조립 끝에 완성된 수정궁 덕분에 '1851년 만국 대박람회'는 런던에서 무사히 열릴 수 있었다. 수정궁은 산업혁명이 불러온 기적의 본보기였다. 이 박람회의 주제는 '진보'였지만, 수많은 경이로운 기계 전시품들을 에워싼 이 번쩍거리는 구조물 자체가 '진

제25장 19세기 미술―갈등과 다양성

25.18 수정궁(런던). 조지프 팩스턴. 1850-1. 주철, 연철, 유리, 동판화.

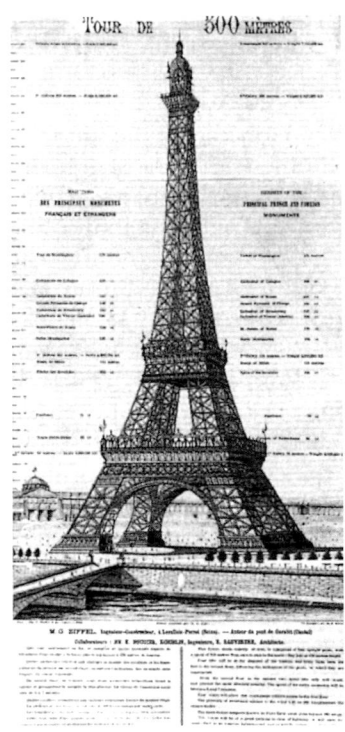

25.19 에펠탑(파리). 귀스타브 에펠. 1889. 파르비예가 제작한 포스터.

보의 시대'를 상징했다. 수많은 아류 건물을 낳았던 수정궁은 박람회가 끝난 뒤 철거되었다가 런던 남부에 다시 조립되었지만 1936년 화재로 없어졌다. 철골 구조물이 불에 약한 것은 사실이었지만 건축 자재로서 금속의 우수성을 처음으로 확인시켜 준 것이 수정궁이었다. 1856년 베세머가 강철을 발명하면서 이제 철은 교량과 20세기의 고층 건물을 짓는 데 본격적으로 사용되었다.

세계 최초의 고층 구조물은 전에 교량을 만들었고 자유의 여신상의 금속 뼈대를 제작한 경험이 있는 기술자에 의해 설계되었다. 귀스타브 에펠(1832-1923)은 1889년 파리 박람회의 주제탑을 설계했다. 이 탑은 기술의 혁신이 가져온 또 하나의 금자탑이었다(25.19). 295미터까지 치솟아오른 에펠탑은 프랑스의 '진보의 시대'를 상징했다. 이 탑은 현장에서 바로 조립되었다. 미리 구멍을 뚫어둔 15000개의 대들보를 볼트로 조이는 작업을 놀라운 기술력으로 한 치의 오차도 없이 2년 2개월 2일 만에 끝냈다. 탑의 전체 중량은 1만톤이지만 크기에 비하면 엄청나게 가벼운 셈이었다. 파리의 아름다운 경관을 해친다며 처음부터 강한 반대에 부딪쳤지만 오늘날 에펠탑은 빛의 도시 파리의 영원한 상징으로 굳건히 자리잡았다.

인상주의

　인상주의는 사실주의에서 뻗어나온 측면도 있지만 다른 한편으로는 이탈리아의 초기 르네상스에 못지않은 커다란 파급 효과를 낳은 혁명적 예술 운동이었다. 인상주의자들은 궁극적으로 자신들은 사실주의를 추구한다고 믿었다. 그들의 주된 관심은 빛과 색의 시각적 인상을 지각하는 데 있었다. 인상주의자들이 사진 기술이나 광학 분야의 과학적 성과나 눈의 생리학을 알고 있었는지의 여부는 중요하지 않다. 그들은 공간 속에 있는 세계 자체는 중요하지 않고 빛과 색의 감각을 낳는 근원이 중요하다는 믿음을 가지고 그렸다. 대상은 빛을 흡수하고 반사하는 매개체로 여겨졌다. 자연 안에는 날카로운 윤곽도 선도 존재하지 않는다고 그들은 믿었다. 자연 속에서는 빛과 색의 무한한 변주만이 형태와 공간을 암시했다. 그림자도 그저 까맣기만 한 것이 아니라 그림자를 드리우는 물체의 성격에 따라 색깔이 들어가 있다고 보았다. 이것이 인상주의 이론의 핵심이지만 개인마다 다양한 양식을 개발했고 때로는 그 기법이 이론과 모순을 빚기도 했다.

　인상주의 운동을 다른 미술 사조들과 구분짓는 하나의 특징은 이것이 화가들에게만 국한된 운동이 아니었다는 사실이다. 화가와 모델뿐 아니라 수많은 작가, 비평가, 수집가를 하나로 결집시킨 매력적인 요소가 인상주의에는 있었다. 물론 일반 대중은 이 운동의 바깥에 있었다. 인상주의는 어디까지나 의식적인 아방가르드 운동이었고 현대 세계로 자신 있게 내딛은 발걸음이었다.

에두아르 마네

"이제부터 나는 시대의 일원이 되어 내가 본 그대로 그릴 것이다." 마네(1832-83)는 초기 작품들을 파기한 뒤 친구들에게 말했다. 서양 미술의 중요한 혁신자 마네는 인상파의 일원은 아니었지만 인상파에 끼친 영향은 자못 컸다. 자연 속에는 정형화된 변이단계들이 존재하지 않는다는 사실을 깨닫고 그는 평면을 가지고 작업했다. 그는 또 오랫동안 사용되어온 어두운 그늘을 제거하고 순수한 색으로 칠을 한 최초의 화가 가운데 한 사람이었다. 마네는 빛을 주제로 삼았다는 점에서 혁신자였다. 빛은 그가 1863년 파리 살롱전 심사위원회에 제출한 작품에서도 실질적인 주재료였다. 귀에 익은 제목과는 달리 내용은 전혀 낯선 이 〈풀밭 위의 식사〉(그림 25.20)는 심사위원회에 의해 거부당했지만 낙선전에 전시되어 커다란 물의를 일으켰다. 정장을 입은 남자들 사이에 끼어 있는 알몸의 여성은 대중에게 충격을 주었다. 쿠르베조차도 이 작품이 단조롭고 혼란스럽다고 비판했다. 사실 마네는 르네상스 이래의 원근법과 결별하고 2차원 표면이라는 화폭의 성격을 있는 그대로 받아들였다. 가령 배경의 인물은 지나치게 크다. 원근법을 적용하면 그녀의 키는 2.7미터가 넘는다. 이 그림은 또 두 방향에서 빛을 받고 있다. 들끓는 여론은 화가를 곤혹스럽게 만들었다. 마네가 생각한 이 그림의 주제는 알몸의 여인, 배경 인물, 전경 왼쪽에 놓인 정물에 수렴된 빛이었기 때문이다. 어두운 영역들을 한 자리로 모은 것은 대낮의 강렬한 빛을 강조하면서 그림에 강한 시각적 인상을 주었다. 마네와 인상주의자들은 대상과 인물을 비개인적으로 다루었다. 그들에게 대상과 인물은 빛의 인상을 묘사할 수 있는 기회를 주는 존재였다. 르누아르는 좀 다르지만 마네와 인상주의자들은 판단을 배제한 채 초연한 입장에 서서 인간성보다는 시각적 인상을 추구했다.

하지만 대중은 초연하지 않았고 덮어놓고 판단을 하려 들었다. 1865년 살롱전에 마네가 출품한 〈올랭피아〉(그림 25.21)는 미술사에서 가장 격한 반응을 불러일으켰다. 비평가들은 마네를 "얼치기"라고 공격했고 알몸의 여자를 "여자 고릴라"와 "배가 노란 오달리스

25.20 풀밭 위의 식사, 에두아르 마네, 1863, 캔버스에 유채, 2.06×2.7m.

25. 19세기 미술 : 갈등과 다양성 **309**

크"라고 혹평했다. 사람들은 너도 나도 이 그림을 보려고 몰려들었고 한 비평가는 임산부와 순진한 처녀는 절대로 이 그림을 보지 말라고 충고했다. 마네는 모델 빅토린 뫼랑(그녀는 〈풀밭 위의 식사〉에도 등장한다)을 삶에 권태를 느낀 고상한 밤의 여인으로 묘사했다. 머리에는 난초를 꽂고 검은 리본과 팔찌 하나만 단 채 그녀는 하녀

25.21 올랭피아. 에두아르 마네. 1863. 캔버스에 유채. 1.3×1.9m.

를 내미는 꽃다발은 거들떠보지도 않고 경멸에 찬 시선으로 정면을 응시한다. 비평가들은 노골적인 나체 때문에도 흥분했지만 그들을 더 격분시킨 것은 검은 배경과 하녀의 검은 얼굴이 연출하는 흑-흑의 강도였다. 음탕한 느낌을 주는 구겨진 침대보 발치의 검은 고양이와 검은 배경은 더더욱 같이 안 된다고 생각했다. 이 작품을 계기로 모더니스트와 전통주의자는 정면 대결을 벌인다. 영국의 작가 서머셋 몸은 《인간의 굴레》에서 학생 기숙사, 술집, 카페가 〈올랭피아〉의 복제화로 도배질되다시피 한 라탱캬르테 거리를 유쾌하게 묘사했다. 지금 보아도 이 그림은 현대적이다. 마네는 감상자로 하여금 그림의 속이 아니라 그림의 표면을 보게 유도한다. 그림면 뒤에 상자 같은 공간을 상정한 전통적 방식과 결별하고 마네는 상상의 여지를 거의 남겨두지 않는 상황을 제시했다. 마네의 〈올랭피아〉와 앵그르의 〈오달리스크〉(25.3)를 비교하면 당시 사람들에게 받아들여질 수 있었던 나체와 벌거벗은 창부의 도저히 수용할 수 없는 현실의 차이가 적나라하게 드러난다.

다른 방면으로도 꾸준히 실험을 계속한 마네의 뒤를 이어 인상주의자들은 자기들만의 미학적 원리로 확실한 체계를 발전시켰다. 오랫동안 화가들은 자기가 아는 것을 그렸다. 인상주의자들은 자기들이 본 것을 그리는 데 관심이 있었다.

클로드 모네

인상주의 양식의 대변인이며 주역이었던 모네(1840-1926)는 기나긴 활동 기간 동안 철저히 시각적 지각에만 의존했다. 모네에게는 나무, 집, 사람 같은 대상은 존재하지 않았다. 여기 녹색이 있고 저기 파란색 조각이 있고 여기 노란색이 조금 있고 하는 식이었다. 모네는 "오직 눈만 달려 있었지만 참으로 대단한 눈이었다!"고 폴 세잔은 회고한다.

시각 작용은 모네와 인상주의자들의 주된 관심사였다. 강한 색감을 얻기 위해 그들은 물감을 팔레트에서 섞지 않고 캔버스에 원색을 그대로 발랐다. 원색을 섞는 것은 눈의 몫이었다. 가령 파란 점 옆에 노란 점을 찍고 멀리서 보면 녹색으로 보인다. 같은 녹색이라도 그것은 눈에서 만들어지는 녹색이었기 때문에 더욱 실감이 났다. 뿐만 아니라 각각의 색은 잔상이나 보색 같은 시각적 인상을 남긴다. 빨간색의 잔상은 청록색이고 녹색의 잔상은 빨간색이다. 빨간색과 녹색을 나란히 배치하면 잔상을 통해 서로를 강화시켜 빨간색과 녹색이 더욱 선명해진다. 인상주의자들은 보통 원색을 그대로 썼다. 강단 화가들이 애용한 검은색을 인상주의자들은 좀처럼 쓰지 않았다. 모네는 검은색은 색이 아니라고 주장했다. 이 말은 과학적으로도 일리가 있다. 과학적으로 검은색은 색이 없는 상태를 말한다. 그렇지만 마네, 드가 같은 화가는 드라마틱한 효과를 내기 위해 검은색을 쓰곤 했다.

밝은 야외로 가지고 나갈 수 있는 휴대용 물감과 색채 지각은 인상주의의 기법을 구성하는 두 가지 요소였다. 또 하나 빼놓을 수 없는 요소는 속도였다. 자연광이 캔버스 위에서 폭발할 수 있게 하려면 붓질을 빨리 하여 시시각각으로 변하는 반사광의 순간적 인상을 포착해야만 했다. 모네가 즐겨 쓴 방법은 7~8분 동안 미친 듯이 그림을 그리다가 다른 그림으로 옮겨서 달라진 빛을 포착하는 것이었다. 그림에 미진한 부분이 있으면 다음날 똑같은 시간에 똑같은 장소로 와서 계속 그렸다. 루앙 대성당만 하더라도 하루 중 각각 다른 시간대를 골라 무려 40점이 넘는 그림을 그렸다. 이른 아침에는 우아한 고딕 성당의 정면은 아주 견고해 보인다. 하지만 오후가 되면 273쪽의 그림에서 보듯이 이 석조 건물은 따뜻한 색들의 눈부신 아지랑이로 변한다. 모네는 르네상스 이후 시간이라는 차원을 처음으로 탐구한 화가였다.

'인상주의'는 1872년 모네가 발표한 〈인상, 일출〉이라는 작품을 보고 "그야말로 인상에 지나지 않는군" 하고 한 비평가가 비아냥거린 말이다. 이 말이 더없이 적확한 용어라는 것은 모네가 그린 루앙 대성당의 햇빛에서 분명히 드러난다. 이 중요한 그림이 1872년에 나왔다는 사실은 자못 의미심장하다. 그것은 프랑스가 프로이센과의 전쟁(1870-1)에서 굴욕적인 패배를 당한 이듬해였다. 이 당시에 나온 프랑스 회화를 보면 화가들이 정치나 이른바 민족적 명예 따위에는 전혀 관심이 없었음을 알 수 있다.

오귀스트 르누아르

모네는 탁월한 '눈'의 소유자였지만 그의 업적은 지금만큼 그 당시에는 높이 평가받지 못했다. 반면 모네와 비슷한 시기에 활동한 르누아르(1841-1919)는 살아 있을 때 이미 대가로 인정받았다. 그것은 아마도 르누아르가 건물, 경치, 연못보다는 사람을 주로 그렸기 때문이었는지도 모른다. 루벤스 이후 요염한 나부를 그리는 데는 최고라는 찬사를 받았던 르누아르는 발갛게 달아오른 살결을 그려내는 독특한 재주가 있었다. 그는 여자라면 나이를 불문하고 그렸다. "하느님이 여자를 창조하지 않았더라면 나는 화가가 되지 않았을 것"이라는 유명한 말도 남겼다.

 밀레를 비롯한 사실주의 화가들은 노동자들이 일터에서 작업하는 모습을 많이 그렸지만 인상주의자들이 본 세계에는 노동이 없었다. 인상파 작품들에는 한가롭게 여가를 즐기는 사람들이 압도적으로 많이 등장한다. 그들은 뱃놀이를 하고 헤엄을 치고 소풍을 가고 산책을 하고 춤을 추고 연극, 오페라, 발레, 음악을 즐기고 경마장에 간다. 르누아르의 〈물랭 드 라 갈레트〉는 이 여유만만한 여가 생활의 즐거움을 더없이 섬세하게 표현한 걸작이다. 사람들로 북적거리는 무도장이 딸려 있는 야외 카페다. 찬란한 색과 영롱한 빛은 춤을 추는 사람들 특히 여자들의 싱싱한 젊음과 정열을 부각시킨다. 검은색은 어디에서도 찾을 길이 없다. 그늘에도 적당히 색이 깔려 있다. 빛, 공기, 색, 도취의 순간, 인상주의는 바로 이런 것들을 담아내려고 했다. 한편으로 인상주의 그림에는 19세기 후반 프랑스의 사회상이 반영되어 있다. 여가 생활을 즐기는 사람들이 많았다는 것은 그만큼 경제적 시간적 여유를 가진 사람들이 늘어났다는 뜻이다. 르누아르의 그림은 중산층의 성장과 확대를 여실히 입증한다.

에드가 드가

 드가(1834-1917)도 르누아르처럼 여자를 주로 그렸다. 특히 발레 무용수들의 자연스럽고 우아한 동작을 많이 그렸다. 움직이는 형상을 연구하는 데서 희열을 느꼈던 드가는 무희와 경주마의 역동적인 움직임을 놀랄 만큼 생생히 포착했다. 〈네 무용수〉(그림 25.22)는 그가 마지막으로 그린 대작 유화 가운데 하나로 후기 작품에서 주로 쓰이는 파스텔의 영향이 벌써 나타난다. 인상주의 화가 중에서 드가만큼 사진에 관심이 많았던 화가는 없었다. 그는 직접 사진을 찍기도 했고 일부 그림은 사진을 보면서 그렸다. 이 무대 이면을 묘사한 그림은 무대에 오르기 전에 팔다리를 움직여보고 의상을 매만지는 무용수들의 모습을 사진처럼 생생히 잡아냈다. 드가는 이 그림을 화실에서 그렸다. 자연스러운 동작을 연출하기 위해 모델들에게 다양한 포즈를 요구했다. 드가는 구도에 대한 관심이 남달랐고 검은색도 심심치 않게 썼기 때문에 모네나 르누아르의 전형적 인상주의 그림과는 다소 거리가 있다.

25.22 네 무용수. 에드가 드가, 1899, 캔버스에 유채, 1.51×1.8m.

베르트 모리소

인상주의자들은 마네라는 중심 인물 주변으로 모여든 전위 예술가들의 응집력 있는 집단이었다. 마네 '화파'가 정기적으로 모임을 가진 곳은 게르부아 카페였다. 이곳에서 마네, 모네, 르누아르, 드가, 휘슬러, 사진가 나다르, 에밀 졸라, 보들레르 같은 예술가들은 현대 예술의 역할을 놓고 열띤 토론을 벌였다. 모리소(1841-95)도 이 모

25.23 **식당에서**, 베르트 모리소, 1886. 캔버스에 유채, 61.3×50cm.

임의 일원이었지만 젊은 여성이었기 때문에 카페에서 다른 사람들과 어울리는 데는 한계가 있었다. 코로와 마네의 제자였던 그녀의 작품은 인상주의자들과 샬롱전에 의해 모두 받아들여지는 특별 대우를 받았다. 1874년 나다르의 화랑에서 열린 제1회 인상파 전시회를 주도한 사람의 하나가 모리소였다. 〈식당에서〉(그림 25.23)는 화가의 하녀와 흰 강아지를 그렸는데 형상들은 영롱한 색과 빛으로 가득 찬 구성을 이루는 원소들로서 어렴풋한 윤곽만 드러나 있다. 모리소의 그림을 격찬한 시인 말라르메는 그녀의 작품 전시회를 위해 만들어진 도록에서 다음과 같이 썼다. "조형 예술로 시를 짓기 위해서는 화가는 쓸데없는 표면에다 사물의 찬란한 비밀을 군더더기 없이 단순하게 직접적으로 제시해야 한다."

메리 카사트

인상주의자들의 전시회에 참여한 미국 화가로는 메리 카사트, 제임스 휘슬러 두 명이 있다. 그들은 인상주의 기법에서 영감을 얻었지만 개성이 넘치는 독자적 양식을 개발했다. 카사트(1844-1926)는 미국에서 태어나고 교육을 받았지만 일생의 대부분을 프랑스에서 보냈다. 프랑스에서는 카사트를 미국이 배출한 가장 뛰어난 화가로 평가한다. 〈목욕〉(그림 25.24)에는 2차원적인 일본 목판화의 영향이 드러나지만 선의 놀라운 유연성은 그녀만의 것이다. 장식적이면서도 기능적인 선에 담긴 내용은 얼른 보면 평범한 가정사 같다. 하지만 우리가 내려다보는 것은 고도로 양식화된 구도다. 감상자와 세계를 배제하는 닫힌 형식 속에서 제시되는 친밀하고 따사로운 순간이다.

25.24 **목욕**. 메리 카사트, 1891-2. 캔버스에 유채, 99.7×66cm.

우리는 이 장면을 보면서 마음이 훈훈해지는 것을 느끼지만 철저히 그림 밖에 있음을 절감한다. 신랄한 비평을 일삼았고 국수주의적 성향이 다분히 강했던 드가는 카사트의 화실에서 그림을 보고 나서 이렇게 평했다. "이 그림들은 진짜다. 대부분의 여자는 모자를 만지작

거리는 듯이 그림을 그리는데 당신은 아니다." 이것은 위대한 화가에게 드가가 보낼 수 있는 최대의 찬사였다.

제임스 맥닐 휘슬러

휘슬러(1834-1903)와 미국의 소설가 헨리 제임스는 미국 문명을 곤혹스럽게 여겼다. 제임스처럼 휘슬러도 추방자로 살았고 심지어는 자기가 미국의 매사추세츠주 로월에서 태어났다는 사실마저 부정했다. "나는 내가 원하는 시기에, 원하는 곳에서 태어나련다. 내가 태어나고 싶은 곳은 로월이 아니다." 자연히 휘슬러는 윈슬로 호머(25.16) 같은 미국 사실주의자들에 대해서는 아주 비판적이었다. 그가 옹호한 것은 '예술을 위한 예술'이었다. 휘슬러가 보기에 인상주의자들은 더할나위없이 예술적이었다. 그는 인상주의 기법 가운데 일부를 받아들여 자기만의 개성 있는 양식을 개발했다. 휘슬러는 주제는 중요하지 않다고 생각했다. 〈하얀 처녀: 백색 교향곡 1번〉(그림 25.25)에 대해 그는 이 모델에 관심을 가질 사람이 어디 있겠느냐고 반문했다(그녀는 화가의 정부 조안나 헤퍼넌이었다). 휘슬러는 이 그림을 발표하고 몇 년이 지나서 자신이 음악의 율동과 화음이 갖는 기학적 호소력을 이 작품에 집어넣었음을 강조하기 위해 백색 교향곡이라는 부제를 달았다. 동료 전위 화가 중에는 예술은 자기 자신을 주제로 삼는다는 휘슬러의 견해에 공감하는 사람들이 있었지만 기성 화단은 그렇지 않았다. 영국의 로열아카데미와 파리 살롱전으로부터 모두 거부당한 마네의 〈풀밭 위의 식사〉처럼 비평가들에게 씹혔다. 마네의 주제가 빛이었다면 휘슬러의 주제는 백색이었다.

25.25 하얀 처녀(백색 교향곡 1번), 복원. 제임스 맥닐 휘슬러, 1862. 캔버스에 유채, 2.15×1.08m.

오귀스트 로댕

　18세기와 19세기에 걸쳐서 조각은 회화와 건축을 따라잡지 못했다. 우동의 작품(21.34)은 그런 대로 평가받았지만 도미에와 드가의 조각은 그 당시에는 인정을 받지 못했다. 그러다가 로댕(1840-1917)이 혜성처럼 나타났다. 베르니니 이후 가장 위대한 조각가로 손꼽히는 로댕은 3차원 공간 안에 인상주의의 자연스러움과 직접성을 재현한 정력적 예술가였다. 르누아르와 드가처럼 로댕도 인간의 모습에 관심이 많았지만 여느 인상주의자와는 달리 고통과 긴장에 휩싸인 인물을 주로 묘사했다. 당초 〈설교하는 세례 요한〉을 위한 습작으로 만들어진 〈걸어가는 남자〉(25.26)에서 로댕이 탐구한 것은 동작이다. 우리가 지각하는 것은 동작뿐이다. 이 인물은 머리도 없고 팔도 없다. 근육질의 다리를 힘차게 내딛는 몸통으로부터 우리의 시선을 빼앗아가는 표정도 몸짓도 없다. 조각가는 반짝거리는 표면으로 운동감을 부각시킨다.

　〈지옥의 문〉 제작을 의뢰받은 로댕은 미완으로 끝난 기념비적 작품으로

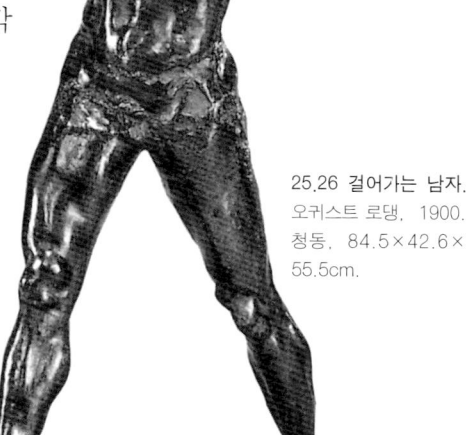

25.26 걸어가는 남자. 오귀스트 로댕, 1900. 청동. 84.5×42.6×55.5cm.

25. 19세기 미술 : 갈등과 다양성

부터 수많은 인물상을 만들어냈다. 단테의 지옥편을 로댕이 나름으로 형상화한 〈생각하는 사람〉(25.27)은 문 위에 놓인 작품으로 휴식 속의 긴장을 절묘하게 표현했다. 미켈란젤로의 초인적 형상(로댕은 미켈란젤로를 깊이 연구했다)처럼 이 인물도 깊은 사색에 빠져 있다. 그는 무슨 생각을 하고 있을까? 로댕은 어느 자리에선가 이 인물은 시를 구상하는 단테라고 말했고 또 어느 자리에서는 몽상가, 창조자라고 말했다. 시인이건 몽상가이건 창조자이건 아무튼 〈생각하는 사람〉은 아직도 불가사의한 매력을 우리에게 던진다.

25.27 생각하는 사람. 오귀스트 로댕.
1880. 청동. 71.5×36.4×59.5cm.

후기 인상주의

폴 세잔

후기 인상주의는 시각적 인상에만 중점을 두었던 인상주의에 반기를 들었던 아주 개성이 넘쳤던 화가들을 그저 하나로 묶어놓은 말에 불과하다. 후기 인상파를 선도한 세잔(1839-1906)은 유럽 미술의 거목으로 평가받는다. 세잔의 그림은 구상과 추상의 사이에 놓여 있다. 그는 지적인 방식으로 화폭에 색을 입혔다. 세잔에게 그림을 그리는 유일한 목적은 자연계의 형상과 색깔이 화가에게 불러일으키는 감정을 표현하는 데 있다. 세잔이 그린 풍경화는 그가 태어난 프로방스 지방을 닮았지만 똑같지는 않다. 모든 것이 투명하게 농축되어 있다. 세잔은 우리의 눈에 익은 시각 풍경을 자유롭게 변형하여 우리의 지각 방식에 도전하면서 세상을 새로운 방식으로, 세잔의 방식으로 보도록 요구한다. 〈레로브에서 본 생트빅투아르산〉(그림 25.28)에서 세잔은 자신이 가장 아끼던 산의 모습을 담아냈다. 세잔이 그린 다른 풍경화들과 마찬가지로 이 그림에도 살아 있는 생명체의 모습은 보이지 않으며 나무와 집의 형상도 화가 특유의 개성이 담긴 부드러운 청녹색과 주황색으로 인위적으로 묘사되었다. 인상주의자들은 색을 가지고 형상과 공간을 와해시켰지만 세잔은 정반대로 색을 가지고 현실 공간 속의 형상을 정의했다. 세잔은 푸생을 연상시키는 지적 자제심을 가지고 자신의 그림을 서서히 방법론적으로 쌓아올렸다. 세잔은 자기가 본 것이 아니라 아는 것을 그렸다.

25.28 레로브에서 바라본 생트빅투아르산. 폴 세잔. 1902-4. 캔버스에 유채. 70.8×91.8cm.

빈센트 반 고흐

세잔은 자기가 그린 그림의 일부를 푼돈에 팔아넘긴 적이 있지만 네덜란드 화가 반 고흐(1853-90)는 10년 동안 화가로 활동하면서 작품을 단 한 점밖에 팔지 못했다. 그는 동생의 도움만으로 살았다. 반 고흐는 인상주의자로 출발했지만 일본 판화를 접하고 나서 화풍이 백팔십도 달라졌다. '지극히 명료하고 지루하지 않고 숨쉬듯 단순한' 일본화(25.29)에 흠뻑 빠져든 것이다. 반 고흐는 일본 판화만큼은 아니었지만 균일하거나 거의 끊기지 않은 색의 덩어리로 장식해야 할 영역으로 그림 표면을 다루는 요령을 터득했다. 1888년 프로방스로 이주한 고흐는 그곳의 한 소녀를 모델로 〈므스메(아가씨)〉(그림 25.30)를 그렸다. 이 그림에서 그는 일본미의 세계를 상상하면서 눈부신 햇빛을 담아냈다. 므스메

25.29 바람둥이, 연작 〈부인관상연구: 10가지 부류〉 중에서. 우타마로 기타가와. 1794. 판화. 36.8×25.4cm.

25. 19세기 미술 : 갈등과 다양성

25.30 므스메. 빈센트 반 고흐. 1888. 캔버스에 유채. 73.3×60.3cm.

는 일본어로 처녀를 뜻하는데 당시 낭만주의 소설에서 일본식 찻집 여종업원의 청순한 매력을 가리키는 말로 프랑스에서 널리 쓰였다. 밋밋한 색을 배경으로 협죽도를 손에 쥔 채 가만히 앉아 있는 이 열세살 먹은 시골 소녀는 일상 생활과는 완전히 동떨어진 세계에 놓인 것처럼 보인다. 소녀는 '햇무리로 암시되던 영원성으로 남녀를 그리려던' 화가의 의도를 대변한다.

1889년 정신이상 증세를 보인 뒤 두 번이나 아를의 정신병원에 입원했던 반 고흐는 다시 붓을 들었고 그 뒤 생레미 보호소에 1년 동간 갇혀 있으면서도 계속 그림을 그렸다. 병원 부근의 들판에서 그린 〈별이 빛나는 밤〉(그림 25.31)은 우주의 위용과 광휘를 담은 웅장한 절경이다. 밑에서 평화롭게 살아가는 마을 사람들은 고이 잠든 새 우주적 드라마를 연출하면서 이글거리고 소용돌이치는 별들을 향해 키 큰 침엽수가 솟아오르고 있다. 이 표현력이 뛰어난 작품은 놀라운 자연을 경건하게 찬양하는 예술가의 의식을 보여주는 것이지 일부에서 주장하듯이 정신착란 상태에서 그린 것이 아니다. 물론 고

25.31 **별이 빛나는 밤.** 빈센트 반 고흐. 1889. 캔버스에 유채. 73.7×92.1cm.

흐가 환각과 이명으로 고통을 겪었던 것은 사실이다.

보호소에서 풀려나 파리 북서쪽의 오베르쉬루아즈 마을로 거처를 옮긴 고흐는 비극적 생애의 마지막 두 달 동안 60점이 넘는 그림을 그렸다. 서른일곱의 나이로 그가 왜 배에다 총을 쏴서 자살하는 길을 택했는지 (고흐는 며칠 동안 고통을 겪다가 죽었다) 우리는 모른다. 장례식에서 고흐의 친구였던 의사 폴 가셰는 이렇게 조사를 낭독했다. "그는 정직한 인간이요 위대한 예술가였습니다. 그에게는 오직 두 개의 목표가 있었으니 바로 인도주의와 예술이었습니다. 예술은 … 반드시 그를 소생시킬 것입니다."

폴 고갱

한때 반 고흐의 친구였던 고갱(1848-1903)은 다람쥐 쳇바퀴 도는 듯한 일상에서 벗어난 예술혼을 추구하기를 꿈꾸었던 책상물림 낭만주의자들에게는 일종의 영웅이었다. 그러나 생활인으로서 또 화가로서 고갱이 부딪쳤던 현실은 그런 꿈과는 거리가 멀었다. 주식중개인으로 일하면서 오랫동안 아마추어 화가로 활동해온 고갱은 전업 화가로 나서면 금세 성공을 거둘 것이라는 순진한 환상에 빠져 있었다. 주식 시장의 침체로 직장을 그만둔 지 3년 만에 그는 아내도 가족도 돈도 모두 잃었다. 고갱은 브르타뉴의 초라한 시골 여관에서 남에게 꾼 돈으로 근근히 살아가는 신세가 되었다.

기존의 윤리와 행동 규범에 맞서 싸우는 반항아이긴 했지만 고갱이 자기회의에 빠진 적은 드물었다. 헤어져 사는 아내에게 쓴 편지에서 그는 "내가 위대한 예술가라는 사실을 나는 추호도 의심하지 않는다"고 흐언장담했다. 역마살이 끼어 있었던 고갱은 따뜻한 프로탕스로 가서 고흐와 잠시 같이 지내며 언쟁을 벌이곤 했다. 그 뒤 파나마, 마르티니크, 타히티, 마르케사스 제도 같은 열대 지방을 떠돌다가 거기서 죽었다. 타히티에서 고갱은 병든 유럽 문명에 맞서는 해독제를 찾아냈다고 생각했다. 바로 고갱만의 스타일로 발전하는 '원시적 생활'이었다. 타히티가 속한 소시에테 제도는 프랑스의 땅이었고 고갱은 자기만의 열대 양식을 발전시킨 뒤 아예 폴리네시아에 정착했다. '열대의 태양 아래 고독을 향유하는' 고갱의 꿈은 질병과 가난, 프랑스 당국과의 충돌로 얼룩지기는 했지만 그의 작품은 새로운 활기를 얻었다.

당시 비평가들은 고갱은 괴상한 색을 쓰고 그림도 투박하다고 공격했지만 대중은 고갱의 그림에 타히티 사람들의 생활과 관습이 잘

제25장 19세기 미술—갈등과 다양성

25.32 우리는 어디서 왔고 우리는 무엇이고 우리는 어디로 가는가? 폴 고갱, 1897, 캔버스에 유채, 1.39×3.75m.

반영되어 있다고 믿었다. 그러나 타히티는 그때 이미 서구화되고 세속화되어 있었다. 속된 식민지 관리들과 광신적인 그리스도교 선교사들이 판을 치는 세상이었다. 아무리 눈을 부릅뜨고 보아도 고갱의 그림에는 식민지의 현실이 보이지 않는다. 관리도, 무역상도, 선원도, 선박도, 이 식민지 거점을 60년 동안 지배해온 유럽인의 그 어떤 소유물도 등장하지 않는다. 우리가 고갱의 그림에서 보는 폴리네시아는 화가의 상상이었다.

  자신이 그린 타히티는 "자연 속에 있는 가장 모호하면서도 가장 보편적인 요소"를 주관적으로 해석한 결과라고 고갱은 밝혔지만 그의 그림에는 여전히 타히티에 대한 낭만적 이미지가 남아 있다. 자살 미수극을 벌이기 직전에 완성한 〈우리는 어디서 왔고 우리는 무엇이고 우리는 어디로 가는가?〉(그림 25.32)에서 고갱은 이른바 '영혼의 유서'를 작성했다. "나는 앞으로 이것을 능가하는, 아니 엇비슷한 그림조차도 절대 그리지 못할 것"이라고 자부한 이 그림을 고갱은 태어남, 삶, 죽음에 대한 자신의 어지러운 생각을 밝히는 수단이 아니라 발견의 여정으로서 그렸다. 이 작품은 햇빛과 달빛, 밤과 낮, 삶의 포근함과 죽음의 냉정함 같은 대립항들이 섞여 있다. 삶의 주기는 오른쪽의 어린아이에서 시작되어 왼쪽의 죽음을 기다리는 노파에 가서 마무리된다. 결국 이 작품은 고갱이 말한 대로 삶의 경이와 불가사의를 표현하려는 "말들의 부질없음"을 증언한다. 상징주의 시인 말라르메의 입에서 나온 "가사가 필요 없는 음악시"는 바로 이 작품을 두고 한 말이 아니었을까.

조르주 쇠라

조르주 쇠라(1859-91)는 1886년 마지막으로 열린 제8회 인상파전에서 〈라그랑드자트섬의 일요일 오후〉(그림 25.33)를 발표하여 마네와 휘슬러에 못지않은 파문을 불러일으켰다. 비평가들은 제세상을 만난 듯 "파라오들의 행진"이라는둥 "뉘른베르크 장난감의 점포 정리 세일"이라는둥 색을 점에다 칠한 이 그림을 깎아내리기에 여념이 없었다. 우호적인 비평가들도 일부 있었는데 그들은 이 새로운 양식에 "신인상파" 또는 "분할주의"라는 명칭을 달아주었다. 일부 익살군들은 "색종이조각 붙이기"라고 부르기도 했다. 쇠라 자신은 7개의 무

25.33 라그랑드자트섬의 일요일 오후. 조르주 쇠라, 1884-6. 캔버스에 유채, 3.2×2.06m.

제25장 19세기 미술─갈등과 다양성

지개색을 깨알 같은 점에 칠한 자신의 새로운 방법을 "다색발광" 기법이라고 불렀다. 헬름홀츠 등의 광학 이론에 기초를 둔 과학적 기법으로 그림을 그리겠다는 열망에 불타던 쇠라는 깨알 같은 점을 써서 세잔이 "박물관 수준"이라고 격찬한 기념비적 작품을 완성했다. 이 그림은 중산층 시민들이 물놀이와 산책을 하던 파리 근교의 이름난 여름 휴양지를 묘사한다. 순수한 색을 바른 점들은 감상자의 망막에서 섞일 것으로 기대되었지만 수면을 제외하고는 그런 일은 생기지 않았다. 대신 감상자는 섞이지는 않지만 덩어리를 이루면서 장려한 세계를 이루어내는 무수한 점들을 의식한다. 쇠라의 광학 이론은 사실 과학적이라기보다는 예술적이었다. 아울러 그는 선, 비례, 빛과 그늘의 양을 잘 조절하여 이 작품을 푸생이나 다비드에 버금가는 고전주의적 구도의 전범으로 끌어올렸다. 하지만 심리적 측면에서는 이 그림은 아주 현대적이다. 사람, 동물, 모자, 파라솔은 구조적, 장식적 요소로 등장하며 〈삼등 객실〉(25.14)의 승객들처럼 각각 고립되어 있다. 인상파의 전형적 풍속화는 후기 빅토리아 사회의 소외와 고립에 대한 우울한 발언의 장이 되었다. 그것은 이 시대의 저변에 흐르던 비관주의를 상징했다.

앙리 루소

후기 인상파를 주도한 두 화가는 세잔과 이름없는 통행료징수원이었던 루소(1844-1910)였다. 남들보다 훨씬 늦은 나이에 그림을 그리기 시작한 수수께끼의 고독한 천재 루소는 '누구의 도움도 받지 않고' '오직 자연을 스승으로 삼아' 그리는 법을 익혀나갔다. 루소

25.34 꿈. 앙리 루소, 1910. 캔버스에 유채, 2.40×2.98m.

가 고지식하게 추구한 이상은 카메라가 보여주는 그런 '진실'이었다. 실제로 그는 자기 그림이 사진만큼 '사실적'이라고 확신했다. 루소가 그린 밀림화의 거침없는 묘사는 피카소 같은 화가들에게 영향을 주었지만 루소는 프랑스 밖으로 나가본 적이 한 번도 없었다고 한다. 그것은 놀라운 시각적 감수성을 가지고 있었던 한 인간의 마음속으로 상상한 열대였다. 〈꿈〉(그림 25.34)에는 우리가 알 만한 식물의 모습이 전혀 나오지 않는다. 우리 눈에 보이는 것은 음침하고 시무룩한 밀림, 안락한 소파에 누워 있는 나부, 길들여진 듯한 맹수, 악기를 연주하는 동물 같기도 하고 사람 같기도 한 존재뿐이다. 루소는 낭만주의의 주관성을 사실주의와 표현주의가 표방한 객관성을 결합하여 두 극단 사이의 이 세상 어디에도 존재하지 않는 이상 세계를 생생하게 묘사했다.

에드바르드 뭉크

중병에 걸린 문명을 비판한 반 고흐, 고갱, 쇠라, 루소의 철두철미한 비관주의는 프랑스의 도시적 문화에만 국한되어 나타난 것이 아니었다. 노르웨이 화가 뭉크(1864-1944)도 악, 공포, 죽음의 주제를 가지고 매듀 아놀드와 토머스 하디가 시에서 다룬 것과 흡사한 세기 말 유럽 문명의 참상을 표현했다. 〈절규〉(그림 25.35)에서 뭉크는 공포에 떠는 사람을 섬뜩하게 묘사한다. 주인공이 남자인지 여자인지, 얼굴이 어떻게 생겼는지 하는 것은 부차적인 문제다. 그림을 압도하는 것은 그의 입에서 튀어나와 풍경의 굽이치는 선들로 확산되는 절규다. 동료였던 극작가 헨릭 입센처럼 뭉크도 불안, 소외, 그리고 공포를 낳는 현대 세계의 견딜 수 없는 긴장을 다루었다. 뭉크의 시각적 이미지는 아주 개인적이지만 그 강한 염세주의는 훗날 독일 표현주의 운동에 지대한 영향을 미쳤다.

제25장 19세기 미술 — 갈등과 다양성

25.35 절규. 에드바르드 뭉크, 1893. 판지에 템페라와 카세인, 91.4× 73.7cm.